Wayne Jacobsen

Die Gemeinschaft der Neuen Schöpfung

Wayne Jacobsen

Die Gemeinschaft der Neuen Schöpfung

Wie wir sie finden
und warum es noch so viel mehr gibt

GloryWorld-Medien

2. Auflage 2018

Bibelzitate sind, falls nicht anders gekennzeichnet, der Neuen Genfer Übersetzung von 2009 entnommen.

Weitere Bibelübersetzungen:
ELB: Elberfelder Bibel, Revidierte Fassung von 1985
LUT: Lutherbibel, Revidierte Fassung von 1984
MNG: Die Heilige Schrift, übers. von Hermann Menge, Stuttgart, 1994

Das Buch folgt den Regeln der Deutschen Rechtschreibreform. Die Bibelzitate wurden diesen Rechtschreibregeln angepasst.

Übersetzung: Hannelore Bozeman
Lektorat/Satz: Manfred Mayer
Umschlaggestaltung: Kerstin & Karl Gerd Striepecke, www.vision-c.de
Foto: fotolia
Druck: CPI books GmbH, Leck

Printed in Germany

ISBN: 978-3-936322-91-0

Bestellnummer: 359291

Erhältlich beim Verlag:

GloryWorld-Medien
Beit-Sahour-Str. 4
D-46509 Xanten
Tel.: 02801-9854003
Fax: 02801-9854004
info@gloryworld.de
www.gloryworld.de

oder in jeder Buchhandlung

Stimmen zum Buch

Wayne Jacobsens Buch wird die vielen, die mir tagtäglich begegnen, sehr ermutigen, die Gott zwar lieben, sich aber entweder nicht überwinden können, in die institutionelle Kirche zurückzukehren, oder die unter großen Schmerzen leiden, weil sie unverständlicherweise durch Leiter missbraucht worden sind, die das, was wir Gemeinde nennen, unterwandert haben. Ohne eine neue Struktur zu errichten, erinnert Wayne uns daran, dass es weitaus einfacher ist, für und mit Gott zu leben, als wir je gedacht haben, und dass Gott uns keineswegs aus den Augen verloren hat. Es ist eine seltene Einladung, sich in Gottes Liebe zu entspannen und andere zu lieben, und sie reicht aus.

Gayle Erwin
Autor von *Der Jesus Stil*
Cathedral City, Kalifornien

Es ist kein langsames Ausbluten: Die Massenauswanderung aus den lokalen Kirchen und Gemeinden ist eine hartnäckige Tatsache. Warum ist Wayne Jacobsen dann so hoffnungsvoll? Weil weder die Zerstreuung in alle Winde noch die Isolation das letzte Kapitel sein müssen. Jacobsen hat herausgefunden, dass die Gemeinde – die voll funktionsfähige, alle Institutionen übersteigende Familie Christi –, sich überall vernetzt. Ich lade insbesondere die Jesus liebenden, ehemaligen Mitglieder von Kirchen oder Gemeinden ein, sich Waynes Augen zu borgen, um seine Hoffnung zu teilen.

Brad Jersak, Ph. D.
Autor von *Kannst du mich hören?*
Abbotsford, British Columbia, Kanada

Die Gemeinschaft der Neuen Schöpfung ist ein spannendes und herausforderndes Buch, das seine Leserinnen und Leser veranlasst, ihre Definition der Gemeinde ernsthaft zu überdenken. Mutig und einfühlsam spricht Jacobsen das aus, was Millionen von Christen intuitiv wissen, aber nicht zugeben können, auch wenn sie seine Leidenschaft für eine Gemeinde, nach der sich jeder Gläubige sehnt, teilen.

Derek Wilder
Autor von *Freedom*
Life Transforming Group, Andersonville, Indiana, USA

Die Gemeinschaft der Neuen Schöpfung wurde von einem geschrieben, der keine Steine wirft. Ganz im Gegenteil. Seine Liebe zur Gemeinde ist auf jeder Seite zu finden. Gleichzeitig lockt er uns zu etwas hin, das mehr ist: zur ganz konkreten Neuen Schöpfung.

Bob Prater
Ehemaliger Pastor, Unternehmer
Bakersfield, Kalifornien

Wenn Sie alle möglichen christlichen Konferenzen ausprobiert, jede Art von Gemeinde oder Kirche besucht und zahlreiche Kurse für tiefere Spiritualität absolviert haben, aber trotzdem dieses Gefühl „Ist das wirklich alles?" nicht loswerden können, dann tun Sie sich einen Gefallen und lesen Sie *Die Gemeinschaft der Neuen Schöpfung.* Freundlich und liebevoll ermutigt Wayne Jacobsen alle, die zwar gewusst haben, dass an dieser Sache, die wir Gemeinde nennen, mehr dran sein muss, die aber fast aufgegeben haben, es zu suchen. Sie könnten entdecken, dass die Gemeinde, nach der Sie sich sehnen, gerade jetzt beim Lesen dieser Worte neben Ihnen sitzt.

Jeremy Myers
Autor von *Put Service Back into the Church Service*
Portland, Oregon

Die Gemeinschaft der Neuen Schöpfung ist ein weises, hoffnungsvolles, auf Gott ausgerichtetes und praktisches Buch für Leute, die in Systemen, bei denen Menschen im Mittelpunkt standen, frustriert oder verletzt worden sind. Aber es ist mehr als das. Wayne vermittelt uns die Vision und die Gewissheit, dass Jesus die Gemeinde so baut, wie er es will. Wayne ist einzigartig qualifiziert, dieses Buch zu schreiben, da er zunächst jahrelang Erfahrungen in verschiedenen christlichen Kreisen gesammelt hat und nun schon viele Jahre frei und in einer wachsenden Liebesbeziehung zu Jesus lebt. Dazu gehören auch Reisen in alle Welt, auf denen er mit vielen in Kontakt gekommen ist, deren Verbindung untereinander viel stärker ist als die Treue zu einem bestimmten Leiter, einer Gruppe oder einer Organisation. Er weist uns auf Jesus, *den Weg,* hin und zeigt das herrliche Potential auf, wenn Jesus Haupt seines Volkes ist. Ich empfehle das Buch sehr.

David Rice,
Lehrer für Naturwissenschaften i. R.
und ein Bruder auf der geistlichen Reise
Landkreis Wicklow, Irland

Mit der Integrität und Objektivität, die man sich von einem Autor erhofft, und auf Grund jahrzehntelanger Erfahrungen und Studien nimmt Wayne Jacobsen in seinem neuen Buch *Die Gemeinschaft der Neuen Schöpfung* eine der immer dringlicher werdenden Fragen von heute in Angriff: Ist die Gemeinde ein Ort, an den wir gehen, oder etwas, was wir sind? Jacobsen bietet Perspektive und Einsicht in die Ekklesiologie – das Wesen dessen, was allgemein als „die Gemeinde“ oder „die Kirche“ bekannt ist. Wenn Sie bereit sind, die Wer-Was-Wann-Wo-Warum-und-Wie-Fragen über die Gemeinde zu stellen, dann ist *Die Gemeinschaft der Neuen Schöpfung* für Sie dran.

Greg Albrecht
Autor von *A Taste of Grace*
Plain Truth Ministries, Pasadena, Kalifornien

Wayne ist schon immer eine Quelle des Segens gewesen. Er gibt uns die Worte, um das auszudrücken, was wir alle spüren. Machen Sie sich darauf gefasst, eine neue Brille aufzusetzen, die es Ihnen erlaubt, die Gemeinde zu sehen, die sich all die Jahre vor Ihrer Nase versteckt hat – eine Gemeinde frei von menschlicher Anstrengung, lebendig im Geist und von Jesus selbst gebaut. Wayne verschiebt den Schwerpunkt der Diskussion und bereitet damit den Weg für einen viel fruchtbareren Dialog, bei der wir die Gemeinde, die Jesus baut, vor Augen haben.

Barry Steinman, Ikonoklast, Friedensstifter,
Schriftsteller und Mitpilger
Oceanside, Kalifornien

Wie alle Bücher von Wayne Jacobsen ist *Die Gemeinschaft der Neuen Schöpfung* ein faszinierendes und elegantes Werk voller interessanter Erkenntnisse. Er präsentiert ein einfaches, schönes und unglaublich befreiendes Bild davon, was es bedeutet, wenn die Gläubigen sich treffen und wie die Gemeinschaft der Gläubigen funktionieren kann, ohne dass eine Organisation die Strippen zieht.

Mick Mooney,
Autor von *An Outsider's Guide to the Gospel*
Sydney, Australien

Die Gemeinschaft der Neuen Schöpfung ist eine reife Betrachtung der ausgedehnten und einzigartigen Erfahrungen, die Wayne Jacobsen im Laufe vieler Jahre mit vielen Personen und Gruppen gesammelt hat, die frei von den Fesseln der Institution die Realität der Gemeinschaft mit dem Vater, seinem Sohn und miteinander erkunden. Die Botschaft kommt zum rechten Zeitpunkt und wird andere stark ermutigen, ihre eigene Suche nach der Gemeinde, wie der Vater sie haben will, weiterzuführen.

Jack Gray, Chirurg i. R.
Auckland, Neuseeland

Dieses Buch wird diejenigen herausfordern, die dem traditionellen Bild der Kirche eng verbunden sind, aber lassen Sie sich davon nicht abschrecken. Dieses Gefühl haben wir alle gehabt, als wir auf unseren Stühlen in der Kirche saßen und unsere „Voreinstellung" von der Gemeinde Jesu überdacht haben. Wayne erinnert uns an Dinge, die wir zu wissen glaubten, die wir aber von Neuem lernen müssen. Die Gemeinde besteht nicht aus dem Dach und den Wänden des Gebäudes, sondern aus lebendigen Menschen, die in einer wachsenden Beziehung zueinander stehen, mit Jesus als dem Haupt.

Nick Sembrano, Mitarbeiter der *Theophilus*-Gruppe
Kingsburg, Kalifornien

Ein tolles Buch! Sobald ich zu lesen anfing, lebte in meinem Herzen die Hoffnung auf, dass ich noch in meiner Generation ein echtes neutestamentliches Gemeindeleben sehen werde. Seit Jahren kämpfe ich gegen das nagende Gefühl, dass an der Gemeinde mehr dran sein muss, als mir in den religiösen Institutionen begegnet ist, aber ich wusste nicht, an wen ich mich wenden sollte. Seit ich *Die Gemeinschaft der Neuen Schöpfung* gelesen habe, habe ich erkannt, dass es zahllose Möglichkeiten gibt, das Leben des Reiches Gottes in den Gesprächen und Beziehungen, die ich pflege, zu erleben. Ich empfehle Waynes Buch sehr.

S. J. Hill, Bibellehrer und Autor von *Enjoying God*
und *A Love for the Ages,* Cromwell, Indiana

Es ist höchste Zeit, dass jemand ein Buch wie *Die Gemeinschaft der Neuen Schöpfung* geschrieben hat! Ohne die zu verurteilen, die es anders sehen, erklärt Wayne, warum die Menschen von unseren religiösen Systemen enttäuscht sind und wie sie jenseits von ihnen eine Gemeinde entdecken, die ihnen besser gefällt. Er spricht auch für mich!

Silvio Viotti, IT-Spezialist
Vallorbe, Schweiz

Aufgrund seiner jahrelangen Erfahrung als Leiter sowohl innerhalb der institutionellen Kirche als auch außerhalb ihrer Mauern hat Wayne ein Buch verfasst, das sich wie ein Gedankenaustausch zwischen Kameraden liest, die sich gemeinsam auf eine Pilgerreise begeben haben, um eine kostbare Verheißung zu finden. Aus Überzeugung und tiefer Zuneigung beschreibt er die Gemeinde und zeigt, dass sie in unserer Kultur, in unseren Städten und sogar in unseren Seelen nicht nur lebt, sondern wächst und gedeiht. Der Herzschlag des Vaters und seine unablässige und unbegreifliche Liebe sind überall in *Die Gemeinschaft der Neuen Schöpfung* spürbar. Wayne geht freundlich und weise auf die schwierigen und verwirrenden Fragen ein, die immer wieder auftauchen, wenn man versucht, sich von der Religion loszulösen. Dies ist ein Buch von unschätzbarem Wert für alle, die wegen der großen Kluft zwischen ihrem Hunger und ihrer Erfahrung in der institutionellen Kirche frustriert sind, und eine große Ermutigung für diejenigen, die sich schon auf den Weg ins Unbekannte jenseits ihrer Mauern gemacht haben.

Janna Lafrance, Autor von *A Girl Named Grace*
Ajax, Ontario, Kanada

Zu Beginn meines Entzugsprogramms von der organisierten Religion las ich das Buch Der Schrei der Wildgänse. Es bestätigte, dass meine jahrelangen Gefühle nicht rebellisch waren, sondern der Anstoß des Geistes, um mich von der leblosen Religion wegzuführen. Jetzt bestätigt Die Gemeinschaft der Neuen Schöpfung alles, was der Herr mir in den letzten fünf Jahren gezeigt hat: Jesus ist der Bauherr der Gemeinde, und wir sollten aufhören zu versuchen, ihm zu helfen. Wenn wir Jesus vertrauen, dass er uns nicht nur zu Veranstaltungen, sondern auf organische Weise in Beziehungen zusammenbringt, dann werden wir – und auch unser Umfeld – die Realität seiner Gemeinde erleben.

Vince Coakley, Radio-Talkshow-Moderator
Charlotte, Nord-Carolina

Wenn es Ihnen als Mitglied einer auf religiöser Konformität beruhenden Gruppe schwerfällt, sich selbst treu zu bleiben, dann lesen Sie *Die Gemeinschaft der Neuen Schöpfung*. Wie Sie sehen werden, ist es möglich, sich auf einzigartige Weise treu zu sein und gleichzeitig zu dieser schönen, von Jesus zusammengestellten Familie zu gehören, in der man sich gegenseitig ermutigt und unterstützt und füreinander sorgt, während man lernt, in der Liebe Gottes zu leben. Die Gemeinde ist gesund und munter. Wir brauchen nur die Augen, sie so zu sehen, wie Gott es tut.

Kevin Tupper, Gründer von *Christian Simplicity*
Haymarket, Virginia

Jede Seite von *Die Gemeinschaft der Neuen Schöpfung* führt Sie auf eine faszinierende Reise, um eine Gemeinde jenseits unserer von Menschenhand geschaffenen Strukturen zu entdecken und sie als Frucht einer neuen Schöpfung zu sehen, die in Freiheit und Liebe gedeiht. Ihre Verwandlung geschieht von innen her und nicht durch einen von außen aufgezwungenen Konformismus. Anhand eigener Erfahrungen zeigt Wayne, wie eine Kultur der gegenseitigen Ehre, Liebe und des Respekts die Tür zu einer Einheit der Herzen und Ziele öffnet, die die Welt verwandeln kann. Dieses inspirierende und herausfordernde Buch ist eine Pflichtlektüre für alle, die nach mehr hungern als dem, was wir heute Gemeinde nennen.

David Fredrickson
Autor von *The Church Has Left the Building*
Citrus Heights, Kalifornien

Dieses Buch ist der Schlussstein des lebenslangen Bestrebens von Wayne Jacobsen, das Wesen der Gemeinde unseres Herrn zu entdecken. Es wird ohne Meinungsmache und eigene Ziele präsentiert, außer diesem einen: in Gottes Liebe zu leben. Jedes Buch von Wayne entspricht einer Doktorarbeit, und auch dieses Werk ist von derselben bemerkenswert tiefen

Erkenntnis geprägt. Es ist sein bisher bestes Buch. Diesmal hat er sich selbst übertroffen.

Bob Lanning, Missionar in Indien
Ripe Harvest Ministries (Dienst „Reife Ernte").
Bedford, Texas

Wieder einmal greift Wayne Jacobsen auf seine faszinierenden Erfahrungen in der Nachfolge Jesu zurück, um ein herausforderndes Buch zu schreiben: *Die Gemeinschaft der Neuen Schöpfung*. Und es mag Sie überraschen, wo er die Gemeinde entdeckt, weil sich die Gemeinde wortwörtlich überall dort befindet, wo Jesus bei seinen Nachfolgern ist! Ob es um das Thema Leitung geht oder um die Frage, wie es praktisch funktionieren soll, wenn die Beiträge aller wichtig sind – dieses Buch ist im Grunde eine Beschreibung der Erfahrung, dass wir Jesus in unserem alltäglichen Umgang mit seinem Volk finden.

Tony Dale
Gründer von *Sedera Health* und *House2House*
Austin, Texas

Da wir in einer Zeit der Gleichförmigkeit und Heuchelei leben, die vom ständigen Druck der Religiosität kommen, dass man erfolgreich sein oder die Konsequenzen tragen muss, sind Waynes Einsichten ein willkommener Aufruf zur Veränderung innerhalb der Gemeinde, die Freiheit in der Liebe zu genießen, die Jesus uns anbietet. Sein Buch ermutigt uns zu verstehen und zu akzeptieren, dass der Vater nach denen sucht, die ihm vertrauen, ohne zuerst seine Anerkennung gewinnen zu müssen. Endlich ein Buch, das es wagt, die Selbstbezogenheit des sogenannten Christentums zu konfrontieren …

Dave Coleman, Hospiz-Kaplan i. R.
Visalia, Kalifornien

Für Julie, Andrew und Taylor,

meine drei Kinder –

zwei gebürtige und ein angeheiratetes.

Sie bereiten mir jeden Tag große Freude.

INHALT

Vorwort

Im Untertitel seines neuesten Buches macht Wayne Jacobsen eine wirklich interessante Aussage und bittet den Leser dann im Verlauf des Buches, über das nachzudenken, was schon so viele Nachfolger Christi beschäftigt hat. Es würde schon reichen, wenn man dieses Buch nur deshalb liest, weil diese Aussage im Herzen widerhallt und einen tröstet. Wenn man sich Wayne auf seiner Entdeckungsreise anschließt und sich mit ihm tief identifiziert, ist das Balsam für die Seele. Es schürt den lang gehegten Traum, eine Gemeinde zu finden, die so viel mehr ist als ein Gebäude mit einem Kirchturm darauf.

In Wirklichkeit hat dieses Buch viel mehr zu bieten. Gleich die ersten Seiten fesselten mich, wo Wayne mit großer Klarheit den wachsenden Trend der Loslösung von der traditionellen Gemeinde – den Auszug der sogenannten „Konfessionslosen" – erklärt. Doch anstatt die Menschen, die weggehen, zu beschimpfen oder die Leiter zu kritisieren, weil sie auf diesen Exodus nicht verständnisvoll eingehen, hilft er den Lesern, die vielen Fallen und Auswüchse des zeitgenössischen Christentums zu verstehen. Dabei verweist er mehr auf die Einflüsse der Kirchenstruktur als auf die Schwächen des menschlichen Herzens.

Schon bald berührt Wayne den tiefen Schmerz eines jeden Gläubigen, der schon einmal etwas von diesem „Mehr" erlebt hat, dann aber leer ausgegangen ist. Doch behandelt er den Schmerz nicht mit Essig, sondern mit der Heilsalbe der Liebe Gottes, diesem so notwendigen Balsam, durch den er den tiefsten Regionen des Herzens Heilung bringt. Auf diese Weise wird der Leser zum Schlüssel des ganzen Buches geführt, nämlich zu der Erkenntnis, dass die Nachfolger Christi die

Möglichkeit haben, Teil einer völlig neuen Schöpfung zu werden. Leider übersehen viele von uns diese lebensverändernde Wahrheit viel zu lange, und manchen entgeht sie völlig. Stattdessen beschäftigen uns ganz andere Fragen: wo wir in der Hierarchie stehen, wer welche Gaben hat und wo sich unser eigener kleiner Maulwurfshügel auf dem Berg des Herrn befindet.

Wenn Letzteres passiert, wird die Kirche zu einem Ort, an dem wir uns beweisen wollen. In diesem heimtückischen Umfeld erleben wir dann, dass das einfache Leben in Gemeinschaft durch das allzu bekannte Szenario des menschlichen Strebens, des Ehrgeizes und der organisatorischen Strategien ersetzt wird. An diesem Punkt, wenn es im Leib Christi nur noch um persönlichen Erfolg, Anerkennung und Selbstverwirklichung geht, verlieren so viele den Mut. Aber es gibt auch eine gute Nachricht. Wenn wir schließlich erkennen, dass unser Platz in der Familie Gottes einfach „in Christus" ist, beginnen wir einen neuen Weg – eine Reise, auf dem der Herr Jesus im Mittelpunkt steht, sodass wir bei ihm Leitung, Unterweisung, Trost und Liebe finden.

Diese Gedanken unterbreitet Wayne auf seine unnachahmliche Weise, wenn er die Frage stellt: „Wie würde die Gemeinde aussehen, wenn sie aus Menschen bestünde, die lernen, in derselben Wirklichkeit zu leben wie Jesus damals?" Ich bin mir nicht sicher, ob es eine wichtigere Frage gibt. Wenn wir lernen, in der Realität des auferstandenen Erlösers zu leben, wird unser Christsein ganz anders aussehen, als wenn wir fragen: „In welche Kirche soll ich gehen?" Was das bedeutet und wie wir das gemeinsam tun, wird im Rest dieses hilfreichen, erfrischenden Buches untersucht.

Es geht tatsächlich um den weniger begangenen Weg. Ich selber gehe ihn schon seit langem, manchmal allein und manchmal mit vielen Gleichgesinnten. Beim Lesen musste ich immer wieder zustimmend nicken, lächeln, Amen sagen und gelegentlich wegen der krassen Realitäten zusammenzucken. Der Schmerz und die Enttäuschung, die so viele weiterhin in der Kirche erleben, hören nie auf, mich zu packen und mir das Herz umzudrehen.

Mein eigener Weg in Christus verlief ähnlich wie der von Wayne. Gleich nach meinem Hochschulabschluss erhielt ich einen Überblick über die Machenschaften kirchlicher Leitung. Fast zwanzig Jahre lang hatten mein Mann und ich verschiedene Führungspositionen in der traditionellen Gemeinde inne. Doch obwohl wir dabei mit einigen fantastischen Leute zu tun hatten, konnte das Leben in der Gemeinde, das von den Leitern angeschoben wurde und auf deren Vision beruhte, nicht aufrechterhalten werden. Natürlich sahen wir uns als „dienende Leiter" und versuchten, das in Reinheit und in der Gnade Gottes zu leben. Aber wie schon so viele vor uns entdeckt haben, führte das dienende Leiten nicht zu der Freude und zu dem Frieden, die man eigentlich erwartet, wenn man dem Volk angehört, das mit dem Lamm wandelt. Uns betrübte das Gerangel um Stellen und der Wettbewerbsgeist und wir waren ständig frustriert über die 80 Prozent der Gemeindemitglieder, die sich nicht beteiligten.

Das führte uns zu einem anderen Weg abseits der ausgetretenen Pfade. Manchmal bezeichnen wir diese Etappe unserer Reise als unsere Wüstentage. Obwohl sie voller ausgetrockneter Knochen und Ernüchterung war, brauchten wir nicht lange zu warten, ehe tiefe Brunnen lebendigen Wassers aus dem Sand hervorzusprudeln begannen. Und es war dort, mitten in dieser einsamen Zeit, dass wir lernten, wie ein Leben, das täglich auf den Herrn um Gemeinschaft, Versorgung und Leben angewiesen war, viele „Gott-Momente" eröffnen konnte – Gelegenheiten, andere zu lieben und mit ihnen viel enger und authentischer das Leben zu teilen, als frustriert zu versuchen, eine kleine Gruppe zum Handeln zu bewegen.

Einer der reizendsten Aspekte dieses Buches ist Waynes Fähigkeit, sein Herz zu offenbaren. Obwohl es klar ist, dass er eine informelle Gemeinde ohne Programm favorisiert, macht er nirgendwo die Institutionen schlecht. Selten findet man einen solchen Respekt in Verbindung mit den Überzeugungen, wie er sie hat. Er hat keine Angst, seine eigenen Schwächen aufzudecken, und erzählt oft, wie er im Austausch mit anderen etwas Neues gelernt hat. Das berührt eine andere Stärke dieses Buches: seine vielen Geschichten. Wir alle können Geschichten erzählen, die wir auf unserem Weg erlebt haben und die Einblick in unser Leben geben. Jesus beherrschte diese Kommunikationsweise meisterhaft. Von seinen Geschichten zehren Generationen. Wayne erzählt immer wieder Geschichten von Menschen aus aller Welt, aber auch seine eigenen. Auch ich steuere gern ein Stückchen aus meiner eigenen Geschichte bei:

Als Teenager wurde ich gegen Ende der Jesus-Bewegung Christin und lernte beinahe sofort, wie erfrischend es ist, Gemeinschaft mit anderen Gleichgesinnten zu haben. Wir trafen uns und sangen, erzählten aus unserem Leben, arbeiteten Seite an Seite und wuchsen durch die informelle Gemeinschaft an Erkenntnis und Gnade. Niemand war für uns verantwortlich. Wir liebten Jesus und erwarteten, dass er uns führte, und es funktionierte. Dadurch lernte ich sogleich, dass die Gemeinde keine Organisation ist, sondern ein lebendiger Organismus, in dem das Leben des Sohnes Gottes pulsiert. Anstatt diese Wahrheit als abstrakte Idee zu behandeln, so dachte ich, sollte sie gelebte Realität sein, und gab diese Gedanken offen weiter. Als ich merkte, dass so viele „Leiter" der Herde Christi dies gar nicht wirklich glauben, brachte mich das schier zur Verzweiflung.

Es ist seltsam, wie leicht die Wahrheiten des Reiches Gottes verschleiert werden können, wenn man versucht, sich anzupassen und der gehorsame, menschengefällige, liebevolle Jünger zu sein, der dann plötzlich als Bedrohung gesehen wird. Seltsam, aber traurig. Trotzdem führte mich meine eigene Entdeckung der Gemeinde zurück zu der Einfachheit und Reinheit, die ich in Christus erlebt hatte, ehe ich eine leitende Funktion in der Gemeinde übernommen hatte. Daher ist es besonders erfreulich, die Geschichten so vieler zu lesen, die auf demselben Weg sind.

Wenn Sie nun mit dem Lesen anfangen, werden Sie zweifellos Ihre eigenen Stellen finden, die Sie besonders erfreuen, Ihnen beim Wachsen helfen und in Ihnen widerhallen. Für mich hat dieses Buch vor allem zwei Stärken. Erstens, und das ist vielleicht am wichtigsten, möchte Wayne dem Leser helfen, die Gemeinde so zu sehen, wie Gott sie sieht. Wir brauchen neue Augen, die vom Heiligen Geist mit Leben erfüllt und erneuert sind, um das zu sehen, was Gott sieht. In dieser Hinsicht gibt es auf den folgenden Seiten viel Hilfe. Zweitens ist dieses Buch voller Hoffnung. Vielleicht ist es ja das heilige Feuer, das nötig ist, um eine Generation von Gläubigen zu inspirieren, die ausgebrannt sind, weil die Verheißungen für die Gemeinde und ihr Potential nicht in Erfüllung gegangen sind – das Anzündholz, das die Familie Gottes im 21. Jahrhundert braucht.

Und so schließe ich nun, liebe Leserinnen und Leser, mit einem Gebet, das mich durch viele Jahre des Glaubens, des Zweifelns, der Verzweiflung und wieder zurück zum Glauben getragen hat, dass die Verheißungen Gottes an sein Volk wahr und ECHT sind. Mit Paulus bete ich:

> *... dass Gott – der Gott unseres Herrn Jesus Christus, der Vater, dem alle Macht und Herrlichkeit gehört – euch den Geist der Weisheit und der Offenbarung gibt, damit ihr ihn immer besser kennenlernt. Er öffne euch die Augen des Herzens, damit ihr erkennt, was für eine Hoffnung Gott euch gegeben hat, als er euch berief, was für ein reiches und wunderbares Erbe er für die bereithält, die zu seinem heiligen Volk gehören, und mit was für einer überwältigend großen Kraft er unter uns, den Glaubenden, am Werk ist* (Eph 1,17-19).

Ich glaube an Gott, den allmächtigen Vater, und an seinen Sohn, der im Fleisch kam und an unserer Stelle litt.

Ich glaube an den Leib Christi – *die* Familie, die Gottes Antwort auf das Elend der Menschen ist. Ich glaube, dass sie sein Plan für das menschliche Wohlergehen ist.

Also hey – warten wir nicht bis zum Himmel, um Freunde zu werden!

Stephanie Bennett
Autorin der Trilogie *Within the Walls* sowie *Communicating Love: Staying Close in a 24/7 Media-Saturated Society*
West Palm Beach, Florida

Kapitel 1

Sie ist gesund und munter

Auch hat er die Ewigkeit in ihr Herz gelegt, nur dass der Mensch das Werk nicht ergründet, das Gott getan hat, vom Anfang bis zum Ende (Koh 3,11).

Auf meiner ersten Reise nach Israel verbrachte meine kleine Reisegruppe eine Stunde in einem nicht öffentlichen Teil des Gartens Gethsemane, der nur nach Vereinbarung geöffnet war. Sobald wir uns innerhalb der Mauern fern der Menschenmengen befanden, waren wir wie in eine andere Zeit versetzt. Während wir durch den Hain der uralten Olivenbäume schlenderten, kam ich mir vor, als sei ich an einem der wenigen Plätze in Israel, die noch so waren wie zu Zeiten Christi. Am Schluss versammelten wir uns hinten auf einem großen Felsblock, und mit unserem Blick auf den Tempelberg gerichtet, dachten wir darüber nach, was Jesus am Kreuz vollbracht hat.

Stellen Sie sich meine Freude vor, als ich meine Frau 17 Jahre später dorthin mitnahm. Sie war bei der ersten Reise nicht dabei gewesen und ich konnte es kaum abwarten, ihr die ursprüngliche Atmosphäre dieses Gartens zu zeigen. Als wir an unserem letzten Tag dort ankamen, platzte ich fast vor Erwartung, doch sobald wir durch den Eingang gingen, wusste ich, dass etwas fürchterlich schiefgegangen war. Von Steinen gesäumte Wege durchkreuzten den Garten, Stapel von Gartenstühlen standen überall im Gelände. Ich eilte in den hinteren Teil des Gartens, um den Felsblock zu suchen, und konnte ihn nicht finden. An seiner Stelle befand sich eine große, erhöhte

Steinterrasse, auf der ein riesiges, an einem Metallpfosten befestigtes Rednerpult stand. Rings herum, wie in einem Amphitheater angeordnet, gab es Sitzplätze für etwa 100 Leute. In meiner Enttäuschung wurde mir ganz schwach zumute. Das konnte doch nicht derselbe Garten sein!

Ich machte den Reiseleiter ausfindig und fragte ihn nach dem Garten, den ich beim letzten Mal gesehen hatte. Er sah mich verdutzt an. Was war mit dem großen Felsen hinten im Garten geschehen? Er hatte erst seit ein paar Jahren für die Reisegesellschaft gearbeitet und hatte ihn nie gesehen. Er versicherte mir, dass es derselbe Garten war, den ich vor 17 Jahren gesehen hatte. Der Felsen (konnte es *jener* Felsen gewesen sein?) war unter der Terrasse begraben worden. Dieser einfache Garten war in einen Vortragssaal verwandelt worden, um ihn für Touristen brauchbarer zu machen, aber gerade das zerstörte den Grund, weswegen sie gekommen waren.

Es hätte eigentlich so viel besser sein sollen.

Genau dieses Gefühl hatte ich seit meinen frühsten Tagen in Bezug auf das Christentum – erst als jemand, der Christus nachfolgt, dann als hauptberuflicher Pastor. Verstehen Sie mich nicht falsch – in den Kirchengemeinden, in denen ich mich in meinen ersten vierzig Lebensjahren engagierte, gab es einige großartige Zeiten. Aber diese Augenblicke stellten sich als flüchtiger heraus, als ich gehofft hatte, und die Frucht war weitaus kurzfristiger, als sie es hätte sein sollen.

Ist das wirklich alles?

Dieser Gedanke kam oft auf, wenn ich wegen eines Konflikts oder eines mangelhaften Programms frustriert war, aber nicht nur dann. Selbst wenn äußerlich gesehen alles gut lief, stieg in Augenblicken der Ruhe abseits des hektischen Tempos immer wieder der quälende Gedanke auf: *Es muss doch mehr geben.*

Haben Sie je ähnliche Gedanken gehabt? Ich kenne nur wenige, die sie nicht gehabt haben. Dazu gehören auch die Pastoren einiger Kirchengemeinden, die nach außen hin erfolgreich sind. Uns wurde eine lebendige Beziehung zu Gott versprochen und ebenso die Freude, Einheit und Gemeinschaft mit seinem Volk zu erleben, aber stattdessen lief das Ganze letztendlich auf eine Anzahl von geistlichen Aktivitäten hinaus: den obligatorischen wöchentlichen Gottesdienst und eine Reihe von zu befolgenden Regeln. Diese Dinge mögen eine Zeit lang nützlich sein, doch hat man irgendwann das Gefühl, dass etwas fehlt. Als Jesus von dem lebendigen Wasser sprach, das aus unserem Inneren herausfließt, oder als Paulus die Gemeinde als Braut ohne Flecken und Runzeln bezeichnete, begann ich mich zu fragen, ob ich nicht irgendwie etwas übersehen hatte.

Hatte jemand das Echte verdeckt, um es den Massen schmackhafter zu machen? Ich suchte überall nach neuen Ideen und probierte vieles aus, um die Fülle von Jesu Leben zu entdecken, das sich auch in den schwersten Zeiten bewährt, aber ich würde nirgends fündig. Oft versuchte ich, mir dieses Gefühl des Hungers auszureden und mich damit abzufinden, dass Jesus und Paulus wohl nur von geistlichen Realitäten geredet haben mussten und nicht von praktischen. Aber das Gefühl kam immer wieder: *Es muss doch mehr geben.*

Dieser Gedanke trieb mich als Erwachsener zwanzig Jahre lang an, in denen ich mich manchmal sehr bemühte, dieses „etwas mehr" zu finden, und manchmal frustriert war, weil meine neueste Hoffnung wieder einmal zunichtewurde. Bei Pastoren-Seminaren fing ich meinen Vortrag gewöhnlich mit einer kleinen Aufgabe an: „Jesus versprach seine Gemeinde zu bauen, und die Pforten des Hades würde sie nicht überwältigen. Das macht er nun schon seit 2000 Jahren. Welche Note würden Sie ihm geben?" Allein schon zu sehen, wie die Leute mit der Frage umgingen, machte Spaß.

Einige zögerten, weil sie schon meinen Vorschlag, Jesu Werk zu beurteilen, für vermessen hielten. Andere wiesen auf wunderbare Dinge hin, die in ihren Kirchengemeinden geschahen und sie glauben ließen, dass er gute Arbeit leistete. Wieder andere sahen die Gemeinde des 21. Jahrhunderts als eine Art zersplittertes Chaos, brachten es aber nicht übers

Herz, Jesus dafür die Schuld zu geben. Selbst wenn sie ihre eigene Gemeinde oder Denomination gut fanden, hatten sie wegen der meisten anderen Bedenken. Und jeder hat ja von Gemeinden gehört, deren Leiter so in Missbrauch verwickelt oder so extravagant sind, dass sie das Wesen Jesu beleidigen und eine Schande fürs Evangelium sind. Stets gaben einige der Anwesenden zu, dass ihre Vision einer echten Gemeinschaft der Erlösten nicht erfüllt worden war – eine Vision, in der die Menschen Jesus und die Geschwister auf eine Weise lieben, die die Zerbrochenen wiederherstellt, die Schwachen ermutigt und seine Herrlichkeit in einer gefallenen Welt aufzeigt.

Einige wiesen darauf hin, dass der Sonntagmorgen zumindest in der amerikanischen Kultur die Zeit der größten Trennung in der Woche ist. Unsere Kirchengemeinden trennen uns nach Rassen, Einkommen und Gesellschaftsschicht. Wir versammeln uns mit Leuten, die die Welt so sehen wie wir und die dieselbe Lehre und denselben Musikstil bevorzugen. Zwar hat jede Kirchengemeinde ihre eigenen Leute in Führungspositionen und behauptet, demselben Gott zu folgen, doch gibt es zwischen ihnen nur wenig echte Zusammenarbeit. In Wirklichkeit wimmelt es nur so an gegenseitigen Vorurteilen. Manche Gruppen gelten als zu liberal, andere als zu gesetzlich. Man streitet sich über wichtige Lehren und ignoriert die Leiter der anderen Gruppe. Manche sind autokratisch und repressiv, während andere die Lehre der Bibel scheinbar zu verweichlichen. Manche stecken in Ritualen fest, die andere langweilig finden, während andere lächerliche Geldsummen ausgeben, um Gebäude zu errichten, die wie Einkaufszentren aussehen.

Wenn man nicht mehr miteinander auskommt, sind Kirchenspaltungen an der Tagesordnung. Die meisten von uns haben eine durchgemacht, und es gibt Weniges, was schmerzhafter ist. Die Fraktion, die glaubt, dass Gott in einem Streitpunkt auf ihrer Seite steht, kann bei ihren Versuchen, die anderen zur Anpassung zu zwingen oder sie hinauszudrängen, sehr hässlich werden. Viele dieser Gruppen führen beim Streit über ein Bauprojekt, einen neuen Pastor oder den Stil der Anbetungsmusik politische Machtkämpfe, die es mit allem aufnehmen könnten, was Machiavelli schrieb.

Oft sagen mir Leute, dass sie eher von anderen Christen angefeindet wurden als in der Familie oder im Beruf. Häufig gibt es eher Klatsch als Gemeinschaft, und der ständige Ruf nach weiteren ehrenamtlichen Helfern oder nach mehr Geld soll einen durch Schuldgefühle manipulieren. Kein Wunder, dass die meisten ihre Kirchengemeinde nur sonntags für etwa eine Stunde aus Pflichtgefühl besuchen und sie die restliche Woche ignorieren.

Wie gut hat also Jesus seine Arbeit in den letzten 2000 Jahren getan?

Da Sie dieses Buch lesen, vermute ich, dass Sie wegen der Gemeinde, wie wir sie heute kennen, Bedenken haben, oder dass Sie tief besorgt sind um jemanden, auf den das zutrifft. Vielleicht sind Sie in einer Kirchengemeinde aktiv und hoffen verzweifelt, dass etwas getan werden kann, damit diese Jesu Reich besser widerspiegelt. Vielleicht haben Sie Ihre Gemeinde schon verlassen und bereits die Hoffnung aufgegeben, dass irgendetwas Ihre Sehnsucht nach seiner Gemeinde erfüllen könnte. Oder vielleicht sind es Ihre Eltern, die nicht mehr die Gemeinschaft besuchen, in der Sie aufgewachsen sind, und Sie fragen sich, ob sie den Verstand verloren haben.

Es ist kein Geheimnis, dass viele ihre in Scharen ihre Kirchen und Gemeinden verlassen, und das schon seit über 25 Jahren. Es gibt Schätzungen, wonach in den USA jeden Tag bis zu 3500 Leute aus ihrer Gemeinde austreten, was dazu führt, dass viele schließen oder sich mit anderen zusammentun, um zu überleben. Wir werden hier möglicherweise noch erleben, dass das Christentum in Amerika kollabiert und sich das wiederholt, was in Europa schon in den vergangenen Jahrhunderten geschehen ist.

Unsere religiösen Institutionen verlieren sowohl in der kulturellen Debatte als auch in Bezug auf die Struktur und den

Zusammenhalt unserer Gesellschaft immer mehr an Bedeutung. Die religiösen Leiter geben der Säkularisation unserer Kultur dafür die Schuld, die darauf zurückzuführen ist, dass die Wissenschaft unsere geistlichen Grundlagen unterminiert und gleichzeitig die Menschen zunehmend narzisstisch und selbstgefällig werden. Doch die Leute, die die Kirchen verlassen haben, sehen das anders. Sie sagen, ihre religiösen Institutionen seien zu sehr auf Geld und Macht erpicht gewesen, hätten die Menschen verdammt und seien zu heuchlerisch. So zweifeln viele schließlich Gottes Charakter an, wenn nicht gar seine Existenz, weil sie von mangelhaften Leitern enttäuscht und trotz aller Verrenkungen geistlich leer sind, lediglich oberflächliche Beziehungen haben oder aufgrund unbeantworteter Gebete desillusioniert sind.

Die schwindenden Zahlen aktiver Kirchenmitglieder hat unter religiösen Leitern große Besorgnis ausgelöst. Da es leicht ist, den Leuten die Schuld an ihrer mangelnden Hingabe zu geben und äußerliche Einflüsse für ihre Verführung verantwortlich zu machen, schauen sich nur wenige Pastoren ehrlich an, inwieweit die örtliche Gemeinde Teil des Problems sein könnte. Statt die Leute in eine unwiderstehliche Beziehung zu Gott einzuladen, greifen sie auf Druckmittel oder Manipulation zurück und fordern, dass die Teilnahme am Gemeindeleben Pflicht sei, da man sonst von der Sünde verschlungen, von falscher Theologie verführt oder geistlich verdorren würde. Ein namhafter Pastor schrieb sogar in einer überregionalen Zeitschrift, dass diejenigen, die meinten, die Kirche sei am Sterben, es den anderen schuldig seien, sich ihnen anzuschließen und mit ihr zu sterben.

Dennoch gehen die Leute weiterhin weg. Manche lehnen sowohl Gott als auch die Gemeinde ab, da sie nie einem Gott begegnet sind, der realer ist als das Versagen der Institution, der sie angehörten. Deren Unfähigkeit beweist in ihren Augen, dass Gott eine Fantasie sein muss, und sie stürzen sich kopfüber in die Auswüchse einer verlorenen Welt. Das klingt vielleicht beängstigend, jedoch habe ich erlebt, dass viele von ihnen die Wege der Welt genauso leer fanden und sich wie der Verlorene Sohn in Jesu Geschichte schließlich wieder dem Gott zugewandt haben, der sie ruft.

Einige verlassen ihre Gemeinde, um nach einer besseren zu suchen. In den letzten vier Jahrzehnten sind in Amerika viele in die riesigen Megakirchen gewechselt, die etwa zur gleichen Zeit die kleineren Kirchengemeinden ersetzten, als die Billiganbieterketten die Tante-Emma-Läden verdrängten. Diese unpersönlichen Institutionen veränderten im Grunde das Wesen des Gemeindelebens. Man sitzt nicht mehr gemeinsam mit seinen Freunden und Bekannten im Gottesdienst, sondern in einem riesigen Saal voller Fremder, die von dem Geschehen auf der Bühne unterhalten werden wollen oder auf den Nutzen, den ihnen eine große Gruppe liefern kann, erpicht sind. Selbst diese Kirchen werden von vielen wieder verlassen, weil sie die Show irgendwann langweilt und sie der ständigen Spendenaufrufe überdrüssig werden.

Andere suchen nach kleineren Alternativen wie die Rückkehr zu informelleren Versammlungen in Hausgemeinden. Diese versprechen oft engere Beziehungen und mehr Beteiligung, doch verwirklicht sich das nicht immer. Häufig sind sie nichts anderes als dasselbe kirchliche System, wenn auch in kleinerem Rahmen. Es ist leicht, sie zu gründen, und schwer, sie in Gang zu halten, weil sich die Leute von den Leitern manipuliert oder von den Versammlungen gelangweilt fühlen.

Die Gemeinde, wie wir sie kennen, scheint am Sterben zu sein. Was sagt das darüber aus, wie gut Jesus seine Gemeinde baut? Früher dachte ich, dass er völlig versagt hat, obwohl ich vorsichtig war, wo ich das zum Ausdruck brachte. Am meisten kam es in meinen frustrierten Gebeten zum Vorschein, wenn ich wegen der Komplikationen betete, die in den Kirchengemeinden auftraten, an denen ich beteiligt war. Zwar ist es leicht, unvollkommenen Menschen die Schuld an den Problemen zu geben, aber Jesus hatte doch gesagt, dass die dunklen Mächte die Gemeinde nicht würden überwinden können – wieso schafften es da die menschlichen Schwächen?

Ganz zu Anfang der Kirchengeschichte erweiterte Paulus, der frühe Apostel, diese Verheißung sogar noch, als er sagte, Jesus wolle die Gemeinde *„vor sich stelle[n] als eine Gemeinde, die herrlich sei und keinen Flecken oder Runzel oder etwas dergleichen habe, sondern die heilig und untadelig sei“* (Eph 5,27 LUT). Das ist ein bemerkenswertes Bild, und es gibt wenig Anlass zu glauben, die Kirche von heute sei dieser Realität näher als die Gemeinde zur Zeit des Paulus.

Wenn Sie ebenso wie ich frustriert sind über die Diskrepanz zwischen der Gemeinde, wie sie in der Bibel beschrieben wird, und dem, wie sie sich in unseren religiösen Institutionen darstellt, dann sind Sie nicht allein. Sie gehören zu einer langen Reihe von Leuten wie Franz von Assisi, John Wycliffe, Martin Luther, John Wesley und vielen anderen, die es wagten, die schwierigen Fragen zu stellen, und mit den unbequemen Antworten gerungen haben.

Vielleicht ist Ihre wachsende Entmutigung ja gar nicht der Beweis dafür, dass Jesus versagt hat, sondern ein Anzeichen für sein Wirken?

Und wenn er nun tatsächlich hinter diesem Auszug aus dem institutionellen Christentum steckt? Was wäre, wenn er uns einlädt, die Realität seiner Familie einfacher und effektiver zum Ausdruck zu bringen? Was wäre, wenn sie entdeckten, dass diese Gemeinde seit dem Pfingsttag gewachsen ist und wir sie übersehen haben – nicht, weil es sie nicht gibt, sondern weil unsere menschlichen Versuche, unsere eigene Version der Kirche zu bauen, uns so abgelenkt haben, dass wir die herrlichere Version übersehen haben, die Jesus baut? Ich weiß, diese Frage kann schwer zu schlucken sein, wenn Sie unter „Kirche“ nur die „offiziellen“ Institutionen verstehen, aber es lohnt sich, sie zu stellen, vor allem dann, wenn Sie sich in einer Kirchengemeinde nicht mehr zu Hause fühlen.

Wenn wir Jesus nicht unterstellen wollen, er habe beim Bau seiner Gemeinde schlechte Arbeit geleistet, legt uns die Frage nahe, einmal darüber nachzudenken, ob seine Gemeinde nicht etwas anderes ist, als das, was unsere menschlichen Versuche bisher widerspiegeln. Wie würde die Gemeinde von Jesus Christus aussehen, wenn sie aus Menschen bestünde, die lernen, in derselben Realität wie Jesus zu leben: ein Auge auf den Vater gerichtet und ein mitfühlendes Herz für die Menschen in unserer Umgebung? Wie sehr würden wir einander lieben und seine Herrlichkeit widerspiegeln, wenn wir nicht so viel Zeit und Energie für die Aufrechterhaltung unserer Institutionen aufbringen würden?

Das ist kein idealistischer Traum. Diese Gemeinde nimmt schon weltweit Gestalt an.

Um diese Realität willkommen zu heißen, müssen wir jedoch die Gemeinde so sehen, wie Jesus sie sieht, und nicht so, wie wir gelernt haben, sie zu definieren. Die Sehnsucht, eine Gemeinde zu finden, die die Verheißung der Bibel erfüllt, ist ein Geschenk Gottes, das Sie zu einer größeren Realität hinzieht, als Sie bisher gesehen haben. Ich weiß, wie frustrierend es sein kann, wenn Ihre bisherigen Erfahrungen dieser Gemeinde wie eine Fata Morgana in der Ferne zu verblassen scheinen, aber seine Gemeinde ist gesund und munter. Sie ist nicht – und war nie – das Gebäude an der Ecke. Dort mag es Anzeichen von ihr geben, aber sie ist weitaus herrlicher, als es unsere Institutionen oder Denominationen umfassen könnten.

Die Gemeinde zu finden, war und ist das Ziel meines Lebens. Zwanzig Jahre lang diente ich als Pastor in der Hoffnung, ein „Gemeindesystem“ zu finden, das es den Menschen ermöglichen würde, Jesu Realität zu erleben. Erst nachdem man mich hinausgedrängt hatte, begann ich, einen Blick der Realität zu erhaschen, nach der ich fast mein ganzes Leben lang gesucht hatte.

Ich fand sie dort, wo ich sie am wenigsten erwartete – direkt vor meiner Nase! Ich hatte am falschen Fleck nach ihr gesucht und hatte in Wirklichkeit keine Ahnung, wonach ich suchte, bis ich sie zufällig entdeckte. Es war viel einfacher, als ich gedacht hatte, und als ich diese Realität akzeptierte, war ich wieder bei einer Familie zu Hause, von der ich immer gehofft hatte, dass es sie gab. Jesus baut diese Gemeinde, indem er im

Stillen eine Familie zusammenbringt, die so reich und umfassend ist, dass sie die religiösen Konventionen nicht braucht, durch die wir sie eingegrenzt haben.

Das sind die Schlussfolgerungen, die ich im 60. Jahr meiner Entdeckungsreise gezogen habe. Wie Sie wäre auch ich skeptisch gewesen, wenn ich davon nur aus der Ferne gehört hätte und die Reichhaltigkeit und Schönheit seiner Gemeinde an der Seite von so vielen anderen nicht selbst erlebt hätte. Ich präsentiere Ihnen nicht allein meine Beobachtungen, sondern die Frucht vieler Unterhaltungen mit anderen in aller Welt, die mit denselben Fragen gerungen haben und zu ähnlichen Schlüssen gekommen sind. Diese Menschen geben sich der tiefen Gemeinschaft sowohl mit Christus als auch mit seiner Gemeinde hin, und zwar auf eine Weise, die meist unbemerkt bleibt. Unsere gemeinsamen Freundschaften haben meinen Lebensweg zutiefst geformt und erfüllen meine ganze Sehnsucht, den Leib Christi in all seiner Herrlichkeit zu sehen.

Keiner von uns würde sich als Experte bezeichnen, der schon alles verstanden hat, sondern wir sind einfach leidenschaftliche Menschen, die erlebt haben, wie Jesu Gemeinde in unserer Welt tatsächlich Gestalt annimmt. Und deshalb übernehme ich jetzt die Aufgabe, anderen wie Ihnen zu helfen, sie ebenfalls zu finden, selbst wenn Sie jetzt noch nicht wissen, dass Sie danach suchen. Was Sie in diesem Buch finden, ist, was ich selbst gerne schon in meiner Jugend gewusst hätte. Dann wären mir 40 Jahre der Frustration erspart geblieben. Aber ehrlich gesagt, weiß ich nicht, ob ich darauf gehört hätte. Der Weg, der Welt meinen Stempel aufzudrücken und aufgrund meiner eigenen Leistung erfolgreich zu sein, war zu reizvoll und der weniger beschrittene Weg im Vergleich dazu so wenig attraktiv. Es ist gut möglich, dass man diesen Weg nur findet, indem man durch systematischen Versuch und Irrtum frustriert wird; vielleicht ist dieses Ringen ebenso wichtig wie die Erkenntnis selbst, um an der Realität seiner Gemeinde teilhaben zu können.

Einige von Ihnen haben die Herrlichkeit der Gemeinde schon gekostet, aber sie dabei nicht erkannt, weil sie nicht den von anderen definierten Normen entsprach. Irgendwie sind Sie in einem Kreis von Freunden gelandet, die Jesus leidenschaftlich nachfolgen wollten, und haben Gespräche voller Leben und Freude erlebt. Ihre Freunde haben Sie auf Ihrem Weg ermutigt und Ihnen gleichzeitig den Raum gegeben, mit Ihren tiefergehenden Fragen und Zweifeln zu ringen.

Einige von Ihnen haben das noch nicht erlebt, haben aber zweifellos eine Sehnsucht nach mehr, als Sie bisher kennengelernt haben. Immer wieder versuchen Sie, sich dem herkömmlichen System anzupassen, aber irgendetwas lockt Sie, darüber hinauszugehen, und Sie sind sich noch nicht einmal sicher, wie Sie das erklären sollen. Ihre Freunde und Familie verstehen Sie womöglich nicht und fragen sich sogar, ob Sie den Verstand verloren haben. Das haben Sie nicht. In Ihnen ist gerade etwas erwacht, was anfangs vielleicht mehr Verdruss als Freude bringt, aber falls Sie nicht aufgeben und sich nicht mit „dem Besten, was man finden kann" zufriedengeben, wird dieser Hunger in Ihnen arbeiten, und am Ende werden auch Sie die echte Gemeinde finden.

Vor einigen Jahren wurde ich eingeladen, zu einer innerstädtischen, afroamerikanischen Gemeinde in der Nähe von Boston zu sprechen. Als ich am Abend zu ihrer Versammlung ging, war ich ganz betroffen davon, wie passiv die Menschen waren, selbst als die Pastorin sie anfuhr, weil sie die Veranstaltungen nicht so treu besuchten, wie sie es von ihnen erwartete. Der Gottesdienst lief nach dem gewohnten Muster ab: Wir sangen, ich redete, sie hörten zu. Und obwohl diese Dinge nicht wertlos sind, sind sie nicht das, was das Gemeindeleben ausmacht.

Am nächsten Morgen traf ich mich mit zwei jungen Männern aus dieser Gemeinde auf ihren Wunsch hin zum Frühstück. Während wir aßen erzählten sie mir ihre Geschichten und erwähnten ihren geistlichen Hunger, der in ihrer Gemeinde nicht gestillt wurde. Sie redeten über ihr Wohnviertel und von ihrem Wunsch, zu sehen, dass Jesu Leben dort Gestalt annimmt. Wir lachten, weinten und beteten, ohne zu bemerken, dass andere uns zuhörten.

Nachdem wir uns etwa zwei Stunden lang unterhalten hatten, kamen plötzlich zwei ältere Damen an unseren Tisch. Mit Tränen in den Augen sagten sie: „Sie haben keine Ahnung, wie lange wir Gott angefleht haben, dass er einige der jungen Männer in diesem Stadtteil mit der Leidenschaft berührt, sein Leben an solch einem Ort der Verzweiflung weiterzugeben. In den letzten beiden Stunden haben wir Ihnen drei mit Vergnügen zugehört und wir wissen, dass Sie ein Teil der Antwort auf unsere Gebete sind." Wir alle wussten, dass dies ein übernatürlicher Augenblick war. An diesem Ort, in einem Restaurant in Roxbury, Massachusetts, nahm die Gemeinde einen Augenblick lang Gestalt an, und das prägte die Leute weitaus mehr als die Veranstaltung vom Vorabend.

Falls Sie je einen solchen Augenblick erlebt haben, wird Sie keine religiöse Aktivität wieder befriedigen. Das ist der Grund, warum viele die etablierten Kirchengemeinden verlassen – um eine Stadt zu finden, deren Erbauer Gott ist. Sie suchen kein unrealistisches Ideal voller perfekter Menschen, sondern die echte Gemeinschaft unvollkommener Menschen, die von der Liebe Gottes verändert werden und diese Liebe selbst über ihre Unvollkommenheiten hinaus miteinander teilen können.

In den letzten zwanzig Jahren habe ich diese Gemeinde sowohl in meinem eigenen Engagement zu Hause als auch in verschiedenartigen Formen rings um die Welt genossen. Sie ist von Liebe und Zärtlichkeit erfüllt, standhaft auch in Schwierigkeiten, stellt Gottes Reich über das Eigeninteresse, Beziehung über Anpassung, Barmherzigkeit über Konsens und Freiheit über Pflicht. Sie bringt eine Tiefe der Gemeinschaft, der Freude und des Teilens zum Ausdruck, welche man unmöglich aus sich heraus produzieren kann.

Es gibt wirklich mehr, und ich möchte, dass Sie diese Gemeinde genauso genießen, wie ich es tue.

Kapitel 2

Die Gemeinschaft einer neuen Schöpfung

Seht, ich mache alles neu! (Offb 21,5).

Ich weiß, was gemeint ist, aber es geht mir immer noch gegen den Strich, wenn jemand sagt: „Sie hat die Gemeinde verlassen", oder: „Ich bin vor zehn Jahren aus der Kirche ausgetreten." Da die Leute, um die es geht, weiterhin leidenschaftlich Jesus folgen, möchte ich sie korrigieren. „Du bist vielleicht aus deiner Kirche ausgetreten, aber wie willst du aus der *Gemeinde* ausgetreten sein?" Kann man zu Jesus gehören, ohne Teil seiner Familie zu sein? Diese sprachliche Verwirrung ist eine der tragischen Folgen davon, dass man den Ausdruck *Kirche* bzw. *Gemeinde* für die unzähligen religiösen Institutionen benutzt, die unsere Landschaft übersäen, anstatt für den „Bilderteppich", den Jesus aus seinen Nachfolgern knüpft.

Wenn die Bibel von der Gemeinde spricht, tut sie das mit einem tiefen Gefühl der Ehrfurcht: die Gemeinde ist die krönende Herrlichkeit des Werkes Gottes in der menschlichen Geschichte. Paulus nennt sie nicht nur die unbefleckte, von der Welt unverdorbene Braut, sondern sagt auch: *„Sie ist sein Leib, und er lebt in ihr mit seiner ganzen Fülle – er, der alles und alle mit seiner Gegenwart erfüllt"* (Eph 1,23). Welch ein unglaubliches Bild – in der Welt nimmt eine Familie Gestalt an, die alles zum Ausdruck bringt, was Jesus ist! Keiner von uns könnte das allein tun, aber das Zusammenspiel unserer Fürsorge füreinander und unserer gemeinsamen Aktivitäten kann sein Wesen und seine Herrlichkeit widerspiegeln. Das war von Anfang an Gottes Wunsch: alles unter einem Haupt – Jesus selbst – zu vereinigen (vgl. Eph 1,10)! Diese Einigkeit der Herzen und Ziele wird ferner dazu dienen, dass *„die Mächte und Gewalten in der unsichtbaren Welt ... die ganze Tiefe und Weite von Gottes Weisheit erkennen“* (Eph 3,10).

Je mehr wir mit Jesus eins werden, desto mehr spiegelt jeder von uns ein Stück seiner Herrlichkeit wider. Wenn wir mit anderen, in denen er auch arbeitet, in Berührung kommen, spüren wir sofort eine Einheit und Zuneigung, da wir sein Leben in ihnen erkennen. Die Art und Weise, wie wir einander lieben, die Einheit, mit der wir beten, und das Zusammenwirken unserer Gaben und Mittel für die uns von ihm zugewiesenen Aufgaben offenbaren nicht nur unserer Umwelt sein Wesen, sondern untergraben sogar die unsichtbaren geistlichen Kräfte, die die Menschheit zu zerstören suchen.

Alle, deren Herz im Einklang mit dem Herzen Gottes schlägt, sehnen sich danach, Gemeinschaft mit dieser Familie zu haben. Nun, vielleicht haben Sie diese Realität in der Vergangenheit in den Gruppen, denen Sie angehört haben, noch nicht erlebt, aber das heißt nicht, dass es sie nicht gibt. Diese Gemeinschaft wächst in ihrem Vertrauen auf Gott und seiner Art zu wirken, und alle, die zu ihr gehören, lernen immer mehr die einfache Freude kennen, in der Zuneigung des Vaters zu leben und sie mit anderen zu teilen. Man findet diese Realität dort, wo die Menschen ihr Leben füreinander niederlegen, wo sie nicht darum kämpfen, vorne zu stehen oder geistlicher als die anderen zu sein, und wo sie lieber betrogen werden als sich durchzusetzen. Diese Gemeinde, die unter seiner Führung ihre Beziehungen pflegt, ist die aufregendste, am besten funktionierende Familie, die es gibt!

Auf dieser Basis ist unsere konventionelle Definition der Gemeinde als religiöse Institution untauglich. Wie könnte eine Institution je so etwas hervorbringen? Eine Gruppe verwirklicht diese Realität nicht, nur weil sie sich Gemeinde nennt. Wir haben dieses Wort, das die Herrlichkeit der Familie des Vaters offenbaren sollte, Institutionen gegeben, die nicht in der Lage sind, sie auf Dauer widerzuspiegeln. Deshalb verfehlen wir diese Realität, wenn wir das Wort *Gemeinde* für jede Versammlung von Leuten, die sich Christen nennen, benutzen. Sie mögen vieles von dem tun, was wir von einer Gemeinde erwarten – das Evangelium lehren, zur Gemeinschaft ermutigen und sich um die Verlorenen kümmern –, aber gleich am Anfang definieren sie ihre Vorstellungen, indem sie den Mitgliedern eine feste Veranstaltungsstruktur, bestimmte Entscheidungswege und einen Auftrag vorschreiben. Sie versuchen, die Leute zu guten Christen zu machen, indem sie sie mit mehr oder weniger Druck zur Anpassung an ihre Pläne und Erwartungen bringen und dabei mehr oder weniger Erfolg haben. Allein die Tatsache, dass es hunderttausende solcher Gruppen gibt, die alle von sich behaupten, die Gemeinde Jesu zu sein, und die so wenig gemeinsam haben, entleert das Wort seines Sinnes.

Jesu Gemeinde ist kein menschliches Werk, sondern die Frucht der Beziehungen derer, die Teil einer neuen Schöpfung sind. Sie sind das erlöste Menschengeschlecht, das eine Beziehung zu Jesus als dem Haupt hat. Wenn Paulus uns sagt, dass die Gemeinde die Fülle Christi ist, geht er über eine Ansammlung von Christen hinaus und redet von einer lebendigen Gemeinschaft, die zu Jesu Freude und als seine Ergänzung in der Welt lebt. Die Gemeinde, die Jesus baut, wächst seit dem Tag, als er sie am Pfingsttag gründete. Sie ist *an sich* keine Veranstaltung oder Institution, sondern eine wachsende Familie. Sie nimmt immer dort Form an, wo sich die Menschen begegnen, die zu ihm gehören. Anstatt beim Wort *Gemeinde* an eine Gruppe zu denken, der man sich anschließen kann, sollte man lieber nach dieser Realität suchen – in den Gesprächen, Verbindungen und gemeinschaftlichen Aufgaben, die er uns jeden Tag gibt. Wie Sie noch sehen werden, kann die Gemeinde jederzeit fast überall in Erscheinung treten.

„Wo immer zwei oder drei Jünger Jesu beieinander sind, gibt es eine funktionierende Gemeinde." Als ich das mit 24 Jahren zum ersten Mal hörte, fiel ich fast von der Kirchenbank. Diese

Worte kamen bei einer Predigt über Matthäus 18 aus dem Mund des Hauptpastors, meines damaligen Vorgesetzten in meiner ersten Stelle als Pastor. Ich bin mir nicht sicher, ob er sie wirklich glaubte, da für ihn vor allem die Rechenschaftspflicht gegenüber der von ihm geleiteten Institution wichtig war. Damals glaubte ich es ebenfalls nicht. Aber ich denke, Jesus tut es, und deshalb freute ich mich, als ich es damals hörte. Was wäre, wenn es wahr ist und wir dadurch die Gemeinde besser verstehen könnten als bisher?

Die Gemeinde der neuen Schöpfung gleicht eher Wildblumen auf einer Alpenwiese als einem eingeschlossenen Garten mit gepflegten Hecken. Mir ist klar, dass eine solche scheinbar formlose Sicht der Gemeinde viele nervös macht, insbesondere diejenigen, die es für ihre gottgegebene Pflicht halten, eine Gruppe von Menschen für Jesus zu leiten, weil es die Gemeinde sonst nicht geben könne. Aber es gibt sie. Damit befürworte ich nicht die vereinzelt auftretende Idee, dass „jeder eine Gemeinde für sich" ist. Die Gemeinde drückt sich in Beziehungen aus, die wir mit anderen haben, die Jesus ebenfalls nachfolgen – Freundschaften vor Ort genauso wie von ihm geknüpfte internationale Beziehungen. Wir sehen sie zuerst in Gesprächen reflektiert, in denen Jesus sich zu erkennen gibt. Einige dieser Begegnungen wachsen zu festeren Freundschaften, die zu einem Teil unseres Lebensgefüges werden, indem wir einander dienen, ermutigen und miteinander wachsen. Diese Freundschaften führen zu anderen, und mit diesem Netzwerk von Freunden und deren Freunden hat Gott alle Ressourcen, die er braucht, um uns zu ersuchen, im Gebet übereinzustimmen und zusammenzuarbeiten, um seine Ziele in unserem Umfeld zu erreichen.

Kann es wirklich so einfach sein? Das ist vielleicht der größte Stolperstein, der einen daran hindert, die Gemeinde für das zu sehen, was sie ist. Man glaubt, das sei zu einfach oder zu leicht. Daher vertraut man lieber dem unermesslichen Spektrum sich widersprechender Institutionen statt dem Werk Jesu. Wie wir noch sehen werden, ist es nur deswegen schwierig, sich mit anderen Menschen zu verbinden, weil es viel leichter ist, als wir zu glauben wagen. In Wirklichkeit haben Sie diese wachsenden Verbindungen wahrscheinlich schon jetzt in der Kirchengemeinde, die Sie derzeit besuchen. Ich will damit nur sagen, dass Ihr Interagieren mit diesen Menschen das Leben der Gemeinde auf freiere Weise zum Ausdruck bringt, als wenn Sie auf einem Stuhl sitzen und der Aktivität vorne auf der Bühne zuschauen.

Zugegeben, es ist nicht leicht, diese Diskussion über die Gemeinde zu führen. Die meisten Leute wollen einfache, klare Antworten auf sehr differenzierte Realitäten. Es wäre leichter zu sagen, alle religiösen Institutionen seien schlecht und kleinere, informelle Gruppen gut, aber das stimmt nicht. Hätten wir doch nur eine Organisation, welche die eine, wahre Gemeinde repräsentiert und von den richtigen Leuten geleitet wird, dann würden wir wissen, wer dazugehört und wer nicht, aber leider ist jede Gruppe, die das jemals versucht hat, irgendwann arrogant und missbräuchlich geworden bei dem Versuch, die Gemeinde rein zu halten.

Daher müssen wir gedanklich zwischen der Kirche, die die Menschheit seit 2000 Jahren zu bauen versucht hat, und der Gemeinschaft der neuen Schöpfung, die Jesus baut, unterscheiden. Sie sind nicht identisch, obwohl sie sich gelegentlich auf herrliche Weise überschneiden können. Nur können unsere auf Gleichschaltung beruhenden Strukturen nicht die notwendige interne Transformation hervorbringen, damit die Gemeinde unter uns Gestalt annimmt. Und so wichtig es ist, zu erkennen, dass die Lehren, Rituale und Strukturen unserer Kirchengemeinden uns enttäuschen können, will ich nicht behaupten, dass sie böse sind. Es geht nicht darum, ob sie gut oder schlecht sind, sondern wie wir sie anwenden. Fördern sie, dass unsere Beziehung zu Gott wächst, ist das großartig! Doch wenn sie zu einem Ersatz für die fehlende Beziehung zu ihm werden, ist das problematisch.

Ich stimme der Theologie der historischen Glaubensbekenntnisse bei und es inspiriert mich, sie zu lesen. Wichtig ist jedoch nicht die gedankliche Zustimmung, sondern dass wir in der Wahrheit leben, für die sie eintreten. Genauso können rituelle Handlungen unser Herz einer weiteren Welt öffnen und uns helfen, über Gott nachzudenken, oder sie können zu einer sinnlosen Wiederholung werden, die uns dem lebendigen Gott noch mehr entfremden. Ich bin auch nicht gegen Struktur; sie ist unglaublich wertvoll, wenn sie dem Gestalt gibt, was Jesus unter einer Gruppe von Menschen tut. Alles, was ich tue, hat Struktur, angefangen von den Büchern, die ich herausgebe, über die Reisen, die ich plane, bis zu unserem Werk in Afrika unter Witwen und Waisen. Die Struktur ist erforderlich, um Menschen für spezielle Aufgaben zu koordinieren, aber wie die Geschichte zeigt, kann keine Gruppenstruktur das Leben der Gemeinde Jesu für sehr lange erfolgreich reflektieren. Es geschieht fast unmerklich, aber mit der Zeit werden die Menschen zu Dienern der Struktur. Anstatt Jesus zu folgen, werden sie von ihr abhängig.

Letzten Endes kann jedoch kein Glaubensbekenntnis, kein Ritus und keine Struktur die Gemeinde umfassen, die Jesus baut. Und merkwürdigerweise schließen sie auch nicht die Möglichkeit aus, dass die Gemeinde eine bestimmte Form annimmt. Weil die Gemeinde überall dort zum Ausdruck kommt, wo Menschen lernen, an der Seite von Jesus in der neuen Schöpfung zu leben, kann sie fast überall auftreten. Sie ist eine Familie, und eine Familie ist durch das Wesen ihrer liebevollen Beziehungen untereinander gekennzeichnet.

Vor Jahren forderte mich ein Freund heraus: „Warum verwenden wir den Ausdruck *Gemeinde* eigentlich nicht ausschließlich so, wie Paulus es in der Bibel tut? Nennen wir doch das die Gemeinde, was er die Gemeinde nennt, und lassen wir uns nicht von den Institutionen ablenken, die diesen Ausdruck für etwas Geringeres als diese Realität verwenden.“ Das hat sich als gar nicht so einfach erwiesen. Der allgemeine Sprachgebrauch stellt mir immer wieder ein Bein, aber ich glaube doch, dass es sich lohnt, das Wort als eine Art Kosewort zu erhalten, damit wir beim Lesen der Bibel an die Gemeinde denken, die Jesus im Sinn hatte. Ich werde das hier versuchen. Anstatt den Ausdruck für irgendeine Ansammlung von Christen zu verwenden, die sich in einem etablierten System treffen, werde ich den Ausdruck *Gemeinde* benutzen, um damit die Familie Gottes zu beschreiben, die Jesus uns vor Augen führt. Wenn ich von Institutionen rede, werde ich das Wort *Kirche* oder *Kirchengemeinde* gebrauchen. Wenn es aus sprachlichen Gründen unumgänglich ist, das Wort „Gemeinde" zu verwenden (wie etwa bei „Gemeindespaltung"), werde ich es in Anführungszeichen setzen, um zu zeigen, dass es hier nicht wirklich um die Gemeinde geht.

Seit nunmehr über zwanzig Jahren habe ich das Privileg, an einem Gedankenaustausch mit immer mehr Leuten in aller Welt teilzuhaben, die kein Vertrauen mehr haben, dass eine Institution das Umfeld bereitstellen kann, damit die Gemeinde Jesu Christi gut gedeihen kann. Einige von uns haben das institutionelle Christentum schon hinter uns gelassen, entweder weil man uns hinausgedrängt hat, da wir die falschen Fragen gestellt haben, oder weil wir nicht länger die Anforderungen einer Institution erfüllen konnten, welche mit der wachsenden Leidenschaft in unserem Herzen nicht zusammenpassten. Keiner von uns hat das leichtfertig getan, nachdem wir jahrzehntelang in lokalen Kirchengemeinden gedient hatten und uns an vielen Versuchen beteiligt hatten, sie zu reformieren. Am Ende gingen wir, nicht um unseren Glauben aufzugeben, sondern um diesen Glauben auf einem lebendigeren Weg zu erforschen, als diese Strukturen erlaubt hätten.

Viele andere teilen dieselben Bedenken, sind aber trotzdem noch in ihren Institutionen aktiv, weil sie hoffen, eine institutionelle Lösung zu finden oder weil sie einfach das Beste aus einem System machen, für das sie keine plausible Alternative sehen. Viele von ihnen sind Pastoren und Älteste, die besser als alle anderen das ständige Ringen zwischen den Erfordernissen der Institution und der Verwirklichung der Prioritäten des Reiches Jesu kennen. Andere bleiben aus Angst, von Freunden und Familien entfremdet zu werden.

Um es klar zu sagen: Ich habe dieses Buch nicht für diejenigen geschrieben, die sich in den Institutionen wohlfühlen, die wir im 21. Jahrhundert geerbt haben, sondern für diejenigen, die das nagende Gefühl haben, dass es mehr geben muss als die „Kirche“ oder „Gemeinde“, wie wir sie kennen. Wenn Sie hoffen, dass ich den Leuten zehn Gründe geben werde, warum sie in eine herkömmliche Kirche gehen müssen, werden Sie enttäuscht werden. Wenn Sie von mir erwarten, dass ich die wohlmeinenden Leute verdamme, die versuchen, unsere religiösen Institutionen so gut sie können zum Funktionieren zu bringen, werde ich das ebenfalls nicht tun. Obwohl ich davon überzeugt bin, dass es kein System gibt, das in der Lage wäre, das Leben der Gemeinde in einer Gruppe von Menschen zu reproduzieren, habe ich erlebt, dass auch dort die Realität seiner Gemeinde in Beziehungen zum Ausdruck gebracht werden kann. Wenn Sie eine Anleitung suchen, wie Sie vor Ort ein besseres „Gemeindemodell“ bauen können, können Sie auch gleich aufhören zu lesen. Sie werden nämlich bald feststellen, dass das nicht Ihre Aufgabe ist, und dass Ihre besten Bemühungen das nicht leisten können. Und schließlich, wenn Sie auf ein Buch gehofft haben, das die „Kirche“ schlecht macht, finden Sie es hier nicht. Ich liebe die Gemeinde, die Jesus baut, dieses erstaunliche Netzwerk von Leuten, die lernen, in ihm zu leben. Sie ist mir fast überall begegnet: bei einer zufälligen Begegnung in einem Flugzeug, bei einem Gespräch mit einem Nachbarn, bei einem Netzwerk von Freunden, die in meiner Nähe wohnen, oder bei der gemeinsamen Arbeit an einem Projekt mit freundlichen und großzügigen Leuten.

Es ist nicht hilfreich, wenn wir uns in feindliche Lager aufspalten, von denen eines die „Ortsgemeinde“ vertritt und das andere sie verdammt. Hat es in dieser Familie nicht genug Entzweiung über Dinge gegeben, die nicht wirklich wichtig sind? Meine Hoffnung für die Gemeinde umfasst beide Gruppen, denn letzten Endes geht es nicht um die Veranstaltungen, die wir besuchen oder meiden, sondern darum, ob wir in seinem

Reich lebendig werden und dieses Leben mit anderen teilen, wie auch immer das aussieht. Würde es Jesu Zielen nicht *mehr* dienen, wenn wir unsere Lieblingsorte und -menschen hinter uns lassen könnten, um uns seiner Familie anzuschließen, egal, in welcher Form sie uns begegnet?

Wir beginnen jedoch nicht mit dem Versuch, unsere Kirchengemeinden zu reparieren, sondern wollen zunächst unsere eigene Erweckung innerhalb einer neuen Schöpfung anstreben. An diesem Punkt beginnt das Gemeindeleben, und allein in diesem Umfeld kann die Gemeinde stattfinden. Ich glaube nicht, dass irgendjemand von uns sich schon vorstellen kann, wie seine Gemeinde aussehen wird, wenn Tausende und Abertausende frei in der Realität der Liebe Jesu leben und überall auf der Welt simultan und spontan auf die Stimme des Hirten reagieren werden.

Wie gut könnten wir einander und die Menschen um uns lieben, wenn wir nicht länger die polarisierenden Institutionen hätten, die uns trennen oder uns durch ihre Veranstaltungen und Aktivitäten erschöpfen? Ich bin davon überzeugt, dass Liebe weitaus mehr dazu beitragen wird, das Reich Gottes auf Erden zu entfalten, als irgendein von uns ausgedachtes Projekt bzw. evangelistischer Einsatz. Die Gemeinde, die Jesus baut, ist es, nach der Sie sich gesehnt haben, und aus diesem Grund war und ist die menschliche Version davon so frustrierend. Ich hoffe, dass dieses Buch ein Auslöser für die Diskussion ist, welche die Gemeinde dringend braucht, wenn wir Jesu Herrlichkeit in der Welt reflektieren wollen.

Kapitel 3

Das Erwachen

Das Wasser, das ich ihm gebe, wird in ihm zu einer Quelle werden, die unaufhörlich fließt, bis ins ewige Leben (Joh 4,14).

Ich habe über 30 Jahre gebraucht, um mir der Realität der neuen Schöpfung bewusst zu werden, die Jesus mir im Alter von neun Jahren ins Herz pflanzte. Es wäre sicherlich auch schneller gegangen, und ich hoffe, dass meine Erfahrungen anderen helfen werden, diese Zeit erheblich zu verkürzen.

Als mein Herz damals für die Wirklichkeit Jesu erwachte, geriet ich schnell in die Tretmühle der religiösen Verpflichtungen hinein. Ich stellte fest, dass ich gut damit zurechtkam, auch wenn die Sehnsucht meines Herzens nie erfüllt wurde. Immer wenn Gott versuchte, mich sanft auf eine andere Realität hinzuweisen, sträubte ich mich, ohne zu wissen, was ich tat oder welche andere Richtung ich hätte versuchen können. So unterdrückte ich diese Winke Gottes und rannte noch schneller auf dem Laufband, in der verzweifelten Hoffnung, dass sich eines Tages alles einrenken würde.

Für diejenigen von uns, die der religiösen Leistung verhaftet sind, können diese Augenblicke, in denen uns aufgeht, dass das Laufband nicht funktioniert, unglaublich verwirrend sein. Im Nachhinein ist mir klar, dass es die neue Schöpfung war, die in mir erwachte und sich gegen die religiösen Verpflichtungen sträubte, die ich zu verehren gelernt hatte. Wie ein Sämling, der sich durch den Boden und zwischen den Steinen nach oben schiebt, drängte das wachsende Leben Jesu in mir an die Oberfläche. Obwohl es viele Jahre dauerte, siegte es am Ende, als ich mich von einem Christentum, das sich als Religion mit Ritualen und Regeln präsentiert, abwandte und anfing, mich auf Christus selbst einzulassen. Die ganze Zeit über hatte er mich eingeladen, jenseits der grundlegenden Prinzipien dieser Welt zu leben – und zwar innerhalb der neuen Schöpfung, die Jesus in die alte eingefügt hatte. Sein Leben zu entdecken bedeutete, dass ich mir eine ganz neue Lebensweise aneignen musste.

Von Anfang an hatte ich mich der Institution verschrieben. Ich war mir sicher, dass unser ererbtes System der Kirchengeschichte der letzten 2000 Jahre die Erweiterung dessen war, was die Bibel als Gemeinde bezeichnete. Ich wuchs im Segen und in den Grenzen des Lebens einer normalen Gemeinde auf. Gewiss hatte es seine Mängel, und manche Kirchengemeinden reflektierten Gottes Reich besser als andere, aber es gab ja nichts anderes – ungefähr so dachte ich. Obwohl ich nie eine vollkommene Gemeinde ausfindig machen konnte, wünschte ich mir eine, die zumindest die Ideale ihres Gründers verfolgte: Sie sollte eine Umgebung schaffen, in der die Menschen Gott immer besser kennenlernen würden und sein Leben ehrlich, großzügig und barmherzig miteinander teilten.

Ich hatte alle Hoffnung, dass man die Mängel des „kirchlichen Lebens" reformieren, seine Prioritäten in Ordnung bringen und seinen Auftrag wiederbeleben konnte. Diese Hoffnung war der Inhalt vieler Gespräche und Tagungen, und meine Bibliothek war gefüllt von Büchern voller Ideen für Erneuerung. Zwanzig Jahre lang widmete ich mich als hauptamtlicher Pastor und als Redakteur des *Leadership Journal* der Reformation der „Gemeinde". Mein erstes Buch, *The Naked Church* („Die nackte Kirche") brachte meine Hoffnung auf eine Systemänderung in unserer kirchlichen Erfahrung zum Ausdruck.

Diese Erfahrung begann schon in meinen ersten Lebenswochen – in der Kinderbetreuung der *First Baptist Church* in Selma, Kalifornien, der Kirchengemeinde, bei der meine Eltern sehr engagiert waren. Als Kind glaubte ich, dass Gott auf dieselbe Weise in diesem Kirchengebäude lebte wie damals in der Stiftshütte, und das war nicht immer ein beruhigender Gedanke. Gleichzeitig faszinierten mich jedoch die Geschichten über Jesus und die Einladung zu einer Beziehung zu ihm. Wir erlebten dort großartige Zeiten mit engen Freunden, doch waren die offiziellen Aktivitäten eher langweilig als begeisternd. Wir gingen aus einem Pflichtgefühl Gott gegenüber in den Gottesdienst, aber es spielte auch die Angst mit, es könnte sich das negativ auf unser Wohlergehen entweder jetzt oder im Jenseits auswirken, wenn wir es nicht täten.

Noch bevor ich Teenager war, kamen meine Eltern mit einer Erneuerungsbewegung in Berührung, die sich gerade nach Kalifornien auszubreiten begann. Sie hatte noch keinen Namen, lehrte aber, dass Gottes Geist aktiv gegenwärtig war, uns über unsere Fähigkeiten hinaus bevollmächtigte und uns half, Gottes Stimme zu hören. Anfangs war unsere Baptistengemeinde dieser Erneuerung gegenüber aufgeschlossen, aber es dauerte nicht lange, ehe Stolz und Ignoranz diejenigen, die vom Geist „neu erfüllt" worden waren, von denen schieden, die es nicht erlebt hatten. Irgendwann kam die Gemeindeleitung zu dem Schluss, dass diejenigen, die behaupteten, von Gott zu hören, bestenfalls getäuscht und schlimmstenfalls dämonisiert waren. Bald zerbrachen lebenslange Freundschaften wegen dieser Kontroverse, und diejenigen, die der Erneuerung anhingen, wurden gezwungen, die Baptistenkirche zu verlassen und ihre eigene Gruppe zu gründen. Aber auch das war nur von kurzer Dauer. Man fing an, sich zu streiten, wie sehr man dem Geist in unseren Sonntagsgottesdiensten Raum geben sollte, um Gottes Werk unter uns zu fördern, aber ohne die Besucher abzustoßen. Es dauerte nicht lange, bis sich diese Gruppe von Freunden wieder gespalten hatte.

Im Laufe der nächsten paar Jahre besuchte meine Familie verschiedene kleinere Kirchengemeinden, und eine Zeit lang hatten wir sogar unsere eigene Hausgemeinde. Obwohl sich unsere Beziehungen zu anderen und auch unsere Erkenntnis von Gott und seiner Wege während dieser Zeit vertieften, gab es immer große Probleme unter der Oberfläche. Alles, was wir versuchten, war durch menschliches Bemühen und Versagen beschmutzt. Klatsch und Konflikte schieden die Menschen. Die meisten derer, die danach strebten, uns in diesen verschiedenen Gruppen zu leiten, hatten ernsthafte Charaktermängel, die zu sexuellen Affären und schmutzigen Geschäften führten. Ich fand es entmutigend, dass man so viel über Jesus wissen konnte, ohne durch sein Leben geformt zu sein.

Obwohl ich es heute nicht mehr so ausdrücken würde, fühlte ich mich während dieser Zeit „in den geistlichen Dienst berufen" und wurde vielfach bewundert, dass ich ein solch ehrenwertes Ziel hatte. Das stieg mir zu Kopf und stellte sich später als ziemliche Falle heraus. Aber entsprechend meiner damaligen Gesinnung landete ich Anfang der 1970er-Jahre im Studiengang für biblische Theologie an der Oral-Roberts-Universität. Damals wurde die charismatische Erneuerung einerseits von denen verdorben, die über die Bewegung herrschen wollten, und andererseits von jenen, die dachten, wir könnten Gott zugunsten unseres eigenen Wohlstands manipulieren. Unsere Gottesdienste an der Uni, deren Teilnahme Pflicht war, standen in ziemlichem Gegensatz zu den geistlich lebendigeren Beziehungen, die unter den Studenten entstanden und mir Appetit auf ein tief veränderndes Leben in Jesus machten. Ich lernte sehr viele Menschen mit einer Leidenschaft für Jesus kennen, einschließlich einer jungen Frau aus Ohio, die später meine Frau wurde.

Nach dem Abschluss bot man mir in der Gegend, wo ich aufgewachsen war, eine Stelle in einer wachsenden „Gemeinde" an. Ich freute mich sehr über das Angebot, da ich den Pastor bewunderte und das schätzte, wofür diese „Gemeinde" in jener Stadt stand. Doch schon nach wenigen Jahren wurde mir klar, dass wir von Realitäten redeten, die wir – zumindest in den formellen Aktivitäten – nicht wirklich erlebten. Wir redeten davon, dass wir eine Familie seien, aber echte Beziehungen wurden durch ein Kontrollsystem unterminiert, das die

Leute anhielt, dem Pastor zu folgen anstatt Jesus. Wir hofften, Ersteres würde zu Letzterem führen, aber das war nie der Fall. Die meisten Mitglieder waren zu abhängig vom Programm und von den Leitern, als dass sie sich auf ihre eigene geistliche Entdeckungsreise begeben hätten.

Als ich die Gelegenheit hatte, 80 Kilometer weiter nach Süden zu ziehen und bei einer „Gemeindegründung“ zu helfen, nahm ich diese wahr. Mit der ganzen „Demut“, die ein 27-Jähriger aufbringen kann, zog ich los, meine Vision einer beziehungsorientierten Gemeinschaft zu verwirklichen, von der ich hoffte, dass sie Jesu Gemeinde besser widerspiegelte. Wir boten zwar am Sonntagmorgen einen Gottesdienst an, doch sollte unser eigentliches gemeinsames Leben in unseren Hauskreisen während der Woche stattfinden. Wir lernten einige erstaunliche Dinge über Gott, halfen den Leuten, in ihrer eigenen Beziehung zu ihm zu wachsen, und förderten Freundschaften, die zu lebenslangen Schätzen wurden. Aber wieder einmal musste die Freude über die Beziehungen den dringenden Anforderungen unserer wachsenden Institution weichen und es gab Konflikte, als Leute mit unterschiedlichen Zielen die Ressourcen kontrollieren wollten, die Gott uns gegeben hatte. Nach fünfzehn Jahren gab mein bester Freund und Co-Pastor eines Sonntagmorgens, als ich gerade verreist war, meinen Rücktritt bekannt, den ich gar nicht angeboten hatte.

Nach meiner Rückkehr wollte ich die Lüge aufdecken und wieder die Leitung übernehmen, die mir zustand und was die Leute auch unterstützt hätten. Aber im Lauf der Woche bekam ich immer mehr das Gefühl, dass Gott mir mehr beibringen konnte, wenn ich ginge, als wenn ich bliebe. Es war die schwierigste Entscheidung, die ich je getroffen habe. Ich konnte es nicht fassen, dass unser kleines Experiment, die Gemeinde auf größerer Beziehungsebene zu veranstalten, wie so viele andere enden würde – vom menschlichen Ehrgeiz ruiniert. Und so nahm mein Leben mit Anfang 40, nachdem ich von der Kirchengemeinde verbannt worden war, die ich mitgeprägt hatte, einen anderen Verlauf. Einige Jahre lang suchte ich nach anderen Gemeindemodellen wie zum Beispiel die Hausgemeindebewegung, auf die damals viele ihre Hoffnung setzten, aber nichts bot eine sinnvolle Alternative zu dem, was ich schon probiert hatte. Schließlich hörte ich auf zu suchen.

Jesus hatte ich jedoch – wie viele meiner Freunde – nicht abgeschrieben. Wir begannen zu entdecken, wie sehr wir von Gott geliebt sind, und dass einiges von dem, was man uns in der christlichen Religion gelehrt hatte, besonders wie es sich im kirchlichen Leben ausdrückt, im Widerspruch zu dieser Realität steht.

Anstatt nach einer Gemeindestruktur zu suchen, welche die Art von Gemeinschaft aufrechterhalten kann, nach der sich mein Herz sehnte, gab ich auf und fing einfach an, dem zu folgen, was Gott in meinem Herzen offenbarte. Ja, mir wurde vorgeworfen, ich sei bitter, unabhängig und rebellisch, aber ich war keineswegs bitter. Ich war mir sicher, dass ich nicht dafür geschaffen war, die kulturelle Rolle eines hauptberuflichen Pastors zu erfüllen, und ich ging weg in der Hoffnung, etwas anderes zu entdecken. Unabhängig war ich auch nicht. Ich hatte viele Freundschaften und einen tiefen Durst nach authentischer Gemeinschaft. Vielleicht war ich rebellisch, aber gewiss nicht Gott gegenüber, höchstens gegenüber den religiösen Strukturen, die sein Werk zu unterminieren schienen.

Nachdem ich diesen Prozess ein paar Jahre lang durchgemacht hatte, fragte mich einmal ein enger Freund, warum ich nicht mehr so viel wie früher über die Gemeinde sprach. Ich erinnere mich noch an meine Antwort: „Ich habe die letzten zwanzig Jahre damit zugebracht, über die Gemeinde nachzudenken, sie zu planen und an meinen Ideen zu feilen. Nun bin ich erst ein paar Jahre dabei, zu lernen, was es wirklich bedeutet, in der Liebe des Vaters zu leben und Jesus mit einem wachsenden Vertrauen in ihn zu folgen. Das will ich erst einmal eine Weile genießen. Vielleicht werde ich mir in einem weiteren Jahrzehnt oder so wieder ansehen, wie die Gemeinde aussehen könnte."

Wie sich herausstellte, dauerte es ein bisschen länger. Aber in der Zwischenzeit entdeckte ich etwas Interessantes. Indem ich einfach dem folgte, was Jesus mir aufs Herz legte und die Menschen in meinem Umfeld liebte, befand ich mich mitten in dem Gemeindeleben, nach dem ich mich all die Jahre gesehnt hatte. Anfangs war ich mir dessen noch nicht einmal bewusst, weil dieses Gemeindeleben nicht einem der anerkannten Kriterien entsprach, von denen ich dachte, sie seien unentbehrlich, um als Gemeinde durchzugehen. Es gab keine Gottesdienste, keine Gebäude, keine Ausschusssitzungen, keine ernannten Leiter, keine Beständigkeit und keinen Namen, an dem wir unsere Identität festmachen konnten. Die Menschen in meinem Umfeld, die Jesus am besten kannten, wollten keine Institutionen gründen oder sich als ihre Leiter etablieren; sie zogen es vor, sich um andere in Not zu kümmern und ihnen zu helfen, zu lernen, wie man ihm folgt.

Schließlich hatten sich dynamische Beziehungen zu anderen ergeben, die ebenfalls lernten, das Leben von Jesus zu leben. Unsere Gespräche spornten uns an, nicht mehr so oberflächlich so leben, und unsere Zusammenkünfte waren lebendig und ermutigend. Wir arbeiteten sogar erfolgreich und voller Freude an Aufgaben zusammen, auf die Jesus uns hinzuweisen schien. Wir verspürten nicht die Notwendigkeit, uns formell zu binden oder uns zu wöchentlichen Zusammenkünften zu zwingen.

Das war der Punkt, an dem sich meine Sicht von Gemeinde verschob. Ich hatte nach ihr in Strukturen und Organisationen gesucht; diese schienen sich aber immer von der Substanz wegzubewegen, nach der ich suchte. Stattdessen begann ich die Gemeinde in einem wachsenden Netzwerk von Leuten zu sehen, die von der Liebe Gottes verwandelt werden. Sie sind warmherzig, kontaktfreudig, freundlich, großzügig und leidenschaftlich. Sie erlauben anderen, ehrlich zu sein – selbst im Hinblick auf ihre Zweifel, Kämpfe und ihr Versagen. Sie befreien die Menschen von Scham, anstatt sie zu eigenen Zwecken auszunutzen, und sie ermutigen einen, der Gebundenheit religiöser Verpflichtungen zu entfliehen, die wenig Einfluss darauf haben, wie Sie Ihr Leben mit Jesus führen.

Ich hatte fast mein ganzes Leben in der Gemeinde zugebracht, ohne sie zu erkennen, weil ich so damit beschäftigt war, meine eigene Version von ihr zu erfinden. In den engeren Freundschaften, die ich in fast jeder Kirchengemeinde, die ich besucht hatte, erlebt hatte, war ich ihrer Realität ab und zu begegnet, aber weil die Freundschaften nicht zum offiziellen Programm gehörten, sah ich sie nicht als die Gemeinde. Es war der klassische Fall, in dem wir „den Wald vor lauter Bäumen nicht sehen", und es erklärt, warum wir zuließen, dass die Erfordernisse des Programms diese Freundschaften verdrängten.

Als Nächstes ging mir auf, dass die Sehnsucht, die mich in diesem Umfeld so frustriert hatte, einfach darauf zurückzuführen war, dass Jesus dabei war, mich zu einer neuen Schöpfung zu erwecken. Vielleicht kennen Sie das auch: Sie sind gefangen zwischen dem wachsenden Wunsch, frei in seiner Liebe zu leben, und den verwirrenden menschlichen Systemen, die mehr dazu beitragen, diesen Wunsch zu sabotieren, als ihn zu erfüllen. Mittlerweile weiß ich, dass sich diese neue Schöpfung niemals in eine menschliche Organisation einschließen lässt. Vielleicht existiert sie neben ihr, geht aber über sie hinaus, genauso wie Jesus die alte Schöpfung überragt.

Die Gemeinde, die Jesus baut, ist eine Familie, die in der wachsenden Realität seiner Zuneigung lebt. Deshalb sagte Jesus auch, dass *er* seine Gemeinde bauen werde – weil wir nicht dazu fähig sind und weil unsere Versuche, es zu tun, trotz allem Guten, das sie bewirkt haben, sie immer verzerrt dargestellt und dabei andere verletzt haben. Jesus hat seine Gemeinde gegründet, indem er eine neue Schöpfung von Männern und Frauen einführte, die jenseits der menschlichen Konventionen der Gesellschaft leben sollten. Sie kann nur darin zum Ausdruck gebracht werden, wie die Menschen, die er verwandelt, miteinander umgehen.

Seine Gemeinde entspringt nicht der alten Schöpfung und trotzt daher allen unseren Versuchen, sie einzugrenzen oder zu managen. Seine Gemeinde ist eine Realität, die wir erkennen, je mehr unsere Beziehung zu ihm wächst. Es war nie unsere Aufgabe, sie zu bauen, sondern nur, uns der neuen Schöpfung hinzugeben und zuzuschauen, wie seine Gemeinde um uns herum Gestalt annimmt, während er uns mit anderen verbindet. Wir brauchen seinem Werk keinen Namen zu geben und müssen auch nicht versuchen, es zu kontrollieren, sondern wir sollen einfach mit der Gemeinde zusammenarbeiten, wie sie in unserem Umfeld Form annimmt. Hat diese spezielle Form der Gemeinde irgendwann ihren Zweck erfüllt, können wir sie fallen lassen, um zu sehen, was Jesus als Nächstes tut. Die Beziehungen haben Bestand, aber nicht unbedingt die Aufgabe oder das Programm, das ihr die Gestalt gab.

In den Evangelien finden wir viel mehr, was diese Sicht der Gemeinde nahelegt, als irgendetwas, was auf die religiösen Systeme verweist, die wir seitdem geschaffen haben. Jesus drückte sich sehr deutlich aus, was das Wesen seiner Gemeinde angeht. Es ist uns nur entgangen, weil wir nie in Betracht gezogen haben, dass er uns alles gesagt hat, was er uns über die Gemeinde wissen lassen wollte.

KAPITEL 4

Was Jesus uns lehrte

Dies ist das Werk Gottes, dass ihr an den glaubt, den er gesandt hat (Joh 6,29 ELB).

Beim Lesen der Evangelien kommt man nicht umhin, festzustellen, dass Jesus sich nicht so viele Gedanken um die Gemeinde machte, wie wir es heute tun.

Soweit wir wissen, brachte er seinen Jüngern nicht bei, wie man sie gründet, aufbaut oder leitet. Er veranstaltete weder Schulungskonferenzen für Leiter, noch verteilte er Arbeitsbücher, in denen alles, was sie wissen mussten, festgehalten war. Er gründete noch nicht einmal eine theologische Hochschule. Er zeigte ihnen nicht, wie man einen gemeinnützigen Verein gründet und leitet. Er lehrte sie nicht, wie man einen Gottesdienst abhält, die Anbetung leitet, einen Abschnitt aus dem Alten Testament auslegt oder gar das Neue Testament schreibt.

Er verfasste kein Glaubensbekenntnis, damit sie echte Gläubige von falschen unterscheiden könnten. Er veranstaltete keine Seminare über die Gemeinschaft in Kleingruppen, die Organisation eines Leitungsteams oder die Planung eines evangelistischen Einsatzes. Stattdessen ging er einfach umher, berührte die Menschen, denen er begegnete, demonstrierte ihnen, dass das Reich seines Vaters real war, und lud sie ein, in diesem Reich zu leben. Er besuchte nie eine Veranstaltung, die einem unserer Sonntagsgottesdienste glich. Ja, scheinbar hat er überhaupt nichts getan, um seine Jünger darauf vorzubereiten, einen Gottesdienst abzuhalten oder eine internationale Organisation zu gründen, um seine Anhänger geistlich am Leben zu erhalten.

Nur weil er diese Dinge nicht getan hat, heißt das natürlich nicht, dass wir sie nicht tun können. Aber vielleicht hinterfragen wir nun, welchen Wert sie wirklich haben. Zumindest könnten wir die Vorstellung anzweifeln, dass man nur dann zu seiner Gemeinde gehören kann, wenn man zu einer Gruppe von Leuten gehört, die solche Dinge tun. Jesus redete kaum von der Gemeinde; er erwähnte sie nur zweimal. Er sagte einfach, er selbst werde sie bauen, und er gab uns einen Rat, wie man mit jemandem umgeht, der sie bewusst oder unbewusst zerstört.

Das scheint nicht gerade viel zu sein, nicht wahr? Aber was wäre, wenn er uns selbst mit dem Wenigen alles gesagt, und noch wichtiger, alles gezeigt hat, was wir über seine Gemeinde wissen müssen?

Natürlich nehmen wir an, dass er es nicht getan hat. Daher greifen die meisten Seminare über das Gemeindeleben auf ein paar Verse von Paulus zurück oder, noch schlimmer, auf Moses Leitung der Stämme Israels. Obwohl Paulus tatsächlich häufig über die Gemeinde sprach und an die Gemeinde in den verschiedenen Orten schrieb, um Probleme anzusprechen oder ihre Fragen über ihr gemeinsames Leben zu beantworten, schien er genauso wenig wie Jesus irgendwelche der Dinge zu tun, die wir heute mit der Gemeinde identifizieren. Wir sehen ihn nie mit einem Anbetungsteam oder als Bibelprediger in einem Sonntagsgottesdienst. Bestimmt wäre es ihm nie in den Sinn gekommen, dass es in derselben Stadt viele „Kirchen“ mit unterschiedlichen Namen, verschiedenen Lehren und diversen „Anbetungsstilen“ geben könnte. Damals gab es weder Vorstände, die Entscheidungen fällten, noch hatten sie – außer ihren eigenen Häusern – besondere Gebäude, in denen sie sich trafen.

Wenn wir daher die Bibel zitieren, um das zu rechtfertigen, was wir in der XYZ-Kirche tun, gehen wir an der Sache völlig vorbei. In der Bibel spricht wenig dafür, wie wir die Kirchengemeinden im 21. Jahrhundert organisieren. Wir verbringen mehr Zeit damit, die Bibel unserer vorgefassten Meinung über die Gemeinde anzupassen, anstatt unser Verständnis der Gemeinde von der Bibel selber abzuleiten.

Unsere heutige Sicht des „Gemeindelebens" hat viel mehr mit der Identität der Institution, mit Veranstaltungen, Ritualen, Ethik und Lehrmeinungen zu tun als damit, aufzuzeigen, wie eine Gemeinschaft, in der Gottes Liebe regiert, aussieht. Auf dieser Grundlage ist es schwierig für uns, den Weg in die Realität der Gemeinde Christi zu finden. Vielleicht redete Jesus deshalb nicht so viel über die Gemeinde, weil er sie nicht als Mittel zu seinem Zweck sah. Was, wenn er gewusst hat, dass sie einfach das Ergebnis seines Wirkens ist und dass sie ganz leicht dort Form annimmt, wo die Menschen lernen, ihm zu folgen?

Wenn dem so ist, dann hat uns Jesus durch sein *Schweigen* wirklich alles gesagt, was wir über die Gemeinde wissen müssen. Sein Dienst war ganz auf ein Reich ausgerichtet, das er gerade einläutete. Wie ein Feldherr, der im feindlichen Gebiet einen Brückenkopf errichtet, drang er in diese kaputte Welt ein, um das Leben Gottes in die menschliche Geschichte einzupflanzen. Er verkörperte dieses Reich, sprach von ihm in Gleichnissen und lud die Menschen ein, es sich anzueignen, indem sie sich auf ihn einließen. Bei ihren Erinnerungen an Jesus und das, was ihm wichtig war, verwendeten Matthäus, Markus und Lukas die Ausdrücke „Reich", „Himmelreich" oder „Königreich" über einhundert Mal.

Im Johannesevangelium ändert sich die Terminologie. Johannes redet nur selten vom *Reich*, verwendet aber die Wörter *Leben* und *ewiges Leben*, um von derselben Realität zu reden. Für Johannes beschreibt das *ewige Leben* nicht nur das Leben nach dem Tod, sondern die Qualität des Lebens Gottes, die wir jetzt schon erleben können, wenn wir in eine Beziehung mit dem Vater, Sohn und Geist treten, die auf Zuneigung beruht. Mitten in dieser kaputten Schöpfung öffnete Jesus die Tür, damit wir an der göttlichen Gemeinschaft teilnehmen können.

Die Juden des ersten Jahrhunderts nahmen irrtümlicherweise an, das Reich des Messias würde ein politisches Königreich sein, das Rom stürzen und sie zum Wohlstand führen würde. Als Jesus sich dafür gar nicht begeisterte, lehnten sie ihn enttäuscht ab. Sie suchten ein physisches Königreich und konnten das mächtigere Reich nicht sehen, das sich in der Person Jesu den Weg in die Welt bahnte. Die Verkündigung der Freiheit, das Angebot der Vergebung, die Heilung der Kranken, die Liebe zu den Ausgestoßenen und sein Wohnen mitten unter der gefallenen Menschheit waren Anzeichen, dass sein Reich schon gekommen war. Anstatt unsere politische Welt zu formen, verwandelte das Reich Gottes Männer und Frauen, um ein neues Menschengeschlecht zu bilden und um inmitten des Chaos eines gefallenen Planeten in der Realität Gottes zu leben. Da sie nach einer anderen Melodie tanzen als nach den Klängen einer Welt, in der jeder sich selbst bevorzugt, sollten sie einer Welt Gottes Liebe offenbaren, die sie dringend braucht.

Aber das Christentum hat denselben Fehler begangen wie die jüdischen Leiter des ersten Jahrhunderts und ein geistliches Reich mit politischer Macht verwechselt. Hier haben die Christen zwei beliebte Wege eingeschlagen: Entweder haben sie versucht, die politischen und wirtschaftlichen Mächte der alten Schöpfung zu benutzen, um die Gesellschaft ihrem Geschmack anzupassen, oder sie haben einfach bis zum Ende des Zeitalters gewartet, wenn Jesus sich alle Mächte unterwerfen würde. Sie sehen das Reich Gottes immer noch im materiellen Sinn und formulieren ihre Sicht der Gemeinde entsprechend. Aber dadurch verpassen sie das wahre Wesen des Reiches, der neuen Schöpfung und der Gemeinde.

Der Einflussbereich von Jesu Königreich befindet sich im menschlichen Herzen. Die Währung dieses Königreichs ist nicht die politische oder wirtschaftliche Macht, sondern Menschen, die von der Liebe verwandelt sind und daher andere Prioritäten und einen anderen Auftrag haben. Egal, was Jesus also seinen Jüngern über die Gemeinde sagte oder nicht sagte:

Er hat ihnen beigebracht, wie mächtig die Liebe ist, und sie aufgefordert, diese Liebe mit der Welt genauso freizügig zu teilen, wie sie sie von ihm erhalten haben. Das Leben der neuen Schöpfung fließt aus der Liebe des Vaters.

Die beste Präsentation des Evangeliums, die ich je gehört habe, stammte von einem Atheisten, der Christen hasste. So hatte er sich am Anfang unserer Unterhaltung auf einem Flug von Los Angeles nach Pittsburgh selbst bezeichnet. Ich verstand seine Ängste, besonders angesichts der Titelgeschichte des *Time* Magazins, das er gerade las. Sie handelte von der angeheizten Debatte über den Kulturkrieg, der unser Land gespaltet hat. Kurze Zeit darauf fragte er mich, was ich beruflich mache.

Das sei keine leichte Frage, sagte ich. Schon seit geraumer Zeit habe ich keine normalen beruflichen Aufgaben. Mal schreibe ich oder ich reise, gebe Vorträge, berate jemanden oder konsultiere mit öffentlichen Schulen über Fragen der religiösen Freiheit. Daher gab ich ihm meine Standardantwort auf diese Frage: „Ich streife auf der Erde umher, um den Menschen verstehen zu helfen, was Jesus wirklich lehrte."

„Was Sie nicht sagen!", antwortete er leise lachend. Und dann stellte er mir dieselbe Frage wie fast jeder, wenn ich mich auf diese Weise vorstelle. „Wissen Sie, was Jesus meiner Meinung nach gelehrt hat?"

Früher überraschte mich eine solche Antwort, weil ich dachte, die anderen würden doch wohl gerne wissen, was ich denke. Aber nein, die Leute wollen mir sagen, was sie denken. Hier war also ein selbsterklärter Atheist, der Christen hasst, und er will mir sagen, was Jesus wirklich lehrte. Und genau an diesem Punkt möchte ich, dass das Gespräch beginnt. Von seinen nächsten paar Worten sollte ich viel lernen. Schon viele Leute haben mir erzählt, was Jesus ihrer Meinung nach gelehrt hat, und sie liegen oft daneben und ihre Worte sind manchmal zum Schieflachen. Aber nicht dieses Mal. Was aus dem Mund dieses Mannes kam, schockierte mich.

„Ich glaube, Jesus lehrte uns, dass wir einen Vater haben, der uns mehr liebt, als uns bewusst ist, und wenn wir das klarkriegen würden, würden wir wissen, wie wir miteinander umgehen sollen."

Mir blieb der Mund offen stehen. Da ich momentan sprachlos war, sah er mich erstaunt an. „Was ist denn?", fragte er.

„Ich habe es nie besser formuliert gehört", antwortete ich kopfschüttelnd.

„Wirklich?"

„Ja, wirklich! Ich habe gehört, wie einige der berühmtesten Prediger unserer Tage das Evangelium präsentiert haben und ich habe darüber in Büchern gelesen von Leuten, die vor uns kamen. Keiner von ihnen hat es je besser ausgedrückt."

„Wie sind Sie denn darauf gekommen?", fragte ich in der Vermutung, er müsse diese Formulierung irgendwo in einer alten Sonntagsschulklasse gehört haben. Aber er zuckte nur mit den Achseln, als ob er keine Ahnung hätte.

„Wissen Sie, dass Jesus genau das gesagt hat?"

„Tatsächlich?"

„Ja, in Johannes 13. *‚Ich gebe euch ein neues Gebot: Liebt einander! Ihr sollt einander lieben, wie ich euch geliebt habe. An eurer Liebe zueinander werden alle erkennen, dass ihr meine Jünger seid'*. Ihre Formulierung ist eine ziemlich gute Version dieser Äußerung. Nun sagen Sie mir, warum Sie nicht daran glauben?"

„Ich habe nirgends gesehen, dass es verwirklicht wurde." Ich konnte den Schmerz in seinen Worten spüren.

„Ich schon", sagte ich ihm, und er wollte mehr wissen. In den nächsten anderthalb Stunden erzählte ich ihm von mehreren mir bekannten Leuten, die von der Liebe des Vaters so tief verwandelt worden waren, dass sie sich der Hilfe anderer verschrieben hatten, selbst denen, die sie für ihre eigenen Zwecke missbraucht oder verraten hatten. Sie taten es nicht, weil sie es mussten, sondern weil die Liebe, die sie in ihrem Herzen hatten, ihnen nichts anderes übrig ließ.

Am Ende war er tief gerührt und ich sagte ihm, dass das Evangelium schon in sein Herz hineingesät worden war. Vielleicht solle er noch einmal überdenken, was es bedeutete, Jesus zu folgen. Er versicherte mir, dass er es tun würde.

Die Kraft der Liebe nach Jesu Art ist ansteckend. Wer möchte denn nicht das Objekt der Zuneigung einer anderen Person sein, insbesondere wenn diese keine Gegenleistung erwartet? Auf diese Weise unterscheidet sich Gottes Liebe von den schwächeren menschlichen Varianten. Wenn wir von Liebe reden, meinen wir damit meist, dass wir uns gegenseitig unsere Bedürfnisse stillen. Solange du mir etwas Wertvolles gibst und ich dir, können wir sagen, dass wir einander lieben. Daher ist unsere Auffassung von der Liebe von Anfang an ausbeuterisch. Sie beruht auf dem, was ich von einer anderen Person erhalten kann und sie von mir. Wird dieser gegenseitige Nutzen auf irgendeine Weise gestört oder verlangt man mehr von uns, als wir zu geben haben, stirbt die Beziehung.

Jesus definierte die Liebe anders: nicht durch das, was wir erhalten können, sondern durch das, was wir geben. „*Niemand liebt seine Freunde mehr als der, der sein Leben für sie hergibt*“ (Joh 15,13). Für Jesus war Liebe eine Realität und keine Verpflichtung. Er war uns nicht verpflichtet, sondern war aufrichtig um uns besorgt, sodass er angesichts unserer Zerbrochenheit keine andere Wahl hatte, als sein Leben hinzugeben. Lieben ist niemals etwas, das wir für jemanden tun müssen, sondern es ist, was wir tun wollen, um jemandem zu helfen, der uns wichtig ist.

Aus diesem Grund musste die Liebe im Inneren Gottes beginnen. Wir hatten nicht die geringste Ahnung von ihr, bis er es uns zeigte. Sie ist eine persönliche Verbindung, die das Wohl des anderen über das eigene stellt. Jesus redete nicht nur von ihr, sondern demonstrierte sie, und zwar durch die Art und Weise, wie er die Menschen einschließlich der Sünder behandelte, und durch seine Bereitschaft, das höchste Opfer zu bringen, um den Kreislauf der Zerstörung in der Welt zu unterbrechen und uns von unserer egoistischen Natur zu befreien.

Sein Reich ist weder ein politisches System noch kann es Teil einer religiösen Organisation sein. Es ist ein riesiges Netzwerk von Menschen, die sich vom Vater sehr geliebt wissen und daher gut darin sind, andere zu lieben. Das würde ausreichen, sagte er, damit die ganze Welt erfährt, wer er ist. Was wäre also, wenn er uns genau dann vorgeführt hat, wie seine Gemeinde aussieht, als er mit seinen Jüngern durch die Gegend wanderte, mit einer Frau an einem Brunnen redete, bei Zachäus zu Mittag aß oder sich in Bethanien entspannte?

Jesus zeigte uns, wie die Gemeinde lebt, als er mit der samaritischen Frau am Brunnen Zeit verbrachte, die Geschichte vom barmherzigen Samariter erzählte oder Petrus *vor* seinem Verrat mit Gebet und *danach* mit Liebe umgab.

Vielleicht hat er uns letztendlich doch alles gesagt, was wir von seiner Gemeinde wissen müssen. Ihre Lehre gleicht mehr einem Gespräch über Glauben hinten in einem Boot nach einem heftigen Sturm als einem Vortrag von einem Rednerpult mit einer Powerpoint-Präsentation im Hintergrund. Ihre Versammlungen sehen mehr wie eine Mahlzeit im Obergemach aus als wie Menschen, die aufgereiht in Kirchenbänken oder Theatersesseln sitzen. Und ihre Führung wird besser im Waschen schmutziger Füße ausgedrückt als in einer Vorstandssitzung, bei der man sich über den Finanzplan streitet.

Eins ist sicher: Das Erbe, das Jesus uns hinterließ, spiegelt Gottes Realität besser wider als die letzten 2000 Jahre, in denen wir uns über Lehrmeinungen, das Erbauen von Kathedralen und die Feinabstimmung unserer Programme und Grundsätze gestritten und arrogant versucht haben, unseren Machtanteil in den Strukturen der Welt zu behaupten. Die von Menschen konstruierte „Gemeinde“ hat zwar geholfen, die Botschaft des Evangeliums in der ganzen Welt zu verbreiten, doch zu welchem Preis?

Kapitel 5

Was die Geschichte bestätigt hat

Sie haben den Schein der Frömmigkeit, aber deren Kraft verleugnen sie (2 Tim 3,5 LUT).

„Je näher ich Jesus komme, desto schwieriger wird es, diese Gemeinde als Pastor zu betreuen."

Welch überraschende Aussage von einem jungen Mann, der auf der Welle des Erfolgs einer wachsenden Gemeinde schwamm, um die ihn viele beneiden würden! Als ich ihn fragte, was er damit meinte, fuhr er fort: „Wenn ich Jesus nahe bin, kann ich die Leute nicht so behandeln, wie ich es muss, damit das Ganze hier funktioniert." Er deutete mit dem Kopf auf den riesigen Gebäudekomplex, in dem wir standen. Obwohl er noch nicht zugeben konnte, dass es auf seine Fragen keine Antwort gab, die er noch nicht kannte, hätte er das Problem, wie man die Prioritäten Jesu ausleben kann, während man gleichzeitig eine Institution zu leiten versucht, nicht besser beschreiben können. In den zwanzig Jahren, in denen ich als Pastor angestellt war, hatte ich denselben Konflikt fast täglich gespürt.

Jesus hatte es einfach. Weil er weder eine christliche Organisation noch eine Kirchengemeinde leiten musste, war er frei, den Menschen dort zu begegnen, wo er sie antraf. Er musste sie nicht dazu bringen, irgendetwas für ihn zu tun, und war deshalb frei, sie zu lieben, und sie waren frei, diese Liebe zu erwidern oder sie abzulehnen. Er brauchte weder ihren Zehnten, um sein Gehalt zu sichern, noch ihre Anwesenheit, um sein Ego zu bestätigen, noch ihre Zeit, um sein Programm zu füllen.

Vielleicht hatte er da etwas entdeckt. Immer wenn wir, anstatt das Reich Gottes frei weiterzugeben, dazu übergehen, Leute – zu ihrem eigenen Wohl natürlich – zu „managen", kann selbst bei bester Absicht eine Vielzahl schädlicher Dinge geschehen. Auf diese Weise haben wir ein Reich der Liebe gegen eine Religion der Rituale, Bekenntnisse, Regeln und Symbole eingetauscht, deren Leiter Programme managen, anstatt den Menschen zu helfen, in einer Beziehung zu einem liebevollen Vater zu leben.

Wenn wir auf die christliche Geschichte zurückschauen, sehen wir einen unaufhörlichen Trend: Immer wieder ging man von der reinen und einfachen Hingabe an Jesus zur Abhängigkeit von religiösen Institutionen und ihren Leitern über. Selbst als das Neue Testament noch geschrieben wurde, fanden die Gläubigen es offensichtlich leichter, auf Systeme zu vertrauen, die das Verhalten der Menschen regulieren, als ihnen zu helfen, die transformierende Beziehung zu Jesus zu entdecken. Direkt nach Pfingsten scheint es keine Notwendigkeit gegeben zu haben, die 3000 neuen Gläubigen in Jerusalem zu organisieren. Sie fanden sich scheinbar ganz einfach im Tempel zusammen, wo die Jünger das Leben und die Botschaft Jesu erklärten. Und ihre Häuser wurden zu Orten der Gemeinschaft, des Gebets, der gemeinsamen Mahlzeiten und auch der Großzügigkeit, indem sie den Bedürftigen aufopferungsvoll halfen.

Doch dann kam jemand auf die Idee, das Geld zu Füßen der Apostel zu legen, anstatt es direkt denen zu geben, die es brauchten. Das öffnete eine Falltür, die groß genug war, dass Hananias und Saphira durchfielen. Diese hatten versucht, das System zu manipulieren, indem sie behaupteten, mehr gegeben zu haben, als es tatsächlich der Fall war, damit andere sie für geistlicher hielten. Aber nicht nur sie gerieten in die Falle, sondern, wie mir scheint, auch die Apostel.

Als zwischen den israelischen und den griechischen Juden ein Streit über die gerechte Essensverteilung an ihre Witwen ausbrach, versuchten sich die Jünger mit der Behauptung aus der Affäre zu ziehen, sie hätten Wichtigeres zu tun. Daher ernannten sie sieben Männer, die Verantwortung für das Problem zu übernehmen, während sie sich mit der Begründung zurückzogen: „*Wir aber werden im Gebet und im Dienst des Wortes verharren*" (Apg 6,4 ELB). Ist es nicht interessant, wie sich der Fokus der Apostelgeschichte danach von den Aposteln auf zwei der Männer richtet, die ausgewählt worden waren, das Essen zu verteilen? Stephanus wird wegen seines Zeugnisses in Jerusalem gesteinigt und Philippus beginnt eine Erweckung in Samaria. Wo sind die Apostel? Offenbar waren sie immer noch in ihren Gebetskämmerchen und bei ihren Studien und verpassten alles. Schließlich gehen Petrus und Johannes nach Samaria, um zu sehen, ob sie Philippus helfen können.

Ich frage mich, ob Lukas diese Geschichte gar nicht als positives Beispiel anführt, wie man ein bestimmtes Problem löst, sondern als Warnung vor institutionellen Lösungen für Beziehungsprobleme. Anstatt ein Beweis dafür zu sein, dass zentralisierte Opfergaben angebracht sind, ist sie nicht viel eher eine Warnung, dass ein solches Patentrezept den freien Dienst von Jesus behinderte? Es gibt kein System, das nicht von denen ausgebeutet werden kann, die es für den eigenen Gewinn verwenden wollen, und häufig bereichern sich die Leiter genauso wie diejenigen, denen sie zu helfen hoffen.

Was wäre geschehen, wenn sie, anstatt einen Witwenfond zu starten, sich die eigentliche Frage gestellt hätten: „Warum vernachlässigen wir überhaupt die Fürsorge für die Bedürftigsten unter uns?" Ja, diese Frage fordert einen mehr heraus. Ja, sie bedeutet, dass die Menschen in sich gehen und eine Verbindung mit Jesus finden müssen, die sich in Fürsorge für andere äußert. Daher nahmen sie den bequemen Ausweg. Anstatt die Leute zu größerer Transformation und mehr Vertrauen herauszufordern, führten sie ein Programm ein, wodurch das Problem zur Verantwortung anderer wurde.

Im Neuen Testament finden wir einen großen Kontrast zwischen dem, was Gott tut, und dem, was wir tun. Auf der einen

Seite vollbringt Gott Außergewöhnliches, um Menschen aus einer kaputten Welt in das Leben einer neuen Schöpfung einzuladen. Auf der anderen Seite wird das Leben der Gemeinde durch dürftige menschliche Versuche, diese Gnade in funktionsfähigen Systemen zu organisieren, entstellt, wodurch die Leute zur alten – von menschlicher Anstrengung geprägten – Schöpfung zurückgelockt werden. Die Galater brauchten nicht lange, ein Evangelium der Gnade und Beziehungen zugunsten eines Systems der religiösen Leistung zu verlassen. Die Gläubigen in Korinth beuteten einander selbstsüchtig aus und hatten sich schon in Gruppen zersplittert und gezeigt, dass sie nicht mehr in der von Jesus gegebenen Einheit lebten. Anderenorts verfielen die jungen Gemeinschaften der sexuellen Unmoral und den falschen Lehren.

Selbst die Problemlösungen, die sie sich einfallen ließen, führten häufig zu neuen Problemen. In Ephesus warnte Paulus die Ältesten, dass bald einige die Menschen verführen würden. Später sagte er zu Timotheus, er solle Älteste in Ephesus ernennen, um die falsche Lehre zu korrigieren, die von Möchtegernleitern verbreitet wurde. Aber das funktionierte nur so lange, wie diese Ältesten tatsächlich auf Jesus hörten. Als Johannes seinen Brief verfasste, der wohl an die Gemeinde in Ephesus gerichtet war, waren die Ältesten bereits selber zum Problem geworden. Einer von ihnen hatte sich zum Hauptpastor ernannt, der alle anderen herumkommandierte. Daher musste Johannes sie warnen, sich in punkto Wahrheit nicht auf die Ältesten zu verlassen, sondern auf den Geist in ihnen zu vertrauen.

Und als Jesus die Gemeinde von Ephesus im Buch der Offenbarung ansprach, lobte er sie, weil sie zwischen echten und falschen Lehrern unterscheiden konnten, aber er warnte sie auch, dass dies auf Kosten ihrer ersten Liebe gegangen war. Wenn sie nicht zu ihr zurückkehrten, würden sie nicht länger Jesu Gemeinde repräsentieren. Tatsächlich werden von den sieben Gemeinden, an die Johannes in der Offenbarung schreibt, nur zwei gelobt. Der Rest war korrupt und arrogant geworden. Die letzten 2000 Jahre verliefen nicht wesentlich anders. Wie die ersten Gläubigen fallen wir so leicht wieder in die selbstschützenden Mechanismen der alten Schöpfung zurück, anstatt Jesus weiterhin zu vertrauen, dass er seine Gemeinde baut. Inzwischen haben wir 2000 Jahre christlicher Geschichte, die belegen, dass wir im Großen und Ganzen nicht besser abgeschnitten haben.

Selbst ein flüchtiger Blick auf die Geschichte der christlichen Institutionen zeigt, dass sich kurze Zeiten der Erneuerung zu Bewegungen verhärtet haben, welche die Prioritäten des Reiches Gottes durch die Erfordernisse einer Organisation ersetzt haben. Wer es wagte, von der Reform des Status quo zu reden, wurde abgelehnt und entweder hingerichtet oder hinausgeworfen. Möchtegernreformer, die exkommuniziert wurden, gründeten bald ihre eigenen Organisationen, die genauso starr wurden wie die, denen sie entflohen waren. Anfangs geschah das nur selten, aber heute sind „Gemeindespaltungen“ sehr verbreitet. Neue Kirchengemeinden beginnen jedes Mal, wenn ein „Pastor-Unternehmer“ beschließt, eine zu starten, und neue Denominationen bilden sich, wenn eine Kirchengemeinde so populär geworden ist, dass sich andere an ihren Namen und ihr Programm dranhängen wollen. Wir haben Tausende von Systemen geschaffen, die wir als die Gemeinde identifizieren, und alle haben kläglich versagt.

Trotz dieses Fazits räume ich im gleichen Atemzug ein, dass durch solche Institutionen weltweit viel Gutes im Namen Christi erreicht worden ist. Die Botschaft des Evangeliums hat zahllose Menschen getröstet und ihnen geholfen. Unsere Organisationen haben riesige Mengen an Zeit und Geld gespendet, um weltweite Leiden durch medizinische Hilfe, Hungerhilfe, Ausbildungsförderung und ähnliche barmherzige Taten zu lindern. Die christliche Lehre wurde von ihnen größtenteils klargestellt und zahlreiche Individuen haben zu einem reichen Erbe an Literatur beigetragen. Durch diese Dinge werden immer noch Menschen ermutigt, Gott kennenzulernen und mit ihm zu leben.

Gott gibt sich durch solche Dienste immer noch zu erkennen, und viele treffen ihn dort zuerst. Das Evangelium bleibt erstaunlicherweise intakt, selbst wenn wir nur in den ersten 24 Stunden glauben, dass man „durch Gnade und Glauben allein" gerettet wird, ehe wir anfangen, die Leute über alles zu unterrichten, was sie tun müssen, um gute Christen zu sein. Wie bei den ersten Gläubigen scheint die Gemeinde am stärksten zu sein, wenn sie am primitivsten ist, wenn unser Vertrauen zu Gott am größten ist und wir noch keine Systeme errichtet haben, um sie zu schützen.

Sind unsere Systeme jedoch erst einmal errichtet, erweisen sie sich bei der Machtausübung nach weltlicher Art meist geschickter als bei der Formung einer Gemeinschaft der Geliebten. Daher überrascht es nicht, dass unsere Systeme die gleichen Prioritäten verfolgen wie die irdischen Systeme statt die von Jesus. Gab es denn einen Unterschied zwischen dem Reichtum der römischen Kaiser und dem Reichtum der römischen Kirche? Wie unterschieden sich ihre Tempel von christlichen Kathedralen? Überhaupt nicht! Die Säulen vieler heiliger Gebäude in Rom hatte man sogar vom *Forum Romanum* gestohlen.

Je länger menschliche Institutionen überleben, desto privilegierter wird die Führungsschicht, desto übertriebener werden ihre Gebäude und desto mehr kann Macht dazu benutzt werden, um diejenigen zu belohnen, die an ihrem Altar knien. Wenn das, was sich als die Kirche ausgibt, sich in den Werten nicht von der weltlichen Kultur unterscheidet und dieselbe Methodik verwendet, kann man sich sicher sein, dass etwas nicht stimmt. Man braucht sich nur die luxuriösen Aufenthaltsräume anzuschauen, die einige Megagemeinden direkt hinter der Bühne für ihre Mitarbeiter und Gastsprecher bereitstellen. Kein Wunder, dass sich die Obersten des Christentums meist auf der falschen Seite historischer Bewegungen befunden haben. Sie waren so stark mit den Monarchen verbunden und so sehr von deren Autorität abhängig, dass sie das Aufkommen der demokratischen Bewegungen nicht unterstützen konnten, bis sich diese Bewegungen durchsetzten. Sie widersetzten sich Versuchen, Frauen zu würdigen und zu schützen, obwohl Jesus sie würdevoll und gleichwertig behandelt hatte. Sie waren Teil des Machtgefüges, das unter dem Vorwand des Missionierens einheimische Völker in der ganzen Welt eroberte, ausplünderte und versklavte.

Seit Generationen haben uns Stimmen aus verschiedenen Richtungen gewarnt. Eberhard Arnold, ein deutscher Theologe und Gründer des Bruderhofs, schrieb Anfang des 20. Jahrhunderts:

> Es ist die Frage, ob die große Welt-Organisation, die sich als „Kirche" nach Christus nennt, nicht einem anderen Gott dient als dem Gott und Vater, zu dem Jesus sich als einem Gott der ganz anderen Ordnung bekennt. Es ist die Frage, ob die Großkirche, die sich zum Schutz des Reichtums praktisch bekannt hat, die den Mammon heiligt, die Kriegsschiffe getauft und Soldaten für den Krieg eingesegnet hat, in ihrem innersten Wesen nicht den verleugnet hat, zu dem sie sich mit Worten bekennt. Es ist die Frage, ob der christliche Staat ... nicht das anti-göttlichste Gebilde ist, was je existiert hat. Es ist die Frage, ob diese Zusammenhänge des Schutzes des Kirchentums und der Vorrechte der Reichen nicht gerade der entscheidende Gegensatz zu dem ist, was kommen muss, wenn Gott kommt und wenn Jesus die gerechte Ordnung aufrichten wird.[1]

In seinem scharfsinnigen Buch *Das Missverständnis der Kirche*, das zuerst 1952 erschien, dokumentiert der Schweizer Theologe Emil Brunner den Übergang der ersten Christen von einer Gemeinschaft der in Jesus vereinten Menschen zu Mitgliedern einer juristischen, administrativen Organisation, wodurch die Gemeinde ihres Lebens und ihrer geistlichen Macht beraubt wurde. Durch die Verdrängung der wirklichen Gegenwart Jesu

[1] Eberhard Arnold, SALZ UND LICHT – Über die Bergpredigt; S. 81; http://www.plough.com/de/ebooks/s/salt-and-light

zugunsten der Sakramentsfeiern wurde die Gemeinde „von einer geistlichen *Koinonia*, einer Einheit von Menschen, in eine Einheit umgeformt, die der gemeinsamen Beziehung zu einer Sache, das heißt, dem Kollektiv, entsprang."

Als Dr. John Sentamu, der Erzbischof von York, 2005 in sein Amt eingeführt wurde, zitierte er Michael Ramsey, der in den 1960er-Jahren gesagt hatte: „Warum haben wir in England dieses herrliche Evangelium des Lebens im Geist in eine schwerfällige Organisation verwandelt, deren Leute langweilig und selbstgefällig sind?"

Ja, warum nur! Unsere Institutionen haben dasselbe Umfeld geschaffen, das Jesus bei den Schriftgelehrten und Pharisäern vorfand. Wenn wir uns seine warnenden Worte an sie ehrlich ansehen, erkennen wir, dass auch wir dieselben Gewohnheiten pflegen, die Gottes Wege verzerren. Viele predigen eine Realität, die sie nicht leben. Sie überladen andere mit der Last der Gesetzlichkeit, während sie auf großem Fuß leben. Sie werfen sich in Positur, damit man sieht, wie sie „ihre Plattform bauen", und wetteifern bei Festessen und Veranstaltungen um die Ehrenplätze. Jesus sagte ihnen, sie sollten keine Titel verwenden, um sich über andere zu erheben, und wir tun es täglich mit Pastoren, Bischöfen, Doktortiteln und Ältesten. Sie reden über ein Reich, das sie selbst nicht betreten wollen und von dem sie andere aufgrund der ganzen Verpflichtungen ebenfalls abhalten. Diese Bibelstelle ist wohl die am häufigsten ignorierte. Wir missachten sie ohne Bedenken oder Bedauern und haben dadurch ein dynamisches Leben in Christus gegen eine leere Religion, das sogenannte Christentum, eingetauscht. Obwohl es von wahren Dingen spricht, bietet es den Menschen keinen Weg, innerhalb dieser Wahrheiten frei zu leben.

Meist haben wir die besten Absichten, wenn wir uns auf den dunklen Weg des Institutionalismus begeben. Auf der Suche nach effektiven Wegen, eine Gruppe zu organisieren oder sie vor falscher Lehre zu schützen, definieren wir eine Reihe von Erwartungen. Ihre Durchsetzung entmenschlicht nicht nur diejenigen, die sie kontrollieren wollen, sondern auch diejenigen, die zu leiten meinen. Die wenigsten haben die Absicht, ein System des Missbrauchs zu schaffen, aber es sind auch nur wenige, die den Willen haben, einem solchen System ein Ende zu machen, wenn es den Zielen Jesu nicht länger dient. Was mit einfachen Strukturen begann, um Jesu Leben gemeinsam zu feiern, ballt sich zu Institutionen zusammen, welche die Ambitionen ihrer Leiter aufrechterhalten. Anstatt die Menschen zu lehren, wie man Jesus folgt, weisen sie sie an, ihrer Interpretation seiner Lehren zu folgen und die Rituale zu vollziehen, die sie als wesentlich identifiziert haben. Sogar der Begriff *Glaube* wird verengt und als Synonym für ihre Religion verwendet, statt damit das wachsende Vertrauen auf den Gott, der ist, auszudrücken.

Noch nie war die Kluft zwischen dem, was es bedeutet, ein guter Christ zu sei, und dem Leben in Christus größer als heute. Das Christentum hat einfach die Terminologie des Neuen Testamentes vereinnahmt, um damit die Realitäten des Alten Bundes zu übertünchen. Wir konzentrieren uns immer noch auf das Gesetz, die Priesterschaft, Opfergaben, kirchliche Feiertage und heilige Stätten. Das Wort *Gnade* ist sogar im Namen von Kirchengemeinden enthalten, die reich an Gehässigkeit und Gesetzlichkeit sind. Was die Bibel als Realität ausdrückt, haben wir zu Symbolen reduziert. Die Anbetung wird zu einem Liedersingen anstatt zu einem Leben, das den Vater erfreut. Gemeinschaft bedeutet, eine Gemeindeversammlung zu besuchen, anstatt mit anderen Nachfolgern Jesu echte Freundschaften zu pflegen. Die Lehre ist ein Vortrag am Sonntagmorgen, anstatt jemandem den nächsten Schritt auf seiner Reise zu erhellen. Die Autorität einer Person wird von ihrer Position in einer Institution hergeleitet, anstatt davon, dass sie Gottes Herz getreu zum Ausdruck bringt. Es ist möglich, als guter Christ zu gelten, weil man eine Reihe von Erwartungen erfüllt und trotzdem weder Jesus noch seine verwandelnde Kraft zu kennen.

Es ist gut möglich, dass sich die christliche Geschichte am Ende als nicht allzu verschieden von der israelischen im Alten

Testament herausstellt – kurzen Zeiten, in denen Gott sein Volk heimsucht, folgen Generationen der menschlichen Untreue. Je älter sie sind, desto mehr neigen Institutionen dazu, sich zu kompromisslosen Systemen zu verhärten und das einfache Leben in Christus zugunsten ihrer eigenen Bedürfnisse zu verdrängen. Unser 2000-jähriges Experiment beweist es: Immer dann, wenn wir das Leben des Geistes einer institutionellen Einrichtung übertragen wollen, gewinnt die Institution – nicht immer schnell, aber am Ende doch. Während ich für das Gute dankbar bin, das sie erreicht haben, scheinen sie nicht fähig zu sein, eine Gemeinschaft der Liebe aufrechtzuerhalten oder Gottes Charakter korrekt widerzuspiegeln.

Wie viele Kirchengemeinden, Missionsgruppen und Bibelgruppen fingen als kleine Gruppe von Leuten in einem Haus an, die durch die Starrheit ihrer vorherigen Gruppe völlig erschöpft waren und hofften, dass die neue Gruppe die Liebe und das Leben Jesu besser reflektiert? Aber mit zunehmendem Wachstum verwandeln auch sie sich genau in die Organisation, der sie in der Hoffnung entflohen waren, dass dieses Mal alles gut verlaufen würde, weil nun bessere Leute die Leitung hätten. Dabei erkennen sie nicht, dass es die organisatorischen Erfordernisse sind, die ihre Leiter prägen, und nicht umgekehrt. Viele beginnen wohlmeinend, in der Hoffnung, die Institution zu reformieren und sie wieder in Einklang mit den Prioritäten Jesu zu bringen. Diese Versuche sind gewöhnlich nicht von langer Dauer, da die Institution darauf angewiesen ist, ihren Einfluss und ihre Mittel zu schützen, weshalb einer kleineren Zahl von Menschen immer größere Macht anvertraut wird. So geht die einfache, gegenseitige Liebe schließlich im Lauf der Zeit verloren, egal, wie sehr wir uns dagegen zu sträuben suchen. An Ende sind unsere Institutionen genauso wie alle anderen.

Auf meiner ersten Reise nach Israel, an der nur Pastoren teilnahmen, war ich von einigen Teilnehmern abgestoßen, die versuchten, Abraham, unseren jüdischen Reiseführer, zu bekehren.

Immer wieder stichelten sie ihn, warum er Jesus nicht als Messias annehmen wolle.

Am letzten Tag stand ich mit ihm am Bus, während wir darauf warteten, dass andere ihre Koffer vom Hotel brachten. Ich fragte ihn, ob ihn die Dinge, die ihm auf diesem Trip gesagt wurden, gekränkt hätten.

Er tat sie mit einem Wink ab. „Keineswegs“, antwortete er. „Ich mache dies seit zwanzig Jahren. Alle versuchen, mich zu ihrer Religion zu bekehren – Katholiken, Pfingstler, Baptisten, reformierte Juden, orthodoxe Juden, Mormonen, Muslime – alle.“ Dann schaute er mich lächelnd an. „Möchten Sie wissen, warum mich keiner von ihnen überzeugt?“

„Ja, gerne!“, antwortete ich.

„Kommen Sie mit“, sagte er und führte mich vorne um den Bus herum an den Straßenrand. „Sehen Sie das Gebäude dort unten mit dem Davidstern drauf?“

„Ja.“

„Das ist unseres. Sehen Sie den Kirchturm mit dem Kreuz drauf auf der anderen Straßenseite?“

Ich nickte.

„Das ist Ihres.“

Und dann zeigte er auf die Kuppel einer Moschee auf einem Hügel nicht fern von uns.

Ich nickte.

„Das gehört denen dort.“

Ich lächelte und versuchte mir vorzustellen, was er als Nächstes sagen würde.

„Entfernen Sie den Davidstern, das Kreuz und die Kuppel, und darunter sind sie doch alle gleich. Man sollte meinen, wenn einer von uns dem lebendigen Gott diente, würde das anders aussehen.“

Er hatte recht. Das Christentum sieht von außen her nicht anders aus. Es überrascht mich nicht, dass alle von Menschen gemachten Religionen in ihrem Kern dieselben Bestandteile haben. Die Scham des Sündenfalls zieht uns zu religiösen Aktivitäten hin, die versuchen, eine zornige Gottheit zu besänftigen und uns ihre Gunst durch die Erfüllung ihrer Erwartungen zu verdienen. Deshalb sind sie alle von Furcht durchdrungen, von ihren heiligen Gebäuden eingenommen, und werden von ihren lokalen, heiligen Gurus geleitet, die bei den Ritualen amtieren, welche die Gläubigen manchmal trösten und ihnen manchmal drohen sollen, weil sie sich nicht genug anstrengen.

Es ist eine Tatsache, dass wir nicht viel anders als andere religiöse Institutionen aussehen und uns noch nicht einmal sehr von einem Wirtschaftsunternehmen unterscheiden. Würde eine Gemeinschaft von Menschen, die eine lebendige Beziehung zu Jesus pflegen, nicht so ziemlich alles anders machen?

Gewiss doch!

Kapitel 6

Die unbestreitbare Sehnsucht

Und wo der Geist des Herrn ist, da ist Freiheit (2 Kor 3,17).

Warum sind so viele zu dem Schluss gekommen, dass die „Gemeinde“, der sie seit Jahren angehören, vielleicht mehr dazu beiträgt, sie von der Nachfolge Jesu abzulenken, als sie dazu zu ermutigen?

Früher haben sie ihre Gemeinde geliebt, weil sie dort zuerst von Gott und seinem Reich gehört und die Gemeinschaft untereinander genossen haben. Sie nahmen engagiert an den Programmen teil, arbeiteten dann aktiv als ehrenamtliche Helfer mit und wurden oft zu Leitern, weil sie bei der Erfüllung ihrer Mission helfen wollten. Sie waren nicht daran interessiert, das System infrage zu stellen, sondern wollten ihm zum Erfolg verhelfen.

Aber dann änderte sich etwas. Manche können auf bestimmte Entscheidungen oder Begegnungen mit der Gemeindeleitung hinweisen, die die Beziehungen sauer werden ließen, weil ihnen eine Richtung aufgedrängt wurde, die sie nicht von ganzem Herzen unterstützen konnten. Andere berichten von der wachsenden Erkenntnis, dass sich das System, dem sie angehörten, im Widerspruch zu dem immer stärker werdenden Wunsch befand, Jesus so zu folgen, wie er sich ihnen zu erkennen gab. Freundschaften wurden oberflächlicher und gingen in der zunehmenden Aktivität unter. Meist wird angenommen, dass diese wachsende Enttäuschung nur auf schlechte Erfahrungen zurückzuführen ist. Aber das war bei mir nicht der Fall. Ich hatte in den Gemeinden, denen ich angehörte, einige großartige Erlebnisse, Möglichkeiten und Freundschaften, die mein Leben dauerhaft prägten. Aber so gut sie auch waren, wurden sie doch immer von unserer Voreingenommenheit mit dem Programm gestört, und auf kurzfristige Zeiten der Erneuerung folgte wieder harte Arbeit.

Die meiste Zeit meines Lebens schwankte ich zwischen kurzen Abschnitten der Erleuchtung sowie der Leidenschaft für eine tiefere Beziehung zu Jesus und langen Durststrecken der Frustration, in denen ich diese Leidenschaft mit Hilfe der religiösen Werkzeuge, die man mir gegeben hatte, zu befriedigen suchte. Eigentlich sollten sie ja funktionieren. Das sagte jeder. Was kann man denn schon daran aussetzen, die Bibel zu studieren, zu beten, zu versuchen, gerecht zu leben, sich an einer Kirchengemeinde zu beteiligen und von der Lehre anderer zu lernen? Ich sog das Wissen wie ein Stück Küchenrolle auf und entdeckte, dass ich auch eine Begabung hatte, das Gelernte an andere weiterzugeben. Aber intellektuelle Kenntnisse und rituelle Aktivitäten halfen mir weder, die erhoffte Freiheit zu finden, noch förderten sie die Art von Beziehungen, welche das Gemeindeleben gedeihen lassen.

Es muss doch etwas Besseres geben. Unaufgefordert taucht dieser Gedanke in Ihren stilleren Momenten auf. Anfangs fragen Sie sich, woher er wohl kommt. Er könnte durch eine tiefere Sehnsucht ausgelöst worden sein, die durch Ihre religiösen Aktivitäten nicht gestillt worden ist. Vielleicht haben Sie auch etwas in der Bibel gelesen, das Ihren Appetit angeregt hat, oder Sie beschäftigt wieder einmal ein persönliches Versagen. Vielleicht war es der Anflug von Verdammnis, die ein frustrierter Pastor seiner Predigt hinzufügte, oder das Gefühl, mitten in einer Versammlung voller Menschen allein zu sein.

Die Frustration über den Unterschied zwischen Ihrem Hunger und Ihren Erfahrungen ist ein sicheres Zeichen dafür, dass die neue Schöpfung in Ihnen erwacht. Falls Sie das zum Ausdruck bringen, werden Sie jedoch merken, dass andere Ihnen davon abraten, diesem Gedanken zu viel Bedeutung zu geben, weil sie Angst haben, er werde den Status quo erschüttern oder

Sie in die Irre führen. Aber in Wirklichkeit haben auch sie denselben Gedanken gehabt – und zwar schon oft! Da sie nicht wussten, wie sie damit umgehen sollten und da sie selber von anderen abgehalten worden waren, haben sie gelernt, ihn zu unterdrücken und sich mit dem abzufinden, was für so viele andere genug zu sein scheint. Wer sind Sie schließlich, dass Sie 2000 Jahre der religiösen Entwicklung infrage stellen? Wenn es etwas Besseres gäbe, hätten andere es inzwischen gefunden. Mit solchen Selbstgesprächen kann der gefährliche Gedanke leicht abgetan werden – aber nur eine Zeit lang.

Monate später taucht der Gedanke in einer anderen Situation wieder auf – wie eine lästige Mücke, die nachts um Ihr Ohr surrt. Und obwohl Sie sich von ihm belästigt fühlen, weil Sie nicht wissen, was Sie mit ihm anfangen sollen, ist er in Wirklichkeit ein Geschenk. Es ist die neue Schöpfung, die sich hier den Weg an die Oberfläche bahnt. Sie fangen an, die Grenzen der menschlichen Bemühungen zu durchschauen und sehnen sich nach etwas Realerem als der künstlichen Aktivität, die von den religiösen Strukturen angeboten wird. In den letzten zwanzig Jahren habe ich immer wieder beobachtet, wie andere diesen Prozess durchmachen. Dabei scheint diese tiefere Sehnsucht immer wieder auf zweifache Weise zum Vorschein zu treten: *Es muss doch mehr geben*, oder: *Hier stimmt etwas nicht*.

Manchmal handelt es sich um ein sehr allgemeines Gefühl, und manchmal ist es die Reaktion auf eine bestimmte Situation. Ich wusste, was die Bibel über die Gemeinde aussagte, und in meiner Jugend hatte ich das echte Gemeindeleben oft genug geschmeckt, um zu wissen, dass es das wirklich gab. Ich sehnte mich danach, dass es andere auch erlebten, und wusste, dass unsere Aktivitäten es nicht förderten, obwohl wir uns Mühe gaben. Damals erkannte ich noch nicht, dass unsere auf Konformität beruhenden Methoden unabsichtlich die sehr offenen, transformierenden Beziehungen, die wir uns für die Leute wünschten, unterminierten.

Es gab auch Augenblicke, in denen mir schwante, dass mein Handeln völlig im Widerspruch zu den Worten Jesu stand. Ich kann Ihnen gar nicht sagen, wie oft mir in meinen jüngeren Jahren Lukas 14 einfiel, als ich nach größerem Einfluss strebte. Jesus sagte zu seinen Jüngern, sie sollten sich nicht auf die Ehrenplätze drängen, sondern im Hintergrund bleiben und es Gott überlassen, sie dorthin zu setzen, wo er sie haben wollte. Aber die Leute, die vorwärtskamen, neigten zu Eigenwerbung und Selbstvermarktung. Wenn ich das selbst versuchte, kam mir immer dieser Abschnitt in den Sinn, und ich musste mich entscheiden, ob ich ihm vertraute, dass er mich dorthin brachte, wo er mich haben wollte, oder ob ich mich ins Gefecht stürzen und einer von denen werden wollte, die unbedingt oben dabei sein wollten.

Eine andere Bibelstelle, die oft auftauchte, waren Jesu Worte über das Leiten. Er sagte seinen Jüngern, sie sollten nicht Autorität über Menschen ausüben, wie es die Welt tut, sondern dadurch Frucht bringen, indem sie anderen dienten. Wir nannten unseren Ansatz „dienende Leitung“ („servant leadership“), ohne zu merken, wie sehr unsere Praxis diesem Ausdruck widersprach. Wir zeichneten die Pyramiden auf den Kopf gestellt, aber es war klar, wer die Autorität ausübte, damit das System funktionierte.

Taucht diese Sehnsucht auf – sei es als Hunger nach etwas Realerem oder als Rastlosigkeit, weil etwas nicht stimmt –, stellt sie uns vor die Entscheidung: Bleibe ich bei dem Bequemen, das mir schon seit langem vertraut ist, oder riskiere ich es, meinem Herzen in eine weniger definierte Zukunft zu folgen? Leider werden die meisten Leute Sie ermutigen, Ihren Hunger zu unterdrücken. Ich habe mit Hunderten von kirchlichen Leitern gesprochen, die in ähnlichen Situationen waren, in denen sie sich zwischen dem, wozu sie die Bibel einlud, und den Erfordernissen ihrer Position in der Institution hin und her gerissen fühlten. Viele sagten mir, sie würden gerne in einer anderen Realität leben, aber sie wüssten nicht, wie das funktionieren solle. Mit traurigen und deprimierten Blicken sagten sie mir: „Ich habe beschlossen, einfach das Beste aus dem zu machen, was ich schon habe.“

Auch ich habe das allzu viele Jahre lang getan. Ich gab mich mit einer bequemen, aber häufig leblosen Routine zufrieden und ignorierte den tieferen Ruf meines Herzens. Es gab immer ausreichend Krumen in der Routine, um mir genug Hoffnung zu geben, dass alles gut ausgehen würde, wenn wir bloß die richtige Ausrichtung fänden. Lange Zeit glaubte ich, dass es meine Schuld war, da ich wusste, wie faul ich sein konnte, und die Versuchungen und Motivationen kannte, die knapp unter der Oberfläche rumorten. Immer wieder versuchte ich, eine bessere Person zu sein. So aufrichtig gemeint das auch scheinen mag, stellte es sich immer als Nebengleis heraus, das zurück in den Sumpf der gescheiterten Selbstanstrengung und Frustration führte.

Als ich hauptamtlicher Mitarbeiter einer Kirchengemeinde war, gab ich der Leitung über mir die Schuld daran, dass sie an Routinen festhielten, die leblos geworden waren. Als ich später dann selbst Pastor war, gab ich der Gemeinde die Schuld, weil sie nicht genug riskierte. Wenn ich auf Veränderungen drängte, die uns erneuern sollten, war ich überrascht, dass andere meine Leidenschaft nicht teilten. Gelang es mir, eine neue Idee einzuführen, erfüllte sie nie die erhofften Erwartungen. Ich kann die Frustration eines Pastors in Sacramento nachvollziehen, der es so formulierte: „Ich habe die verschiedensten Methoden ausprobiert: Sucher-freundlich (Willow Creek), ‚Leben mit Vision‘, Zellgemeinde, Hausgemeinde, organische Gemeinde – alles hat nichts gebracht. Was soll ich als Nächstes versuchen?“ Erst nach zahlreichen fehlgeschlagenen Versuchen ziehen wir überhaupt in Betracht, dass unsere menschlichen Systeme Teil des Problems sein könnten.

In dem Maße, wie unser Hunger nach der Realität der neuen Schöpfung wächst, nimmt auch unsere Frustration mit der alten Ordnung zu. Obwohl sie anfangs bisweilen begeisternd war, enttäuscht sie am Ende immer. So sehr wir auch versuchen, unsere Ideen zu verwirklichen, erzeugen sie doch nie die

Freude der neuen Schöpfung, nach der wir so verzweifelt suchen. Deshalb landen wir schließlich immer wieder an derselben Stelle, nachdem wir zahlreiche Gemeindemodelle ausprobiert, ein neues Programm implementiert oder sogar mit neuen Wegen experimentiert haben, die Gemeinde zu verwirklichen. Das Leben Gottes, nach dem wir suchen, gleicht einer Fata Morgana am Horizont. Genau dann, wenn wir glauben, es sei in Griffweite, verschwindet es und eine neue Erscheinung taucht in noch weiterer Ferne auf.

Wenn wir jedoch unseren Hunger wachsen lassen, werden wir langsam die Leere und Nutzlosigkeit unserer eigenen Anstrengungen durchschauen, und erkennen, dass etwas Besseres kommen wird. Das wird gut in folgender E-Mail ausgedrückt, die ich nach einem Podcast erhielt, den ich bei *The God Journey* für Menschen anbiete, die sich nicht mehr mit der organisierten Religion zufriedengeben. Über mich und meinen Co-Moderator schrieb er:

> Warum höre ich diesen Leuten überhaupt zu? Ich habe sie nie persönlich kennengelernt. Sie sagen oft Dinge, die ketzerisch klingen, verwenden eine merkwürdige Terminologie, scheinen gelegentlich faul und desorganisiert zu sein, und dennoch freue ich mich auf ihren Humor, ihre zynischen Bemerkungen und ihre herausfordernde Sichtweise der Bibel. Ich andererseits bin mit meinen 53 Jahren müde, verärgert und bitter über vieles in meinen letzten 26 Jahren als Pastor. Ich bin in einer Situation, für die viele meiner Kollegen alles geben würden – sie ist stabil, die Rechnungen sind bezahlt, mein Führungsteam unterstützt mich, man will Zeit mit mir verbringen und so weiter. Ich weiß an diesem Punkt nur, dass ich mich mit meinem Herzen befassen muss. Ich möchte nicht die nächsten gut 20 Jahre meines produktiven Dienstes auf dieselbe Weise verbringen wie die letzten 26 Jahre. Daher sage ich als Doktor der Theologie, Gemeindegründer und Pastor: Nur weiter so.

Das ist die neue Schöpfung, die in ihm erwacht, und obwohl er sich nicht sicher ist, wohin sie ihn führen wird, steht er an der Schwelle zu einer anderen Reise. Er wird bald entdecken, dass die neue Schöpfung nicht irgendwo draußen am Horizont wartet, sondern schon in ihm ist. Jesus lädt ihn zur Nachfolge ein, anstatt zu versuchen, die Erwartungen anderer zu erfüllen. Ohne das wachsende Gefühl, dass die alte Schöpfung sinnlos ist, würde keiner von uns über das hinausschauen, was wir selber tun können. Wenn wir die Zuversicht in unsere eigenen menschlichen Bemühungen verlieren, ist das schon ein großer Schritt auf diesem Weg.

Daher können wir, anstatt in der Frustration der gescheiterten menschlichen Bemühungen zu sterben, dem „Mehr" nachgehen, zu dem uns die neue Schöpfung einlädt. Als er seinen Umgang mit Leuten beschrieb, die seinen geistlichen Weg beleben, drückte einer meiner Freunde diese Realität so aus: „Wenn ich mit ihnen zusammen bin, gibt es mehr Leben. Es gibt *mehr* Gelächter, *mehr* Spielen, *mehr* Essen, *mehr* aufrichtige Gespräche, *mehr* Wahrnehmung der Gegenwart und Ziele Gottes – kurz, *mehr echtes Leben!*"

Das ist das „Mehr", nach dem auch ich gesucht hatte. Ich suchte nicht vollkommene Leute, sondern authentische Menschen auf einem transformierenden Weg. Wenn ich mich bei Gleichgesinnten aufhalte, bin ich mir Gottes Gegenwart bewusster und meine Gespräche sind ehrlicher, liebevoller und großzügiger. Ich lache mehr vor lauter Freude, weine mehr, wenn mich der Schmerz anderer berührt, und gehe ermutigt und weiser weg. In der neuen Schöpfung braucht niemand so zu tun, als sei er besser, als er ist, und seine Schwächen machen ihn nur umso liebenswürdiger.

Das ist die Frucht des Lebens von Menschen, die Jesus immer besser kennenlernen, und sie ist nicht darauf zurückzuführen, dass eine Gruppe gegründet wurde und man versucht hat, die Leute zur Anpassung an die Erwartungen und Verpflichtungen der Gruppe zu bewegen. Das hatte ich zwanzig Jahre lang versucht, und es ist kein Wunder, dass ich immer wieder versagte. Dieses gemeinsame Leben wird so weitergegeben, dass man sich mit Leuten verbindet, die ebenfalls der neuen Schöpfung erwachen. Deshalb sollten Sie nicht nach einem anderen System suchen, dem Sie folgen können.

Es lässt sich in keinem Buch, auch nicht in diesem, finden. Die neue Schöpfung ist der Platz in unserem Herzen, an dem wir wissen, dass Gott uns zutiefst liebt, und an dem uns zunehmend klar wird, wie er denkt und wie er uns nahelegt, in der Welt zu leben. Dabei geht es nicht um Richtlinien, die zu befolgen sind, sondern darum, dass wir in unseren Umständen Offenbarung bekommen, weil uns das Gesetz Gottes aufs Herz geschrieben ist. Jesus gab seinen Jüngern kein neues Gesetzbuch, sondern lehrte sie, wie sie an der Seite seines Vaters ohne die Schuld- und Angstgefühle leben können, die unsere religiösen Systeme antreiben.

Wenn Sie anfangen, 2000 Jahre Tradition infrage zu stellen, können Sie damit rechnen, dass andere sich bedroht fühlen und versuchen, Sie davon abzuhalten. Man wird Ihre Frustration als Bitterkeit missverstehen und Ihnen vorwerfen, egoistisch zu sein. Man wird Ihren Hunger nach mehr durch die Bemerkung abwerten, wir könnten schließlich keine vollkommene Gemeinde erwarten, da sie voller kaputter Menschen sei. Man wird Ihnen sagen, wir könnten nicht einfach herumsitzen und nichts tun, wenn es so viel zu tun gibt. Aber am meisten werden die Leute Angst haben, dass Sie Ihre Errettung aufs Spiel setzen, wenn Sie die altherkömmlichen Traditionen verlassen. Jesus zu folgen, wenn andere einen falsch beurteilen und ausschließen, ist der Grund, weshalb so wenige diesen Weg gehen. Und diejenigen, die es doch tun, tun es nur, weil sie davon überzeugt sind, dass es eine Realität jenseits ihrer Erfahrungen gibt, von der sie fortwährend angezogen werden.

Jack war in den fünfziger Jahren schottischer Missionar und Chirurg im Kongo und musste während der dortigen Revolution das Land verlassen. Er landete schließlich in Neuseeland, wo er als Chirurg und später in der Krankenhausverwaltung arbeitete. Während dieser Zeit war er sehr an den Aktivitäten seiner Kirchengemeinde beteiligt, der er im Ältestenrat und anderen Komitees diente. Eines Tages vor 25 Jahren kam ihm beim Gebet über seine permanente Frustration über den Zustand der Kirche ein Gedanke, den er Jesus zuschrieb: „Wenn du Teil der Gemeinde sein willst, die ich baue, musst du die Gemeinde verlassen, die von Menschen gebaut wird."

Und so trat er von seinen Positionen in der Kirchengemeinde zurück und begann einen außergewöhnlichen Weg, den schon viele andere gegangen sind. Will ich damit sagen, dass wir alle unsere Kirchengemeinden verlassen müssen, um die Gemeinde zu erleben, die Jesus baut? Falls Sie schon einer großzügigen Gemeinschaft angehören, die nicht leistungsorientiert ist, können Sie möglicherweise dieses Leben führen, ohne sie zu verlassen. Andere fanden es notwendig zu gehen, weil die Dynamiken so zerstörerisch sind. Was wir aber alle tun können, ist, damit aufzuhören, die von Menschen gebaute Gemeinde und die von Jesus gebaute für identisch zu halten. Manchmal überschneiden sie sich, aber sie sind nicht identisch, und falls uns das nicht bewusst ist, werden wir uns weiterhin in unseren menschlichen Anstrengungen verlieren, das zu reproduzieren, was durch diese nicht erreicht werden kann.

Was wir brauchen, ist nicht ein besseres System, das wir managen müssen, sondern eine andere Art von Person, die lernt, in einer neuen Schöpfung zu leben.

Kapitel 7

Eine neue Art von Person

Wenn jemand zu Christus gehört, ist er eine neue Schöpfung. Das Alte ist vergangen; etwas ganz Neues hat begonnen! (2 Kor 5,17).

Sechs Monate nachdem ich meine Stelle als Pastor aufgegeben hatte, wurde ich von einigen Leuten nach Australien eingeladen, um auf einem Camp[1] zu lehren. Mein erstes Buch, *The Naked Church* („Die nackte Gemeinde"), hatte sie tief berührt, doch war ihnen auch bewusst, dass seine Botschaft unvollständig war. Es erklärte zwar, inwiefern es unsere religiösen Systeme versäumt haben, die innige Verbundenheit mit Gott ins Zentrum ihres Auftrags zu stellen, und malte auch ein hoffnungsvolles Bild davon, wie das Leben in Christus aussehen könnte, aber es ging immer noch davon aus, dass dieses System zum Guten reformiert werden könnte. Als wir uns eines Nachmittags darüber unterhielten, wie sie von diesem Buch beeinflusst worden waren, sagte einer der Organisatoren des Camps behutsam: „So sehr wir dein Buch mögen, ist uns klar, dass du noch nicht erkannt hast, dass Jesus uns kein System hinterlassen hat, das wir zu verwalten haben, sondern seinen Geist, dem wir folgen sollen."

Diese Worte erschütterten mich. Ich spürte, dass sie etwas Wahres an sich hatten, aber sie klangen auch gefährlich und ich wollte lieber die Finger davonlassen. Ich hatte zu Hause

[1] Eine mehrtägige Veranstaltung mit vielen Teilnehmern „außerhalb ihres Heimatortes", oft ein Workshop oder eine Tagung (wikipedia).

einen fünfzentimeterdicken Ordner mit Notizen zu einer „neuen Struktur“ für die „Gemeinde“, die ich in den vergangenen Jahren ausgearbeitet hatte, und die, wie ich hoffte, das Material für ein neues Buch sein würden. Bei dem Gedanken, dass auch dieses lediglich ein weiterer menschlicher Versuch sein könnte, eine Struktur wie all die anderen zu entwerfen, die in 2000 Jahren ausprobiert wurden, drehte sich mir förmlich der Magen um.

Aber haben wir das nicht immer getan? Wenn unsere Strukturen versagen, erfindet jemand eine neue, die wir ausprobieren können. Meine Bücherregale sind voll mit Büchern, die eine Vielfalt von Lösungen bieten, um das in Ordnung zu bringen, was in der Gemeinde falsch läuft. Da keine von ihnen wirklich funktioniert, werden jedes Jahr neue Bücher veröffentlicht. Was wäre, wenn die Gemeinde von Jesus Christus überhaupt nicht auf menschliche Systeme gebaut ist, sondern aus „lebendigen Steinen“ (vgl. 1 Petr 2,15) besteht – wenn er sie also mit Menschen baut, die lernen, aus dem zu leben, was der Geist ihnen einhaucht, anstatt aus menschlichem Einfallsreichtum?

Es sollte Jahre dauern, bis ich voll begriffen hatte, was ich an jenem Tag gehört hatte, und das Abenteuer entdeckte, zu dem diese Worte mich ermutigten. Jesus hat uns in eine Beziehung mit seinem Vater eingeladen, die es seinem Geist erlaubt, unser Leben von innen her neu zu schreiben. Unsere Begegnungen mit ihm verändern unsere Neigungen, entblößen und heilen unsere Problembewältigungsstrategien und entwirren die Gebundenheit unseres selbstsüchtigen Lebens. Anstatt andere zu ermutigen, diesen Weg zu nehmen, gehen wir den einfacheren, obgleich völlig ineffektiven Weg: Wir erfinden Systeme, die vermeintlich zum selben Ergebnis führen.

Daher durchforschen wir die Bibel, um eine Reihe von Prinzipien aufzustellen, die uns angeblich zu guten Christen machen, und versuchen dann, sie zu verwirklichen. So verwandeln wir zum Beispiel die Frucht des Geistes in eine Liste von Pflichten: Sei liebevoller, geduldiger, freundlicher und sanfter. Natürlich bemühen wir uns, aber mit der Zeit wird die Liste weniger zu einem Ansporn und mehr zu einem Anlass, uns selbst zu verdammen, wenn wir unsere eigenen Erwartungen nicht erfüllen.

Niemand hat uns von der neuen Schöpfung erzählt, die schon in uns ist, und wie wir aus ihr leben können. Man hat uns einfach gesagt, wir sollten beten, unsere Bibel lesen, nach Gottes Vorschriften leben und andere so gut wie möglich lieben. Und vor allem sollten wir die „Kirche“ bzw. „Gemeinde“ besuchen und uns den Traditionen und Lehren unterstellen, die seit Jahrhunderten bestanden haben. Anfangs ist alles neu und aufregend. Die Informationen, Musik und Predigten führen zu Erkenntnissen, die uns helfen, Gott zu verstehen, und ermutigen uns, ein besseres Leben zu führen.

Es dauert jedoch nicht lange, bis wir erkennen, dass wir nicht alle Erwartungen erfüllen können, die man an uns stellt. Eine gewisse Zeit leben wir vielleicht als bessere Menschen, aber wir können es nicht aufrechterhalten. Viele sind dann entmutigt, weil sie glauben, sie seien die Einzigen, die es nicht schaffen. Das war eine Zeitlang auch meine Situation. Ich entdeckte, dass ich mich nicht ändern konnte, jedenfalls nicht in den entscheidenden Punkten. Ja, ich konnte mich manchmal ein paar Monate lang besser benehmen, aber wenn ich verzweifelt oder frustriert war, kamen die alten Versuchungen wieder zurück. Ich konnte sie nur besser verstecken. Als ich gleich nach dem Hochschulabschluss „in den Dienst“ ging und „Christ von Beruf“ wurde, fand ich es einfacher, die Vorschriften zu befolgen, damit man mich als geistlicher ansah. Es fiel mir zwar leicht, die „schlimmeren“ Sünden zu vermeiden, doch stattdessen legte ich die gleiche religiöse Arroganz an den Tag wie damals die Pharisäer, indem ich die verachtete, die nicht so hart arbeiteten wie ich. All das geschah mit den besten Absichten und in vollkommener Unkenntnis. In meinen Augen versuchte ich, ein besserer Mensch zu sein, um Gott zu gefallen. Ich meinte, ich würde die Sünde besiegen, während ich sie nur unterdrückte, und ich glaubte, anderen zu helfen, indem ich Druck auf sie ausübte, das zu tun, was ich für das Beste für sie hielt.

Ich war zwischen zwei Welten gefangen – den eigenen Bemühungen der leistungsorientierten Religion und der neuen Schöpfung, die in mir wuchs. Ich wusste es damals nicht, aber die beiden sind unvereinbar. An dem Tag, an dem wir in Christus neu geschaffen werden, treten wir eine neue Form der Existenz ein: *„Wenn jemand zu Christus gehört, ist er eine neue Schöpfung. Das Alte ist vergangen; etwas ganz Neues hat begonnen!“* (2 Kor 5,17). Diese Bibelstelle hat viele verwirrt, denn selbst nachdem sie sich mit Jesus verbunden hatten, waren sie sich nicht wie eine neue Schöpfung vorgekommen. Gewiss, anfangs waren sie vielleicht von der Vergebung und dem neuen Gefühl der Liebe begeistert, das ihr Herz überströmte, aber wie sie bald merkten, fielen sie denselben Versuchungen und Zweifeln und demselben Egoismus zum Opfer wie zuvor. Daraus schlossen sie, dass Paulus entweder von einer abstrakten Wahrheit sprach, oder sie verlagerten deren Erfüllung auf die Ewigkeit.

Aber Paulus sprach von etwas Konkretem. Wir werden tatsächlich zu einer neuen Schöpfung, die bereit ist, in einer neuen Realität zu leben. Leider haben wir das Christentum auf eine Religion reduziert, indem wir die Lehren Jesu in die alte Schöpfung verschoben haben und versucht haben, sie in Systemen anzuwenden, die von menschlichen Bemühungen abhängig sind. Die alte Schöpfung ist aber tief in der menschlichen Selbstsucht verwurzelt, und selbst unsere religiösen Versuche müssen an das Selbstinteresse appellieren – entweder durch Strafandrohungen oder das Versprechen von Segen.

In dem Zeichentrickfilm *Findet Nemo* riefen die Möwen immerzu: „Meins!!! Meins!!! Meins!!!“, als sie aufeinander einhackten und um jeden Happen kämpften, den sie finden konnten. Es gibt vielleicht kein besseres Bild, um das Gezeter unseres egozentrischen Fleisches darzustellen, das jede denkbare Freude zu maximieren und jeden möglichen Schmerz zu minimieren sucht. Dieses egozentrische Wesen unseres Fleisches behindert uns in unseren Beziehungen und steckt hinter jedem menschlichen System, das unsere Konflikte in Grenzen halten soll.

Man kann die Anzeichen der alten Schöpfung immer in ihrem Beschäftigtsein mit *cash, credit* und *control* – also Geld, Ansehen und Machtausübung – als Mittel zur Befriedigung des Fleisches entdecken. Die Liebe zu Geld, Komfort und materiellem Besitz, unser Durst nach der Anerkennung und dem Applaus anderer und der Wunsch, unseren Willen durchzusetzen, überlagern fast jede menschliche Interaktion, angefangen von den persönlichen Beziehungen bis hin zu den Systemen, die wir erfinden, um unsere Anliegen zu fördern. Sie belohnen einige wenige Menschen an der Spitze überproportional, während sie den Rest ausbeuten, um das System in Gang zu halten. Die Menschen an der Spitze scheinen unfähig, der Korruption und Genusssucht zu widerstehen, die mit der Ausschweifung, Berühmtheit und Macht einhergehen. Man muss sich nur Washington, die Wallstreet oder Hollywood anschauen, um zu erkennen, wie Geld, Ansehen und Kontrolle unsere Kultur verzerren und das Leben derjenigen zerstören, die sie suchen. Einiges davon ist natürlich formell und weitreichend, aber es ist nicht weniger zerstörerisch, wenn jemand die Gemeinschaft der Wohnungseigentümer als persönlichen Machtbereich benutzt, eine Freundin durch Schamgefühle ausnutzt oder den Ehepartner durch Verachtung manipuliert.

Selbst unsere christlichen Institutionen werden von diesen Anliegen dominiert, was zeigt, wie sehr sie die alte Schöpfung anstatt die neue reflektieren. Religion kann bestenfalls zwischen diesen konkurrierenden Bedürfnissen vermitteln, indem sie das Geld verwaltet, Bestätigung bietet und andere manipuliert, ihren Forderungen Folge zu leisten. Als Pastor verbrachte ich die meiste Zeit nicht damit, hungrigen Leuten zu helfen, im Glauben voranzukommen, sondern musste mich mit Leuten herumschlagen, welche diesen falschen Dingen nachjagten. Die dringendsten Bedürfnisse drehten sich nie um geistliches Wachstum, sondern um das verworrene Netz von Geld, Anerkennung und Macht. Die Bibel warnt uns davor, dass uns diese Dinge verblenden, und die Geschichte demonstriert, wie häufig wir Strukturen errichten, die am Ende diese Ambitionen belohnen und die Machtlosen ausbeuten.

Menschen, die Jesus und seine Wege nicht kennen, haben einen unersättlichen Wunsch nach Geld, Ruhm und Macht. Es entstehen Konflikte, weil man sich in Position bringt, das zu bekommen, was man will. Wenn man es in Gottes Namen tut, rechtfertigt man jede Taktik. Ich gehörte einem Team an, das drei Jahre lang gemeinsam ein Buch schrieb und es dann aus einer Garage in Südkalifornien heraus verlegte und vertrieb. Es wurde zu einem internationalen Bestseller. Diese Zeit war eine der besten Erfahrungen meines Lebens: Ich wurde geistlich belebt, intellektuell stimuliert und persönlich belohnt. Die Großzügigkeit und Freundschaft, die beim Ringen um tausend Entscheidungen zunahmen, waren greifbar. Immer wenn wir anderen von diesem Erlebnis berichteten, waren viele von ihnen von dem Wunsch nach solchen Beziehungen der gegenseitigen Fürsorge und des Respekts überwältigt, da sie nur Beziehungen voller Wettbewerb und Konflikt gewohnt waren. Uns allen war bewusst, dass wir an etwas teilgenommen hatten, das bei weitem das überstieg, was jeder von uns allein hätte fertigbringen können. Auf frische Weise würdigten wir, dass Gott selber eine Gemeinschaft ist, und wir erkannten, dass sein Verlangen in der Schöpfung es ist, uns in diese Zusammenarbeit einzuladen. Wir sahen aus erster Hand, was für unglaubliche Dinge geschehen können, wenn man seine Gaben freizügig miteinander teilt.

Wir versprachen einander, die Beziehungen höher zu schätzen als die Belohnungen. Wir schrieben sogar darüber, dass die Menschheit immer auf Systeme zurückgreift, um Konflikte zu regulieren, anstatt sie in ehrlichen und liebevollen Beziehungen zu klären. Anfangs waren unsere Abmachungen alle mündlich und wir machten Witze darüber, wie unsicher das war, falls einer von uns wieder in die Voreingenommenheit der alten Schöpfung mit Geld, Ansehen und Machtausübung zurückfiel. Ich war voller Hoffnung, aber ich hatte schon ähnliche Umstände erlebt, in denen man das Blaue vom Himmel verspricht, wenn es einem nützt, und sich dann drastisch ändert, wenn man seine Versprechen halten muss.

Ich glaube jedoch an die Macht der Zusammenarbeit, wenn sie aus Einheit, Ehrlichkeit und Großzügigkeit entsteht. Nichts ist aufregender, wenn es klappt, und wenig ist schmerzhafter, wenn es zusammenbricht. Schon früh sagte ich dem Team, dass ich nie wieder zu Brüdern gehören wollte, die einander angreifen. Ich versprach ihnen, im Fall eines etwaigen Konflikts darauf zu achten, dass eher sie mit einem Lächeln auf dem Gesicht weggehen würden als ich. Niemand dachte, dass wir das brauchen würden.

Und dann lief alles schief. Mit wachsenden Verkaufszahlen tauchten plötzlich Familienangehörige, Freunde, Agenten, Manager und Rechtsanwälte aus der Versenkung auf, um einen Anteil an dem Projekt zu beanspruchen. Für einige war es nicht mehr ein Geschenk, sondern eine Melkkuh. Heimlich verbreitete Gerüchte und Vereinbarungen fingen an, offene und ehrliche Freundschaften zu untergraben. Forderungen und Ultimaten ersetzten den Dialog, Freundschaften wurden zertrampelt. Obwohl wir drei Jahre lang jede Entscheidung einstimmig getroffen hatten, ging einer von uns schließlich vor Gericht, um die Kontrolle über unser gemeinsames Werk an sich zu reißen. Die Sprache verlagerte sich von der Großzügigkeit der Zusammenarbeit zur Notwendigkeit der Machtausübung.

Mir zerbrach das Herz. Appelle für Versöhnung, Schlichtung oder auch nur ein Gespräch wurden zugunsten gerichtlicher Vorgehen abgelehnt. Leider braucht es nur eine Person und einen Moment, um Jahre der Beziehung zu zerstören. Warum jemand die Freude der Freundschaft gegen billigen Schund eintauscht, ist mir unverständlich, aber es geschieht oft. Wenn man erst einmal geltend macht, was man meint verdient zu haben, anstatt das Wunder der Gaben Gottes bereitwillig miteinander zu teilen, schlüpfen wir aus der neuen Schöpfung zurück in die alte. Das Buch, das wir geschrieben haben, bleibt eine großartige Geschichte. Sie hat Menschen auf der ganzen Welt berührt und tut es auch weiterhin, aber der Hintergrund ist jetzt weniger ein Spiegelbild dafür, wie Gott wirkt. Ich hoffe immer noch, dass das letzte Kapitel dieser Geschichte noch geschrieben werden wird.

Jesus lud uns zu etwas ein, das so viel tiefgründiger und transformierender ist als unsere ständige Beschäftigung mit Geld, Ansehen und Kontrolle und dem Chaos, das aus dem Streit darüber resultiert. Das Leben der Gemeinde findet sich nicht im Regeln dieser Angelegenheiten durch Institutionen, sondern darin, dass Menschen von gerade den Gelüsten, die uns zu Konkurrenten anstatt zu Kollegen machen, befreit werden. Die Hoffnung für die Gemeinde liegt nicht in einem noch zu entdeckenden System, sondern in einer anderen Art von Person, die lebt, um Jesus anstatt sich selber zu gefallen.

In den Versuchungen in der Wüste demonstrierte Jesus seine Freiheit vom Beschäftigtsein mit diesen Dingen. Er weigerte sich, sich nach Lust und Laune durch ein Wunder selbst zu versorgen, einen billigen Trick zu verwenden, um die Massen zu beeindrucken, oder die Macht zu ergreifen, um die Welt zu beherrschen. Johannes sagte uns, dass diese Dinge nicht von Gottes Reich stammen, sondern von unserer kaputten menschlichen Welt. *„Denn nichts von dem, was diese Welt kennzeichnet, kommt vom Vater. Ob es die Gier des selbstsüchtigen Menschen ist, seine begehrlichen Blicke oder sein Prahlen mit Macht und Besitz – all das hat seinen Ursprung in dieser Welt“* (1 Joh 2,16).

Können Sie sich vorstellen, was für eine Art von Gemeinschaft auf die Welt losgelassen werden würde, wenn sich die zu ihr gehörenden Leute mehr mit den Realitäten des Reiches Jesu – wie Glauben, Hoffnung und Liebe – beschäftigen würden als mit ihrer eigenen Versorgung, Bedeutung und Macht? Es wäre faszinierend, kann aber nicht durch menschliche Anstrengung hervorgebracht werden. Unsere Reaktion auf die Gelüste des Fleisches und unsere Leidenschaft für sein Reich sitzen tiefer. Man wird nicht geheilt, weil man mehr weiß und sich mehr anstrengt. Das funktioniert nur kurze Zeit. Wir können uns nicht von der Welt des Geldes oder den Manipulationen der Macht absetzen, da sie zu den grundlegenden Prinzipien dieses Zeitalters gehören. Wir können jedoch mit ihnen umgehen, ohne ihnen zu gestatten, uns zu besitzen, und ohne sie zu gebrauchen, um andere auszubeuten.

Das möchte Jesus in Ihnen vollbringen, und es wird geschehen, wenn Sie noch sicherer in seiner Liebe werden und besser verstehen, was er mit Ihren Umständen beabsichtigt. Die Gelüste des Fleisches werden in dem Maße verdrängt, wie wir für ein besseres Reich gewonnen werden, das weitaus wertvoller ist als die Dinge, mit denen wir unsere leeren Seelen füllen. Je realer Jesus wird, desto mehr verblassen tatsächlich die Prioritäten dieser Welt. Was ohne ihn so wichtig erschien, scheint mit ihm plötzlich sinnlos.

Menschen, die verwandelt werden, sind die Grundlage, damit die Gemeinde Jesu Gestalt annehmen kann. Dabei handelt es sich um einen fortlaufenden Prozess und nicht um ein fertiges Produkt. Er erfordert keine vollkommenen Menschen, sondern nur solche, die auf dem Weg sind, von Jesus geformt zu werden. Wer sich in diesem Prozess befindet, dem sind Beziehungen viel wichtiger als denen, die versuchen, die Macken anderer zu regulieren. Wer innerhalb der alten Schöpfung lebt, kann sich nur dann als erfolgreich sehen, wenn er andere davon überzeugt, dass er recht hat, wenn er das Sagen hat und wenn er im Mittelpunkt steht. Er wird auf die eigenen Interessen drängen, selbst wenn er deswegen andere ausnutzen muss. Das verwandelt jede Beziehung in einen Kampf zwischen willensstarken Menschen, der nur geschlichtet werden kann, wenn man durch klare Linien bestimmt, wer jeweils die Autorität hat, Entscheidungen zu fällen.

Die Menschen, die in einer Beziehung zu Jesus wachsen, haben diese Ängste nicht. Sie erkennen, dass die Strukturen dieser Welt das Werk des Reiches nicht ausführen können und dass Jesu Realität an die Stelle der Dinge tritt, die in diesem Zeitalter geschätzt werden. Weil sie darauf vertrauen, dass Gott für sie sorgt, müssen sie niemanden des Geldes wegen manipulieren. Da sie darin ruhen, dass Gott ihr Leben akzeptiert, suchen sie ihre Bestätigung nicht in dem, was andere denken oder sagen. Und da sie wissen, dass Jesus das letzte Wort in allem hat, haben sie es nicht nötig, die Macht über andere zu beanspruchen.

Weil es in der alten Schöpfung Probleme mit Beziehungen gibt, müssen Treffen, an denen solche Menschen beteiligt sind, stark geregelt werden. Wie soll man mit einer besserwisserischen Theologin umgehen, die sich gern reden hört, mit einer kaputten Person, die die Aufmerksamkeit auf sich zieht, mit den selbstsüchtigen und unehrlichen Leuten, die die Gruppe für ihre eigenen Zwecke nutzen, oder mit der Frau mit einem Dienst, die die Gruppe für ihre Gabe vereinnahmen will?

Das Leben in der neuen Schöpfung verändert alles in der Weise, wie Menschen miteinander umgehen, mit der Folge, dass sie nicht gemanagt werden müssen. Bei Konflikten sind sie gnädig, sie suchen schnell Vergebung und bieten sie schnell an. Sie haben keine eigenen Ziele, die sie anderen aufdrängen wollen, und haben sowohl die Interessen der anderen als auch ihre eigenen im Blick. Sie sehen sich als Teil eines größeren Reiches, das außerhalb ihrer Kontrolle ist, und gehen gern auf das ein, um was Jesus sie bittet. Man ist gerne mit ihnen zusammen und wird dabei hinsichtlich des eigenen Weges ermutigt und angeregt. Es sind Personen einer anderen Art, die der Gemeinde Jesu Ausdruck verleihen, und aus diesem Grund geht ihre Leidenschaft für die Menschen, die noch in der alten Schöpfung gefangen sind, nicht dahin, diese zu beherrschen, sondern sie in eine andere Realität hineinzulieben, die sie von ihren egoistischen Verhaltensweisen befreit, die ihre Beziehungen zu anderen zerstören.

An der neuen Schöpfung teilzunehmen ist eine Einladung an alle, aber niemals eine Forderung. Sie können in der alten leben, wenn Sie wollen. Gott wird Sie immer noch lieben und sich Ihnen weiterhin zu erkennen geben, aber es ist sein Wunsch, Sie in seine Liebe hineinzugewinnen, damit Sie in den größeren Raum eintreten können, nach dem Ihr Herz sich sehnt.

Kapitel 8

In die Liebe gewonnen

Das ist ... Liebe: nicht, dass wir Gott geliebt haben, sondern dass er uns geliebt ... hat (1 Joh 4,10).

In diesem Kapitel möchte ich Ihnen nur ein Thema vermitteln, und falls Sie schon mit ihm vertraut sind, dürfen Sie es gerne überschlagen. Aber seien Sie vorsichtig: Die meisten Leute, die meinen, sie wüssten darüber Bescheid, kennen es nur intellektuell, und darauf kommt es am wenigsten an. Worum geht es? Der Gott des Universums liebt Sie mehr als irgendjemand auf diesem Planeten Sie je geliebt hat oder lieben wird.

Ich weiß, was Sie jetzt vielleicht denken. Auch ich dachte, ich wüsste das schon. Man kann nicht lange Christ sein, ohne diese Worte gehört zu haben. Theologisch gesehen ist ja nichts gewisser, als dass Gott uns liebt. Unsere Lieblingsbibelstellen reden davon genauso wie unsere Lieder. Gottes Liebe ist sozusagen das Einmaleins der Theologie. Selbst das Alte Testament fließt – trotz seiner furchteinflößenden Geschichten vom Gericht Gottes – von der Liebe Gottes über. Über 300 Verse reden von Gottes Erbarmen, Mitgefühl oder Gnade. Wiederholt heißt es, dass Gott „gnädig und barmherzig" ist, „langsam zum Zorn und groß an Gnade" (vgl. Ps 145,8 ELB), dass seine Liebe besser ist als Leben, dass sie ewig dauert und wir seiner grenzenlosen Liebe vertrauen können. Selbst die Klagelieder des Jeremia, in denen sehr viel Schmerz vorkommt, verkünden: „*Sein Erbarmen hört nicht auf, es ist jeden Morgen neu*" (Klgl 3,22-3 ELB).

Im Neuen Testament ist die Liebe das vorherrschende Thema. Johannes schrieb, dass sie das Wesen Gottes selber ist: „*Gott ist Liebe*" (1 Joh 4,8). Die Liebe ist nicht etwas, was er besitzt, und er verschenkt sie auch nicht. Er ist die Liebe selbst. Sie definiert sein Wesen und ermöglicht es Vater, Sohn und Geist, ihr Leben miteinander zu teilen; in völliger Harmonie vertrauen sie einander, pflegen Gemeinschaft untereinander und wirken zusammen.

So wichtig es ist, Gottes Liebe intellektuell anzuerkennen und zu schätzen, reicht das allein nicht aus. Es tröstete mich nicht in der Not, beruhigte mich nicht, wenn ich versagte, und zog mich auch nicht zu ihm, dem liebenswürdigsten Wesen im Universum, hin. Ich wuchs mit widersprüchlichen Bildern von Gott auf: Gewiss war er der liebevolle Vater, aber eben auch der angsterregende und zornige Richter. Was er an einem bestimmten Tag über mich dachte, hing davon ab, wie gut ich sein konnte. Wenn ich das tat, was ihm gefiel, dann liebte er mich. Wenn ich jedoch in Schwierigkeiten steckte oder versagte, wünschte ich mir, er wäre Millionen von Kilometern entfernt. Meine Theologie der Liebe Gottes war so verworren, dass ich meinte, ich müsse sie mir verdienen. Das erlaubte mir, seine Liebe als etwas Abstraktes zu sehen und sie im gleichen Atemzug zu leugnen.

Ich weiß, ich bin da nicht allein. Wie oft hat mir schon jemand erzählt, dass er mein Buch *Geliebt!* geschenkt bekam, es aber dann ins Regal gestellt hatte, weil er dachte: *Wer weiß das schließlich nicht?* Monate oder Jahre später nahmen sie es schließlich in die Hand und entdeckten den himmelweiten Unterschied zwischen der Zustimmung zu dem Prinzip, dass Gott sie liebt, und der Realität, jeden Tag als sein geliebtes Kind zu leben. Viele finden es einfacher zu glauben, dass Gott entweder von ihnen enttäuscht ist oder dass er zu weit entfernt ist, um in den Grausamkeiten des Lebens zu Buche zu schlagen. Sie wissen noch nicht, dass Gott sich mehr über sie freut als ich mich über meine Kinder und Enkelkinder – und das will etwas heißen!

In der Nacht, als meine Enkeltochter geboren wurde, war ich nicht darauf gefasst, wie sehr ich sie lieben würde. So begeistert ich darüber war, ein Enkelkind zu bekommen, wusste ich ehrlich gesagt nicht, dass ich es genauso wie meine eigenen Kinder lieben würde. Die Stunden unmittelbar vor ihrer Geburt waren für meine Tochter äußerst schmerzhaft, da das Baby falsch lag und sie 32 Stunden lang in intensiven Wehen lag. Ich durchlitt diese 32 Stunden mit ihr mit. Schließlich wollte ihr Arzt das Baby durch Kaiserschnitt entbinden, aber meine Tochter bat ihn, noch ein letztes Mal zu versuchen, das Kind auf natürliche Weise auf die Welt zu bringen. Dieses Mal klappte es. Als ich die Nachricht hörte, war mein einziger Gedanke, wie sehr ich meine Tochter in meinen Armen halten und ihr sagen wollte, wie stolz ich auf sie war. Ich war nicht auf meine Reaktion gefasst, als ich das kleine Bündel sah, das auf der Brust meiner Tochter lag. Mein Herz erfüllte sich mit zarten Gefühlen zu einer Person, die ich noch gar nicht kannte. Es war nicht etwas, worüber ich nachgedacht hätte oder das ich heraufbeschworen hätte. Im Nu verspürte ich eine tiefe Zuneigung zu ihr, obwohl sie nichts dazu beigetragen hatte.

Zerspringt Gottes Herz vor ähnlichen Gefühlen der Liebe zu Ihnen? Ganz gewiss doch, nur sind seine Gefühle noch viel tiefer, als es unsere menschlichen Gefühle je reflektieren könnten. Zusätzlich eröffnete Jesus einen Weg, damit wir diese Liebe konkret kennenlernen können. Nur weil es Ihnen jemand gesagt hat, müssen Sie nicht versuchen, sich selbst zu überzeugen, daran zu glauben. Diese Liebe ist eine Offenbarung in unserem Herzen, die daher rührt, dass wir Jesus kennen und erleben, wie er auf uns eingeht.

Es ist Jesu Sache, uns von seiner Liebe zu überzeugen; wir müssen uns nicht bemühen, sie zu finden. Schon seit neun Jahren bin ich dabei, meine Enkelin von meiner Liebe zu überzeugen. Ich habe nicht von ihr erwartet, dass sie meine Liebe von selber entdeckt oder dass sie mir auf mein Wort hin vertraut. Ich überzeuge sie von meiner Liebe durch die Art und Weise, wie ich mit ihr umgehe. Vielleicht ist es Gottes größte

Freude, wenn er Menschen von seiner Zuneigung überzeugen kann. Das gilt für Sie nicht weniger als für eine Frau an einem Brunnen, einen habgierigen Zöllner auf einem Baum oder einen tief verängstigten Fischer, der ihn verraten hatte. Die Liebe streckt sich nach dem Geliebten aus und sucht ihn in eine Beziehung zu gewinnen. Darum geht es bei der Brautwerbung und hoffentlich auch in der Ehe. Jeder Tag bietet weitere Gelegenheiten, ein Herz zu gewinnen, selbst wenn es ein Leben lang dauert.

Einer der besten Briefe, den ich je erhielt, stammte von einem Mann, dessen Vater Pastor in einer harschen, gesetzlichen Denomination gewesen war. Als dieser Vater kurz vor dem Krebstod stand, wurde er von der Angst ergriffen, er habe nicht genug getan, um seine Errettung zu verdienen. Sein Sohn, der schon lange zuvor die Gesetzlichkeit seines Vaters abgelehnt hatte, las ihm jeden Abend aus meinem Buch über die Liebe Gottes vor. Schon der Anfang seines Briefes brachte mich zum Weinen: „Eine Stunde vor seinem Ableben gestern Abend wurde sich mein Vater der Liebe seines himmlischen Vaters bewusst …"

Jesu Ziel war nicht, uns der Liebe Gottes würdig zu machen, sondern uns freizusetzen, zu sehen, dass wir sie schon besitzen. Und doch haben so viele gerade dieses Detail nicht beachtet. Vor einigen Jahren bat man mich, im Rahmen eines neuen akademischen Lehrfachs an einer Forschungsstudie über die göttliche Liebe teilzunehmen. Zwei Akademiker suchten mich auf, um mich für ihre Forschung zu interviewen. Während sie ihre Videoausrüstung in meinem Wohnzimmer aufstellten, erkundigten sie sich, ob ich irgendwelche Fragen an sie hätte.

Ja, das hatte ich. „Worauf beruht diese Studie?"

„Auf dem großen Gebot", antwortete eine von ihnen.

„Und das wäre?", frage ich.

Sie schauten erst einander etwas erstaunt an und dann mich. „Sie kennen das große Gebot nicht?"

Natürlich kannte ich es. Ich wollte nur sehen, ob sie es kannten, da die meisten diese Frage falsch beantworten.

„Wir sollen Gott von ganzem Herzen lieben und unseren Nächsten wie uns selbst", fuhr die Frau fort.

„Ach so, bei dieser Studie geht es also um das Alten Testament." Ich lächelte in der Hoffnung, sie zum Nachdenken anzuregen.

„Wieso? Das hat Jesus doch gesagt."

„Das ist richtig, aber er zitierte das 5. Buch Mose als Antwort auf die Frage nach dem größten Gebot des Gesetzes. Hat er nicht später seinen Anhängern ein neues Gebot gegeben?"

„Ich gebe euch ein neues Gebot: Liebt einander! Ihr sollt einander lieben, wie ich euch geliebt habe" (Joh 13,34). Wie mir scheint, ersetzte Jesus das vorherige Gesetz durch die Erlassung eines neuen Gebotes, und er tat es auf eine Weise, die den Neuen Bund mitten ins Herz trifft. Das alte Gebot begann mit uns, nämlich mit unserem Gehorsam, Gott mit allem zu lieben, was wir sind, und unsere Nächsten so zu lieben wie uns selbst. Jesus fing an anderer Stelle an: nicht mit unserer Fähigkeit zu lieben, sondern mit Gottes Liebe zu uns. Haben Sie das einmal erkannt, werden Sie nicht nur Gott ebenfalls lieben, sondern auch gut darin sein, in der Welt zu lieben. Allein das, sagte Jesus, würde die ganze Welt davon überzeugen, dass wir zu ihm gehören.

Johannes erklärte weiterhin in seinem Brief: *„Hierin ist die Liebe: nicht dass wir Gott geliebt haben, sondern dass er uns geliebt und seinen Sohn gesandt hat als eine Sühnung für unsere Sünden"* (1 Joh 4,10 ELB). Die Liebe hat in ihm ihren Ursprung. Wenn wir uns selbst überlassen sind, neigen wir dazu, Liebe auf selbstsüchtige Weise zu definieren. Wenn jemand nett zu uns ist oder uns das gibt, was wir wollen, fühlen wir uns geliebt. Aber wenn er aufhört, uns so zu behandeln, wie wir wollen, zweifeln wir seine Liebe an. Paare reden sogar davon, dass sie sich „entlieben", wenn ihren Bedürfnissen nicht mehr gedient wird. Erst wenn wir entdecken, wie sehr Gott uns liebt, können wir hoffen, andere zu lieben. Aus diesem

Grund nannte Johannes es die „erste Liebe". Wie oft hat man Sie bei einer Evangelisation oder einem geistlichen Seminar dafür gerügt, dass Sie Ihre erste Liebe verlassen haben, als läge es an Ihnen, die anfänglichen Gefühle der Liebe zu Gott wieder herbeizuführen? Bei der ersten Liebe geht es nicht darum, wie sehr wir ihn lieben, sondern wie tief Gott uns liebt. Wenn wir seine Liebe aus den Augen verlieren, schleicht sich alles Mögliche wie Furcht, Unsicherheit oder Unruhe in uns ein und zieht uns zur alten Schöpfung zurück.

Mir war beigebracht worden, Liebe sei kein Gefühl, sondern eine Entscheidung. Vermutlich haben wir die Liebe von tief empfundener Zuneigung getrennt, um vorgeben zu können, wir liebten eine Person, die wir in Wirklichkeit gar nicht mochten. Das war aber ein schwerwiegender Fehler, denn letztendlich sahen wir Gottes Liebe zu uns genauso, nämlich als Verpflichtung statt als echte Zuneigung – und unsere Liebe zu ihm als ein Gebot, das erforderte, so zu tun, als liebten wir ihn, selbst wenn er distanziert und gleichgültig schien. Was uns entging, waren seine tiefere Zuneigung zu uns und die Freude, die er über einen jeden von uns empfindet. Dies übersteigt zwar unsere Gefühle, doch werden sie dadurch auch geformt. Wenn wir erkannt haben, wie sehr Gott uns liebt, lädt uns das in einen Fluss der Zuneigung ein, der uns in Gott – als einer liebenswürdigen Gegenwart im Universum – hineinzieht und auch von uns zu anderen fließt.

„Jesus hat uns doch aufgefordert, unseren Nächsten zu lieben, nicht wahr?" Der Mann stand in einem Raum mit 800 kenianischen Pastoren, um mir während eines Vortrags über die Liebe des Vaters eine Frage zu stellen. „Was ist nun, wenn Ihr Nachbar Ihre Frau vergewaltigt und Ihr Haus niederbrennt? Sollte ich ihn dann auch lieben?" Der ergreifende Schmerz in seiner Stimme machte klar, dass es keine hypothetische Frage war. Erst drei Jahre zuvor war diese Region nach einer umstrittenen Wahl durch gewaltsame Auseinandersetzungen zwischen verschiedenen Stämmen verwüstet worden, wobei Tausende vergewaltigt und ermordet wurden.

Es wäre äußerst vermessen gewesen, wenn ich ihm gesagt hätte, Gott würde von ihm verlangen, seinen Feind zu lieben. Wenn wir Gottes Liebe als zärtliches Gefühl der Zuneigung sehen, wie sollte er dann eine solche Verbundenheit mit jemandem heraufbeschwören, der seine Familie auf solch abscheuliche Weise angegriffen hatte? Jesu Aufforderung, unsere Feinde zu lieben, ist mit seiner Anweisung an die Jünger vergleichbar, die 5000 Menschen mit dem Mittagessen eines kleinen Jungen zu speisen. Aus uns selbst heraus können wir das nicht. Nur er kann uns eine solche Liebe geben. Als Jesus uns sagte, wir sollten unsere Feinde lieben, ließ er uns in Wirklichkeit wissen, dass er genug Liebe besitzt, die er in unsere Herzen fließen lassen kann, sodass wir eines Tages sogar echte Zuneigung zu denjenigen empfinden, die uns schweres Unrecht zugefügt haben.

Aber das ist ein eindrucksvoller Prozess, der erhebliche Zeit in Anspruch nehmen kann. Vermutlich gibt es genauso viele Wege, wie er uns von seiner Liebe überzeugt, wie es Menschen in der Welt gibt. In meinem Fall brauchte er vierzig Jahre. Zurückblickend sehe ich jetzt, wie Gott mir seit meinen frühesten Tagen seine Liebe ins Herz geflüstert hat, aber der religiöse Leistungsdruck umgarnte mich und lockte mich ständig von dieser Realität weg, und jeder Schmerz und jede Enttäuschung erregten mein Misstrauen. Wenn er mich wirklich liebte, warum konnte er mich da in meiner Kindheit nicht von einer Krankheit heilen, die mich andauernd in Verlegenheit brachte? Wenn er mich liebte, wie konnte er meinen Schulfreund mit 17 Jahren an einem Gehirntumor sterben lassen? Wenn er mich liebte, wie konnte er es zulassen, dass ein Kollege mich verleumdete, verriet und meinen Ruf bei einer Gruppe von Leuten ruinierte, die ich liebte? Dass ich diese Fragen gestellt habe, liegt nun zwanzig Jahre zurück – nicht weil er sie alle beantwortet hätte, sondern weil er mich in eine Liebe gewonnen hat, die so groß ist, dass sie jedes Gegenargument zerstört.

Diese Offenbarung kam mir bei einem Spaziergang durch eine Obstplantage mit Pflaumenbäumen. Vier Jahre zuvor hatte ich an genau derselben Stelle den Eindruck gehabt, Gott fordere mich auf, das regelmäßige Gehalt meiner Gemeinde aufzugeben und ihn für mich sorgen zu lassen, während ich weiterhin für sie arbeitete. Sobald mir der Gedanke durch den Kopf geschossen war, wies ich ihn fast augenblicklich als Wunschdenken zurück. In den beiden folgenden Jahren nahm meine Frustration ständig zu, weil ich mich von den Erwartungen anderer eingeengt fühlte. Nach diesen beiden Jahren befand ich mich plötzlich außerhalb dieser Gruppe, ohne Gehalt oder Abfindung, nachdem ein enger Freund mich hintergangen hatte. Anfangs sah ich mich noch nach anderer Arbeit um, doch Gott bat mich, weiterhin einfach seinem Willen zu folgen, und er würde für mich sorgen.

Und das tat er, oft auf außergewöhnliche Weise. Ich weigerte mich, ihm dabei zu helfen, und ließ andere nicht wissen, was wir brauchten. Er sorgte weiterhin gnädig für uns, auch in der Zeit, als er mich durch den Schmerz und den Groll begleitete, den ich täglich verspürte. Sechs Monate später hörte ich eine Version der Geschichte vom Tod Jesu am Kreuz, die der Zerbrochenheit der Menschheit gerecht wurde und nicht das Verlangen eines zornigen Gottes nach Gerechtigkeit befriedigte. (Ich behandle dies in dem Buch *Geliebt!*) Wenn diese Version wirklich stimmte, dann wäre Gott der Vater eine liebenswerte Persönlichkeit in der Heilsgeschichte und nicht eine gekränkte und enttäuschte Gottheit.

Anfangs war ich noch misstrauisch und wollte zu Hause jede Bibelstelle über die Versöhnung untersuchen, um zu sehen, was ich daraus lernen konnte. Ich wurde zunehmend von einer anderen Heilsgeschichte Gottes überzeugt. Dies und auch weil Gott uns weiterhin versorgte und ich als Folge des Zusammenbruchs der Kirchengemeinde nicht mehr dieses Bedürfnis nach der Anerkennung anderer hatte, sorgte dafür, dass endlich der Groschen fiel, wie man so sagt. Ich spazierte also durch die Pflaumenplantage und befand mich an genau der

Stelle, an der mich Gott vier Jahre zuvor aufgefordert hatte, mein Gehalt aufzugeben. Obwohl ich ihn ursprünglich ignoriert hatte, wurde er zwei Jahre danach, als es keinen anderen Weg mehr gab, zu meinem Versorger. Als ich seine Barmherzigkeit angesichts meines Ungehorsams erkannte, war ich fix und fertig.

In jenem Augenblick wusste ich, dass ich von einem wunderbaren Vater geliebt wurde, der imstande war, über meine Schwächen hinaus in mir zu wirken. Ich wusste: Selbst wenn ich nie wieder irgendetwas für Gott tun würde, würde er mich kein bisschen weniger lieben als in diesem Augenblick. Und dennoch war es gerade die Fülle dieser Liebe, die mich motivierte, alles, was er mir auftrug, tun zu wollen. Davon sprach Paulus, als er schrieb: *„Das, was uns antreibt, [ist] die Liebe von Christus“* (2 Kor 2,14). Er liebt uns auf so überwältigende Art und Weise, dass wir ihm bis ans Ende der Welt folgen wollen. Es ist eine Liebe, die uns in einem solchen Maß transformieren möchte, wie ich es nie für möglich gehalten hätte.

Ich hatte genügend Geschichten von anderen gehört, um zu wissen, dass man das schöpferische Wirken Jesu, wie er uns in die Liebe seines Vaters gewinnt, keineswegs vereinheitlichen kann. Bei manchen ist es so, dass sie in einem erlösenden Augenblick der Kapitulation zum Ende von sich selber kommen. Bei anderen ist es eine mit der Zeit wachsende Überzeugung. Bei einer Frau kam der Moment, als sie vor ihrem Computer saß. Nach zwei Jahren der Depression wegen des Selbstmordes ihrer Tochter wollte sie sich an jenem Abend umbringen, es sei denn, sie fände ein hoffnungsvolles Zeichen, dass es Gott wirklich gibt. Irgendwie landete sie bei einem Artikel im Internet, durch den ihre Welt umgekrempelt wurde. Für eine andere Frau kam er eines Abends am Ende ihres Striptease-Aktes. Obwohl sie in einem christlichen Elternhaus erzogen worden war, war sie mit 16 Jahren schwanger geworden und von ihrem drogenhandelnden Freund zum Strippen gezwungen worden. In der Garderobe entdeckte sie eine einzelne rote Rose und ein Briefchen von drei Frauen, die an diesem Abend im Nachtclub gewesen waren und ihr Gottes Liebe und ihre Hilfe anboten, falls sie je ihren Lebensstil aufgeben wollte.

Falls Sie noch nicht wissen, wie sehr Sie von Gott geliebt werden, kann ich Ihnen nicht sagen, was es dazu braucht. Alles, was Sie tun können, ist, Jesus genügend Raum zu geben, um es Ihnen zu zeigen. Alles, was Ihnen vorgaukelt, seine Liebe gelte gerade für Sie nicht – sei es wegen einer fürchterlichen Sünde, einer Missbrauchserfahrung in Ihrer Vergangenheit oder gegenwärtiger Herausforderungen –, ist eine Lüge. Er liebt uns alle, jede und jeden von uns, in der ganzen Welt. Er möchte, dass Sie es in Ihrem eigenen Herzen wissen und nicht nur darüber in einem Buch lesen. Seine Liebe zu entdecken ist nicht etwas, was Sie zu Stande bringen. Da er Sie schon liebt, selbst wenn Sie es noch nicht wissen, können Sie sich einfach in seiner Liebe entspannen. Bitten Sie ihn, Ihnen seine Liebe zu zeigen, und halten Sie in Ihrem täglichen Leben Ausschau nach seinen „Fingerabdrücken".

Geben Sie allem, was gegen seine Liebe spricht, nicht zu viel Gewicht. Wir alle hatten unbeantwortete Gebete und haben damit gerungen, wie es sein kann, dass Gott uns liebt und trotzdem nicht eingegriffen hat. Unsere Erwartung, wozu ihn seine Liebe zwingen müsste, ist tief in der Zerbrochenheit der Menschheit und in unserem Wunsch nach Trost und Sicherheit in etwas anderes als ihn begründet. Gottes Liebe ist konkret genug, unsere heftigsten Zweifel und Enttäuschungen zu bewältigen. Seit dem Tag Ihrer Geburt bittet er Sie inständig in diese Liebe hinein. Nur weil Sie ihn noch nicht erkannt haben, heißt das nicht, dass er nicht alles tut, was er kann, um Sie zu überzeugen. Bitten, suchen und klopfen Sie einfach weiter bei ihm an. Es mag einige Zeit dauern. Er enthält Ihnen nichts vor; er entwirrt lediglich diejenigen Ihrer Gedanken, die seiner und Ihrer unwürdig sind. Die ganze Erlösungsgeschichte, ebenso wie ihr krönender Augenblick am Kreuz, schreit die Wahrheit heraus, dass nichts hier und nichts in der Ewigkeit Sie von seiner Liebe trennen kann (Röm 8,31-39).

Es mag Ihnen erscheinen, als wären wir von unserem Thema der Entdeckung der Gemeinde abgeschweift, aber ich kann Ihnen versichern, dass dem nicht so ist. Die Gemeinde von Jesus Christus ist die Gemeinschaft der Geliebten. So viele unserer Managementmethoden haben die Manipulation des menschlichen Bedürfnisses nach Bedeutung zur Grundlage und nutzen die Unsicherheiten, Schamgefühle und Ängste der Menschen aus. Aus diesem Grund vergeben religiöse Institutionen Goldfoliensterne an Sonntagsschulschüler, zeichnen große Sponsoren ihrer Neubauten mit „goldenen Ziegelsteinen" aus und versehen ihre Predigten mit einem Anflug von Schuldgefühlen. Wenn Sie wissen, dass Sie geliebt sind, wird Sie so etwas nicht manipulieren und Sie werden sich auch nicht solcher Mittel bedienen, um andere zu manipulieren.

Eine Gemeinschaft von Menschen, die von der Liebe des Vaters so überzeugt sind, dass sie andere echt lieben, ehren und ihnen beistehen können, unterscheidet sich ganz und gar von einer Ansammlung von Leuten, die noch nach den Diktaten der alten Schöpfung leben. Deshalb müssen wir erst Jünger sein, ehe wir Gemeinschaft haben können. Jedes menschliche Fehlverhalten ist darauf zurückzuführen, dass wir so leben, als ob wir ungeliebt wären. Wenn die Menschen zu entdecken beginnen, wie geliebt sie sind, dann werden sie zunehmend in Gottes neuer Schöpfung und in der von ihr hervorgebrachten Gemeinschaft leben.

KAPITEL 9

Ins Leben geliebt

Wir haben erkannt, dass Gott uns liebt, und haben dieser Liebe unser ganzes Vertrauen geschenkt (1 Joh 4,16).

Seit Jahrhunderten sind unsere christlichen Systeme vor allem mit zwei Dingen beschäftigt: die Menschen dazu zu bewegen, sich der Sünde zu enthalten, und so gerecht wie möglich vor Gott zu leben. In seinem Buch *Divine Conspiracy* nannte es Dallas Willard das „Evangelium des Sündenmanagements", das in Wirklichkeit überhaupt kein Evangelium ist. Letzten Endes starren wir immer noch auf unsere Sünde, was ihr nur noch mehr Kraft verleiht. Wenn Paulus uns davor warnt, dass die Gesinnung des Fleisches Tod ist und Gott nicht gefallen kann (vgl. Röm 8,6-8 ELB), meint er nicht nur die Gesinnung, die dem Fleisch nachgeben möchte, sondern auch die Gesinnung, die sich dem Fleisch enthalten möchte. So oder so steht das Fleisch immer noch im Mittelpunkt und wir werden zu seinem Opfer.

Wenn wir mitbekommen, dass die heimlichen Versagen bekannter Christen aufgedeckt werden, denken wir oft, diese seien Heuchler, die gern sündigen, während sie sich vor der Gemeinde oder den Kameras als gerecht darstellen. Das ist in Wirklichkeit ganz anders. Sie haben lediglich gelernt, ihre inneren Versuchungen mit Hilfe von Enthaltsamkeit und Rechenschaftspflicht in den Griff zu bekommen, und hoffen, ihre Dämonen durch reine Willenskraft in Schach halten zu können. Eine Zeit lang, vielleicht wochen- oder monatelang, wird es klappen. Doch irgendwann geht ihnen die Kraft aus und in

Augenblicken der Schwäche oder der Entmutigung erweist sich die Versuchung wieder einmal als unwiderstehlich.

Das Problem mit diesen Systemen ist, dass einem niemand die drei Monate anrechnet, in denen man die Sünde vermieden hat. Andere geben einem nur die Schuld an diesem schwachen Moment, in dem man ihr verfallen ist. Die meisten, die versagen, fahren nicht jubelnd nach Hause und genießen ihre Sünde. Dieser Genuss ist vorbei, sobald die Versuchung ihr Werk getan hat. Meist enden sie in einem Morast der Selbstverdammnis und versprechen Gott, dass sie ganz bestimmt nie wieder versagen werden. Und das tun sie auch monatelang, bis der schwache Moment wiederkehrt und sich der Kreislauf wiederholt.

Paulus wusste sehr wohl, wie einen die leistungsbasierte Gerechtigkeit täuscht. Sie kann die Sünde nicht besiegen. Während sie den Anschein der Gerechtigkeit hat, ist sie bei der Bändigung der sinnlichen Befriedigung wertlos (vgl. Kol 2,23). Egal, welche sündige Verhaltensweise sie auch nach außen hin mildert, wird diese letztlich nur verdrängt und taucht zum Beispiel als religiöse Arroganz wieder auf, die fordert, dass andere sich so gut benehmen, wie wir es von uns glauben. Genau auf diese Weise wurde Paulus zum größten aller Sünder (1 Tim 1,16), ehe er Jesus auf dem Weg nach Damaskus begegnete.

Während in der alten Schöpfung unsere Leistung eine entscheidende Rolle spielt, hat sie in der neuen Schöpfung keinerlei Wert. In dieser Sphäre ist sie die Schwerkraft, die uns vom Leben in der Freiheit Gottes zurückhält. Wenn wir versagen, lässt sie uns schuldig fühlen, und wenn wir erfolgreich sind, macht sie uns arrogant. Deshalb können unsere religiösen Rechenschaftssysteme keine echte Gemeinschaft produzieren. Sie erschöpfen uns durch den endlosen Druck, Leistung zu erbringen, mit anderen zu konkurrieren und etwas vorzuspiegeln.

Wenn Gott uns jedoch von seiner Liebe überzeugt, tritt eine andere Art von Schwerkraft an ihre Stelle, ähnlich wie es die

Apollo-Astronauten bei ihrem Flug erlebten, als sie den Punkt erreichten, an dem die Anziehungskraft des Mondes stärker war als die Schwerkraft der Erde. Anfangs kommt uns die Realität seiner Zuneigung nur schwach vor. Unsere ganze Erfahrung scheint dagegen zu sprechen. Hier und dort erhaschen wir einen Blick, eine Andeutung, genauso wie die Schwerkraft des Mondes an den Gezeiten zupft, aber sie scheint nicht stark genug zu sein, um die Anziehungskraft der Welt zu überwinden. Wenn wir uns jedoch weiterhin auf ihn einlassen, erleben wir allmählich, wie seine Hand in unserem Leben am Wirken ist, und kommen in seinen Plan hinein, der sich in uns entfaltet. Irgendwann einmal wird es einfacher, seiner Liebe zu vertrauen, als sie anzuzweifeln, und an diesem Punkt fassen wir Fuß. Da wir nicht mehr in unsere Wünsche und Bedürfnisse vertieft sind, verschiebt sich unsere Perspektive und wir können erfassen, was Gott in uns und anderen um uns herum tut. Das lässt uns nun in der Welt anders leben.

Möglicherweise meinte Johannes das, als er sagte: „*Wir haben erkannt, dass Gott uns liebt, und haben dieser Liebe unser ganzes Vertrauen geschenkt*“ (1 Joh 4,16). Einige englische Übersetzungen haben einen tieferen Sinn herausgeholt: „Wir haben *schließlich* erkannt ...“, was auf einen Prozess hinweist. Unsere Zuversicht, dass er uns liebt, wird so oft durch unsere Befürchtungen, Zweifel und unverständlichen Umstände blockiert. Ich liebe dieses Bild eines gealterten Johannes, der sich darüber freut, dass er ***„endlich** die Liebe Gottes erkannt*“ hat und „*dieser Liebe sein ganzes Vertrauen geschenkt*“ hat.

Ich staune ständig darüber, wohin mich die zunehmende Zuversicht führt, dass der Vater mich liebt. Wie groß kann sie werden? Ich weiß es nicht, aber ich freue mich jeden Tag darauf, eine neue überraschende Freiheit zu entdecken und zu erleben, dass ich andere daraufhin anders behandle. Drei Wörter helfen mir, Gottes Schwerkraft zu erkennen, die den Druck der Welt ersetzt: Mitgefühl, Vertrauen und Ruhe. Je mehr diese sich aus unserer wachsenden Beziehung zu Gott herausschälen, desto leichter wird es uns fallen, mit Gott dort zusammenzuarbeiten, wo er gerade wirkt. Sie sind die Quellen, die es uns ermöglichen, uns dem Fluss seiner Gemeinde anzuschließen.

Mitgefühl

Jede kirchliche Gruppe redet von der Liebe untereinander, aber in den meisten, insbesondere den größeren, kennt man sich noch nicht einmal. Die Liebe ist keine abstrakte Verpflichtung gegenüber den Namenlosen, sondern eine echte Zuneigung zu den Menschen um uns herum. Ich kann jedem gegenüber freundlich sein und mit allen geduldig sein, aber eine Zuneigung zu jemand zu haben bedeutet, eine tiefe Freude im Herzen zu haben. Das heißt nicht unbedingt, dass mir alles gefällt, was sie tun, aber ihre Gegenwart berührt mich. Ich bin an ihrem Wohlbefinden interessiert und es bereitet mir großes Vergnügen, ihnen auf jede mögliche Weise zu helfen, selbst wenn es sehr kostspielig für mich ist.

Dave lernte ich ursprünglich kennen, als ich noch Pastor war. Auch er war früher Pastor in einer anderen Denomination gewesen und wir wurden zu guten Freunden. Nach einigen Jahren fiel mir auf, dass Dave und seine Frau nicht mehr zu unseren Gottesdiensten kamen. Wir blieben noch außerhalb der Kirche in Verbindung, aber nicht mehr so oft wie zuvor. Etwa zwei Jahre später kehrten sie während des Konflikts, der schließlich zu meinem Weggang führte, zurück. Nach dem Zusammenbruch fragte ich Dave, wo sie in der Zwischenzeit gewesen waren.

„Es tut mir leid“, antwortete er. „Ich wusste, dass du nahe daran warst, von denen überfahren zu werden, die die Macht mehr liebten als du. Ich konnte es einfach nicht ertragen, es mit anzusehen.“

„Aber warum bist du dann zurückgekommen, als es gerade am Schlimmsten war?“

„Das ist der andere Punkt“, antwortete er kopfschüttelnd. „Ich konnte dich das einfach nicht allein durchmachen lassen.“

Das ist ein großartiges Bild für das Mitfühlen Gottes. Wenn Sie jemanden lieben, werden Sie in seinem Schmerz bei ihm sein wollen, selbst wenn Sie sich unzulänglich vorkommen oder lieber nichts damit zu tun haben wollen. Mein Freund Dave kümmerte sich genug um mich, um mir bei einer Erfahrung beizustehen, die er lieber vermieden hätte.

Mitgefühl ist nicht etwas, über das ich Kontrolle habe: entweder habe ich es für jemanden oder ich habe es nicht. Obwohl Jesus uns auffordert, jeden so zu behandeln, wie wir behandelt werden wollen, war auch er zeitweilig „von Mitleid ergriffen“, um ganz bestimmten Menschen zu helfen. Das ist gerade in unserer Gesellschaft so unbedingt nötig, die in ihrer Arbeit, ihren Pflichten oder Lieblingsmedien verloren geht und in der es so wenige sinnvolle Freundschaften gibt. Durch oberflächliche Beziehungen werden wir zunehmend isoliert, obwohl sich unsere Herzen nach so viel mehr sehnen.

Ich vertraue auf Gott, dass er mir Menschen über den Weg schickt, die ich kennenlernen soll. Das geschieht besonders, wenn ich seinen Impulsen folge, dort hinzugehen, wo ich anderen spezifisch begegnen kann. Dazu braucht es aber eine Entschlossenheit unsererseits, über das übliche „Hallo, wie geht‘s?“ hinauszugehen und die Tür zu echten Beziehungen zu öffnen. Wenn wir in Gottes Zuneigung leben, wird uns das immer mehr Möglichkeiten eröffnen, uns großherziger um andere zu kümmern. Sie werden den Schmerz, den man Ihnen zufügen könnte, nicht mehr so fürchten und sich ganz automatisch mehr um die kümmern, die in Ihrer Kultur am Rande stehen. Sie werden sich Ihrer eigenen Bedürfnisse und der Erwartungen anderer weniger bewusst sein und entdecken, dass Sie gerne und bereitwillig lieben. Wenn Sie andere finden, die dasselbe tun, werden Sie erleben, dass seine Gemeinde um Sie herum Gestalt annimmt.

Solche Beziehungen merke ich mir besonders. Wenn möglich, pflege ich sie und schaue, zu welcher Zusammenarbeit Gott uns vielleicht einlädt. Ich versuche jedoch nicht, aus diesen Freundschaften eine Gruppe zu bilden, weil das in eine andere Richtung führen würde. Ich genieße sie einfach als Familie und stelle sie anderen vor, von denen ich weiß, dass sie auf ähnliche Weise leben. Dieses wachsende Netzwerk von Freunden und deren Freunden, die gut darin sind, einander zu lieben, schafft eine Umgebung, in der die Menschen mit etwas ringen können, wo sie es müssen, infrage stellen können, was sie infrage stellen müssen, erforschen können, was sie erforschen müssen ... und dieselbe Freiheit mit anderen teilen.

Vertrauen

„Wie viel von dem, was du in deiner Kirchengemeinde getan hast, war von Angst motiviert?“ Sechs Monate nachdem ich aus meiner letzten Pastorenstelle ausgeschieden war, wurde mir diese Frage von einigen neuen Freunden in Australien gestellt. Ich war versucht zu sagen, *nichts*, da ich mich nicht für eine besonders ängstliche Person halte. Aber ich hielt es für besser, erst einmal zu fragen, was er meinte.

„Nun, wie viel hast du getan, weil du Angst hattest, du würdest Gott sonst nicht gefallen oder andere könnten ihre Ideen durchsetzen oder jemand könnte durch die Maschen schlüpfen oder jemand könnte deinem Ruf in der Stadt schaden?“

„Nach diesen Kriterien wahrscheinlich 90 Prozent“, antwortete ich verlegen lächelnd.

„Du bist ehrlicher als die meisten“, sagte er und lachte ebenfalls. „Fast alle kirchlichen Strategien basieren auf Angst und versuchen, irgendetwas oder irgendjemanden zu schützen. Die ‚Gemeinde‘, welche die Angst baut, kennst du also gut, aber du musst noch die Gemeinde entdecken, die aus dem Vertrauen wächst.“

Ich erinnere mich noch, wie erstaunt ich in jenem Moment war. Ich fühlte mich nicht zurechtgewiesen, sondern so, als hätte jemand eine Tür zu einem größeren Raum geöffnet. Ich war nie darauf gekommen, dass so vieles von dem, was ich „Gemeindeleben“ nannte, auf Angst beruhte. Ich konnte mir noch nicht einmal eine Gemeinde vorstellen, die ein wachsendes Vertrauen auf Jesus hervorbringen würde. Obwohl ich behauptete, in einem allgemeinen Sinn Glauben zu haben, wusste ich, dass es mir nicht leichtfiel, Gott in Dingen zu vertrauen, über die ich keine Kontrolle hatte.

Damals sah ich den Glauben als gedankliche Überzeugung, die ich irgendwie aufbringen musste, um Gott zu bewegen, das zu tun, was ich für das Beste hielt, aber das hat mit echtem Glauben so gut wie nichts zu tun. Johannes schrieb sein Evangelium *„damit ihr glaubt, dass Jesus der Messias ist, der Sohn Gottes, und damit ihr durch den Glauben an ihn in seinem Namen das Leben habt“* (Joh 20,31). Als junger Mensch dachte ich, bei diesem Vers ginge es um Theologie: Nur wer die Lehre glaubt, dass Jesus der Christus ist, wird das Leben erhalten. In Wirklichkeit sagt Johannes aber etwas ganz anderes. Er fragt uns hier nicht nach unserem theologischen Standpunkt, sondern ob wir Jesus genug vertrauen, um ihm zu glauben und zu folgen. Das ist der Weg zum Leben.

Wie die Liebe, ist das Vertrauen keine Theologie oder Disziplin, sondern eine Realität. Dort, wo ich Jesus vertraue, kann ich frei in seiner Fürsorge leben. Wo nicht, stehe ich schließlich selber im Mittelpunkt, zusammen mit all der Nervosität, dem Stress und der Unsicherheit, die das mit sich bringt. Deshalb hat Jesus mit seinen Jüngern immer wieder über den Glauben geredet und sie ermutigt, der Fürsorge des Vaters zu vertrauen. An diesem Punkt kann jeder Gläubige Wachstum erleben – wenn er lernt, mitten im Alltag der Liebe des Vaters zu vertrauen. Immer dann, wenn ich vor lauter Angst oder Stress ganz verkrampft und angespannt bin, lädt mich das Vertrauen ein, zu ihm zurückzukehren und ihn zu fragen: *Was ist es, das ich über dich nicht weiß und das mir helfen würde, dir zu vertrauen, wenn ich es wüsste?*

Ich versuche nicht, mich zu größerem Vertrauen zu zwingen. Schon vor langer Zeit habe ich erkannt, dass man sich für das Vertrauen nicht einfach entscheiden kann; es ist eine Begleiterscheinung der Liebe. Wenn ich weiß, dass jemand mich genug liebt, um sein Leben für mich niederzulegen, vertraue ich ihm. Obwohl Jesus sein Leben schon für uns niedergelegt hat, kann man das im Eifer des Gefechts leicht vergessen. Leider haben wir unserer eigenen Weisheit und Kraft länger vertraut als der seinen. Vertrauen lernen gleicht nicht einem Ein-Aus-Schalter, sondern einem Stufenschalter. Das Vertrauen verändert sich nicht von heute auf morgen, sondern wächst ein Leben lang. Je mehr wir ihn kennenlernen, desto freier sind wir, ihm zu vertrauen. Dann werden wir in Situationen, die uns früher beunruhigt haben, entdecken, dass sie es nicht länger tun.

Für die Gemeinschaft der neuen Schöpfung ist dieser gemeinsame Weg des zunehmenden Vertrauens entscheidend. Menschen, die den Schwerpunkt darauf setzen, was wir für Gott tun sollten, zerstören dieses Vertrauen. Ein größeres Vertrauen erfordert Wachstum in der Beziehung, und das wiederum fördert echte Gemeinschaft. Wenn Sie mit Menschen zusammen sind, die im Vertrauen wachsen und auf Jesu Werk in ihrem Leben ausgerichtet sind, wird Sie das auf Ihrem eigenen Weg ermutigen. Dann werden Sie sich anschließend nicht verdammt fühlen, sondern eine größere Zuversicht in Jesu Fähigkeit haben, Ihnen auch in Ihren schwersten Zeiten zur Seite zu stehen. Das lässt uns die Menschen dort lieben, wo sie sich auf ihrem eigenen geistlichen Weg gerade befinden, ohne zu versuchen, sie in Richtung unserer eigenen Erwartungen zu drängen.

Ruhe

In einer „Gemeinde“, die von religiösen Verpflichtungen geprägt ist, herrscht eine unglaublich ehrgeizige Atmosphäre mit aufdringlichen Leuten, welche die Ziele der Gemeinde vorantreiben wollen. Sie kennen den Typ. Diese Menschen wissen immer, was das Beste für Sie ist, und falls Sie ihnen nicht zustimmen, sind sie leicht verletzt oder sie werden wütend und defensiv. Sie verlangen dreistündige Gebetstreffen und eine endlose Reihe von Evangelisationseinsätzen. Andere werden unter Druck gesetzt, sich ihnen anzuschließen. Falls sie in Leitungspositionen sind, verwenden sie ihre „Gaben", um andere mit Furcht und Schuld zu schikanieren, das zu tun, was sie tun „sollten". Wer Fragen stellt oder sich nicht anpasst, dem wird schnell das Wort abgeschnitten. Wie kann die Gemeinde Jesu dort gedeihen?

Jesus hat uns eingeladen, das Joch unserer eigenen Leistung abzustreifen und das zu finden, was Eugene Peterson in seiner Bibelübersetzung *The Message* so wortgewandt *„die ungezwungenen Rhythmen der Gnade"* nannte (vgl. Mt 11,28-30). Wir können anderen helfen, ein Leben in Jesus zu finden, das ihnen nicht nur hilft, Gottes Gnade zu empfangen, sondern auch mit Hilfe dieser Gnade in allen Umständen zu leben. Die dritte Frucht des Wachstums in der Zuneigung des Vaters ist, dass wir uns von unseren eigenen Bemühungen und Ambitionen ausruhen und daher auch kein Bedürfnis mehr haben, auf andere Druck auszuüben. So wie die Liebe zum Vertrauen führt, führt das Vertrauen zur Ruhe. Wir brauchen uns nicht mehr unseren Weg zu erzwingen, weil wir zuversichtlich sind, dass Gott sich um alles auf eine Weise kümmert, die wir nicht sehen können.

Der Autor des Hebräerbriefes sagte (in Kap 3 und 4), es gebe für Gottes Volk noch eine „Sabbatruhe". Er meinte damit nicht einen freien Tag pro Woche, sondern eine Lebensweise, bei der wir von unserer Arbeit ruhen, um uns an seiner zu beteiligen. Wenn wir weder das Bedürfnis haben, uns einen Namen in der Welt zu machen, noch uns zu beweisen noch andere zu drängen, das zu tun, was wir für das Beste halten, können wir leichter sehen, was er tut.

Das ist schwer für die zu schlucken, die das Ruhen nur als Ausrede zum Faulenzen sehen. Sie meinen, man erreiche nichts, wenn man ruhe, wo doch in Wirklichkeit Menschen, die ruhen, mehr bleibende Frucht hervorbringen, als dies all unsere Frustration und das angeborene Bedürfnis, „etwas Großes für Gott zu tun“, vermögen. Wer Gott nicht deshalb folgt, weil er es muss, sondern weil es ihm Freude macht, wirkt in der Welt ansteckend. Meine fruchtbarsten Zeiten waren oft die, in denen ich mir am wenigsten bewusst war, welche Auswirkungen mein Handeln auf andere hatte. Einmal ging ich zu einer Veranstaltung in Australien, bei der ich sprechen sollte. Ich kam vorzeitig und setzte mich neben eine Mutter, deren Baby gerade in diesem Augenblick seinen Schnuller ausspuckte. Ich bückte mich danach und gab ihn der Mutter mit einem Lächeln zurück, ohne zu ahnen, dass andere mich beobachteten. Als die Leute später merkten, dass ich der Redner war, sprach diese einfache Handlung, die mir so natürlich vorkam, lauter als alle Worte, die ich benutzte.

Das Wort, das in der Bibel für *Sanftmut* verwendet wird, beschreibt ein sich ausruhendes Kriegspferd. Es schnaubt nicht, noch tritt es wild in der Koppel um sich, um die anderen Pferde einzuschüchtern. Es steht ruhig da, um auf den leisesten Wink seines Meisters hin loszugaloppieren und sich mutig in der Schlacht zu bewähren. Erschöpfung und Burnout sind sichere Anzeichen dafür, dass ich die ungezwungenen Rhythmen der Gnade verfehlt habe und von meinen eigenen Bedürfnissen angetrieben werde. Wenn wir uns an dem beteiligen, was Gott vorhat, mag das gelegentlich anstrengend sein und uns sogar fix und fertig machen, aber es ist eine gute Art der Müdigkeit, die uns innerlich erneuert. Als die Jünger einmal Jesus das Mittagessen brachten, für das er sie in die Stadt gesandt hatte, war er schon nicht mehr hungrig. Nach seiner Zeit mit der Frau am Brunnen war er auf einer Ebene genährt, die sogar seinen körperlichen Hunger stillte (vgl. Joh 4,31-34).

Die Menschen, die in seiner Ruhe leben, können ihr Leben frei von ihren Zielen und Ambitionen mit anderen teilen. Sie müssen nicht dauernd auf Trab sein, um ihre Leere zu verbergen, oder auf Kosten anderer für ihre Vision zu kämpfen.

Stattdessen vertrauen sie Jesus, dass er seine Gemeinde baut. Das versetzt sie in die bestmögliche Lage, bereitwillig mit anderen zusammenzuarbeiten, damit Jesus durch sie ihre Umgebung erreichen kann. Aus diesem Grund ist Ruhe eine solch wichtige Komponente des gemeinsamen Lebens in seiner Gemeinde.

Mitgefühl, Vertrauen und Ruhe. Ohne sie werden wir einander ständig auf den Schlips treten und frustriert sein, dass die anderen nicht so reagieren, wie wir es gerne hätten. Aber mit diesen drei Dingen schreiten wir vergnügter durch die Herausforderungen des Lebens und gehen mit der Gebrochenheit anderer gnädiger um. Wir können dann klarer erkennen, was Jesus in unseren Umständen vorhat, und wir können auch mit anderen auf eine Weise umgehen, wie es kein weltliches System kann.

Kapitel 10

Leben als Familie

Wenn ich mir das alles vor Augen halte, kann ich nicht anders, als anbetend vor dem Vater niederzuknien ..., dem jede Familie im Himmel und auf der Erde ihr Dasein verdankt (Eph 3,14-15).

Stellen Sie sich vor, Sie müssten bei einer obligatorischen Mitarbeiterbesprechung mit einem schwierigen Chef erscheinen. Wie würden Sie sich fühlen? Und nun vergleichen Sie das mit Ihren Gefühlen, wenn Sie bei einem Familienfest im Freien ankommen würden, bei dem lauter Ihnen liebe Menschen zugegen sind, die wissen, wie man sich aneinander freut und füreinander sorgt. Was für Gefühle hätten Sie dann?

Im ersten Fall würde mir vor dem Meeting grauen und ich würde mich schon von Anfang an auf den Augenblick freuen, wenn es zu Ende ist. Im zweiten Fall würde allein schon der Gedanke an das gemeinsame Gelächter und die Geschichten, die wir einander erzählen werden, ein Lächeln auf mein Gesicht zaubern. Welche Version spiegelt Ihrer Meinung nach nun die Gemeinde, die Jesus baut, besser wider? Welch schweren Fehler begehen wir doch, wenn wir versuchen, das Leben der Gemeinde in ein institutionelles Umfeld hineinzuzwängen! Die Erfordernisse einer effizienten Organisation stehen in völligem Widerspruch zu den Bedingungen, unter denen eine gesunde Familie gedeiht.

Ich verstehe, warum wir es immer wieder tun. Wir möchten, dass Gott mit den Leuten zufrieden ist, erstellen daher ein System von Glaubenssätzen und Aktivitäten und bauen eine

„Gemeinde", die seiner würdig ist. Dabei haben wir wohl eines nicht beachtet: Schon durch den Versuch, Gottes Volk in ein Körperschaftsmodell zu zwingen, wird es weniger zu seinem Volk und spiegelt sein Wesen weniger wider. Familien, insbesondere Großfamilien mit mehreren Generationen, können mittels Verwaltungssystemen weder aufgebaut noch zusammengehalten werden. Das ist nur durch die Liebe und die Qualität der Beziehungen, die ihre Mitglieder untereinander pflegen, möglich.

Jesu Gemeinde ist in erster Linie eine Familie. Ich kann mit denen mitfühlen, die eine Reihe von sich ständig verändernden Systemen ausprobiert haben, weil sie hofften, die Liebe und Großzügigkeit der Urgemeinde zu reproduzieren, und dann von den Ergebnissen frustriert waren. Sie hatten keine Ahnung, dass sie ihre ganze Mühe in ein Umfeld investierten, durch das ihre Vision nicht erreicht werden konnte. Diejenigen von ihnen, die am meisten das Herz eines Pastors haben, würden es nie fertigbringen, die Leute auf eine Weise zu manipulieren, wie es für den Bau einer erfolgreichen Organisation erforderlich wäre. Sie hielten sich für Versager und waren dabei vielleicht die Erfolgreichsten. Sie haben die Leute zu sehr geliebt, um sie auszubeuten, indem sie sie an eine Maschine anschlossen.

Sobald wir eine Umgebung schaffen und Regeln definieren, wie sie funktionieren soll, und dann die Menschen zur Anpassung an sie ermutigen, verlieren wir den Geist dieser Art von Familie. Es gibt einen Grund, warum dysfunktionale Familien und zerrüttete Beziehungen so wehtun. Wir wurden für etwas Besseres geschaffen: um miteinander verbunden zu sein und einander so tief zu lieben, dass andere sich darauf verlassen können. Deshalb ist es so zerstörerisch, wenn ein Elternteil die Kinder vernachlässigt, missbraucht oder im Stich lässt, wenn ein Ehepartner Ehebruch begeht oder wenn die Beziehungen zwischen Geschwistern von Streit und Konkurrenzkampf gekennzeichnet sind. Es gibt genügend Verrat, Betrug, Ausbeutung und Streit in unserer kaputten Welt. Die Gemeinde ist ein

Zufluchtsort vor diesen Dingen und nicht ein weiterer Ort für diese Spielchen.

Anscheinend haben wir das noch nicht gelernt, denn wir suchen ständig nach dem richtigen System, um unser gemeinsames Leben zu regeln. Im Laufe unserer Geschichte haben wir immer wieder viele Programme ausprobiert und gehofft, dass unsere gemeinsamen Beschlüsse Gottes Willen widerspiegeln. Schon sehr früh übernahmen örtliche Bischöfe beinah autokratische Macht. Das führte schließlich zu einer Hierarchie von Bischöfen, die für sich die bis auf Petrus zurückreichende apostolische Nachfolge in Anspruch nahmen. Dieser Anspruch hatte nicht nur erhebliche Lücken, sondern er brachte auch eine Führungsbürokratie hervor, die der Bibel fremd ist. Andere Denominationen haben denselben Ansatz versucht und nicht besser abgeschnitten. In den letzten paar Jahrhunderten haben sich viele Kirchengemeinden für größere örtliche Selbstbestimmung entschieden, entweder durch einen Ältestenrat oder die demokratische Wahl der Mitglieder. Heute legt das Modell mit dem Hauptpastor an der Spitze die Autorität in den Schoß von nur einer Person, die gesalbt sein soll, Jesus der örtlichen Gemeinschaft vor Augen zu führen.

Da sich alle von ihnen auf die Bibel berufen, könnte man zu dem Glauben kommen, dass die Bibel uns kein klares Modell bietet. Es überrascht nicht, dass jede dieser Ausprägungen die kulturellen Trends ihrer Zeit reflektieren. Die Bischofshierarchie ist einfach das in christliche Gewänder gehüllte Königtum. Als das Königtum von den demokratischen Bewegungen abgelöst wurde, entstanden Freikirchen und andere lokal verwaltete Gemeinschaften. Der mit viel Macht ausgestattete Hauptpastor von heute ist ein Abbild des Firmenchefs, der eine Vision entwerfen und diejenigen belohnen kann, die ihr folgen.

Alle diese Formen gründen sich auf die alte Schöpfung, in der darum gerangelt wird, wer darüber entscheiden darf, was Gottes Wille für andere ist. Diejenigen an der Macht möchten, dass wir glauben, dass dieser Prozess an sich garantiert, dass sie für Jesus sprechen und die Gläubigen folgen müssen. Man braucht keinen großen Scharfblick, um zu erkennen, dass keines dieser Leitungsmodelle sicherstellt, dass die Leute, die bestimmte Positionen bekleiden, wirklich Jesus folgen, auch wenn sie die besten Absichten haben mögen. Denn sie sind sich nicht bewusst, wie sehr eine Organisation ein Eigenleben annehmen kann, um den Bedürfnissen der Leiter zu dienen, ein effizientes Programm durchzuführen und die notwendigen Mittel zu erlangen, um es am Leben zu erhalten.

Der Urgemeinde war es scheinbar weniger wichtig, den richtigen Prozess zu finden, als das richtige Ergebnis zu erzielen. Wie wir schon gesehen haben, schrieb Johannes an die Gemeinde in Ephesus, als ihre Ältesten nicht mehr auf das Haupt der Gemeinde eingingen. Er erinnerte sie daran, dass jeder von ihnen eine Salbung vom Geist hatte und somit erkennen konnte, was wahr war, anstatt untreuen Ältesten vertrauen zu müssen. Mir ist klar, wie schwer verständlich das für Leute ist, welche die Gemeinde als menschliche Institution sehen. Sie denken, es würde zum Chaos führen. Aber wenn die Gemeinde gar keine Institution ist, dann braucht man auch keine Konformität zu verlangen. Entweder werden die Menschen Jesus freiwillig folgen oder ihren eigenen Ambitionen nachgehen. Diese Art von Freiheit ist für das Wachstum wesentlich. Im Lauf der Zeit wird die Frucht ihres Lebens zeigen, wem sie gefolgt sind.

Anstatt uns also auf einen angeblich biblischen Prozess zu verlassen, wollen wir lieber mit dem Ergebnis selbst beginnen. Jesus ist das Haupt der Gemeinde, genauso wie er das Haupt eines jeden Menschen ist, der zu ihr gehört. Wenn die Menschen ihm folgen, müssen sie nicht gemanagt werden. Ihre persönlichen Wünsche und Agenden lösen sich auf und ihre Liebe geht tief. Die meisten von uns haben solche unglaublichen Zeiten erlebt und wissen, wie transzendent sie sein können. Wir wissen aber auch, wie schnell sie verblassen, sobald jemand versucht, die Kontrolle darüber an sich zu ziehen.

Extravagante Liebe – nicht aufgezwungene Ordnung – ist das Wesen der Gemeinde Jesu. Aus diesem Grund ist seine Gemeinde eine Familie: ein Vater, der uns einlädt, unseren Platz in seinem Heim einzunehmen; ein älterer Bruder (Jesus), der weiß, was wir durchmachen und uns Gnade in Zeiten der Not anbietet; ein Geist, der uns bevollmächtigt; und Geschwister, die neben uns in Liebe und Ehre leben können. Die Gemeinde reflektiert das Beste, was eine Familie sein kann. Sie ist weniger um Anpassung besorgt, als damit, eine sichere Umgebung zu schaffen, in der die Menschen offen und ehrlich sein und sogar ihre Sünden zugeben können, weil sie wissen, dass wir alle ähnliche Probleme haben. Ihre Mitglieder brauchen weder mit ihren Stärken anzugeben noch ihre Schwächen zu verbergen und andere werden nicht versuchen, ihre Probleme durch Ratschläge zu lösen oder ihnen sagen, was sie denken oder fühlen sollen.

In der alten Schöpfung neigen die Menschen zur Nabelschau: Sie versuchen, geliebt zu werden, anstatt zu lieben. Sie sind mehr mit Veranstaltungen und Aktivitäten beschäftigt als mit dem Pflegen von Freundschaften. Ihre Beziehungen sind überwiegend aufgabenorientiert und dauern nur so lange, wie man zusammenarbeitet oder sich trifft. Der Weg der Familie fördert jedoch das Aufblühen von Freundschaften, weil man es genießt, beieinander zu sein und sich wirklich umeinander zu kümmern. Selbst in schwierigen Umständen lacht man gemeinsam. In Zeiten der Not dient man einander. Das gilt sogar für Fremde in Not, die ihren Weg kreuzen.

Ein religiöses Umfeld ist von Schuld und Angst durchsetzt, da man sich dauernd fragt, ob man genug für Gott tut. Gerne wird die Sprache der Rechenschaftspflicht verwendet und die Menschen werden gedrängt, den Erwartungen gerecht zu werden, die man Gott zuschreibt. Man muss so tun, als sei man besser als man ist, um den Leitern zu gefallen und nicht in Schwierigkeiten zu geraten.

Eine gesunde Familie drängt jedoch keinen zur Leistung, auch nicht in der Illusion, dass es zu ihrem Besten ist. Wer

Jesus kennt, weiß, dass er die Menschen in sein Leben einlädt und sie nicht dazu zwingt. Eine gesunde Beziehung ist zwar förderlich, doch wird niemand gezwungen, etwas zu tun, was nicht in seinem Herzen ist. Die Authentizität und Gewissensfreiheit jeder Person werden geschätzt. Man respektiert die geistlichen Wege der anderen im vollen Vertrauen, dass sie sich der Wahrheit schneller öffnen werden, wenn sie nicht dazu gezwungen werden.

Wer Gott aus Furcht und Verpflichtung dient, hat keine solche Zuversicht. Solche Leute sind kritisch, wenn andere versagen, greifen Andersdenkende ständig an und zwingen anderen ihre Ansichten arrogant auf. Das führt zu einer streitlustigen und zwanghaften Umgebung voller Forderungen, dass man sich ihrem Programm verpflichten und ihm folgen muss. In der neuen Schöpfung hat Freundschaft einen höheren Wert als Leistung und man wird darum kämpfen, die Beziehungen durch Sündenbekenntnis, Vergebung und Versöhnung zu retten. Man akzeptiert die Tatsache, dass keiner von uns vollkommen ist und wir bei der Nachfolge Jesu und dem Umgang miteinander Fehler machen werden. Man weiß, dass es wichtiger ist, in richtiger Beziehung zueinander zu stehen, als in einer Frage recht zu haben.

Ein Umfeld, in dem die Menschen und nicht Jesus im Mittelpunkt stehen, wird von Experten gemanagt und es entwickelt sich ein unglaubliches Konkurrenzdenken, weil Einzelne bestimmen und im Rampenlicht stehen wollen. Es wird viel über andere geredet, während die Leute in formellen und informellen Hierarchien um die besten Plätze rangeln. Eine gesunde Familie pflegt jedoch ein Umfeld der Zusammenarbeit, in dem man gemeinsam arbeitet und wächst. Die einzelnen Mitglieder teilen offen miteinander und bieten einander an, was sie haben, ohne daran zu denken, was sie im Gegenzug erhalten. Sie erweisen einander Demut und Respekt, weil sie nichts beweisen müssen und auch nichts gewinnen können, wenn sie anderen voraus sind. Sie lassen den Geist wirken, wie er will, und können einander unterstützen, auch wenn sie nicht in allem einer Meinung sind.

Sie wissen, dass die Freude der Familie darin besteht, das Leben füreinander niederzulegen. Jesus sagte seinen Jüngern, dass wir leben, wenn wir anderen dienen, und nicht, wenn wir sie dahin bringen, uns zu dienen. Jesu Familie wird durch nichts offenbart, als wenn Menschen geliebt und nicht ausgenutzt werden. Jedes andere menschliche Umfeld ist voller Leute, die vorankommen wollen und bereit sind, Beziehungen zu ihrem Vorteil auszunutzen. Nach dem Erfolg des Buches *Die Hütte* tauchten viele Leute aus der Versenkung auf und wollten, dass ich sie bei ihrem Buch oder Projekt unterstützte. Wenige von ihnen wünschten sich eine Freundschaft; sie wollten nur meine Gaben oder Verbindungen ausnutzen. Menschen, die Jesus kennen, sind nicht manipulativ. Ihnen sind die beteiligten Leute wichtiger als das Voranbringen ihrer eigenen Pläne.

Ein solches Umfeld schafft faire Voraussetzungen für alle. Niemand kommandiert andere herum. Jesus macht das in Matthäus 23 deutlich, als er den ursprünglichen Aposteln sagte: *„Ihr aber sollt euch nicht ‚Rabbi' nennen lassen, denn nur einer ist euer Meister, und ihr alle seid Brüder. Auch sollt ihr niemand hier auf der Erde ‚Vater' nennen, denn nur einer ist euer Vater, der Vater im Himmel*" (Mt 23,8-9). Obwohl Paulus nicht dabei war, als Jesus seinen Anhängern ausdrücklich die Sprache der Rangordnung verbot, scheint er die „Aktennotiz" erhalten zu haben. Was die Gemeinde angeht, sah er sich ganz als Bruder in der Familie. Obwohl er von Ältesten und Aufsehern spricht, kommt das weniger als zwei Dutzend Mal vor, und dann nur als Funktion, nie als Titel oder Position. Über 120 Mal verwendet Paulus dagegen die Sprache der Familie: Brüder, Schwestern und Miterben.

Wer Jesus nicht zutraut, seine Gemeinde zu bauen, kann sich kein Gemeindeleben ohne Leiter und Anhänger vorstellen. Sie werden sich aller möglichen Bibelstellen bedienen, um es zu rechtfertigen, aber der Kern ihrer Argumentation hat nichts mit der neuen Schöpfung zu tun. In Kapitel 18 werde ich mehr darauf eingehen, wie wir die Gaben, die uns gegeben sind, um andere aufzubauen, am besten Seite an Seite mit anderen weitergeben anstatt von oben herab.

Natürlich lernt niemand von heute auf morgen, diese Realität auszuleben. Da Beziehungen sich verschieben und verändern, nehmen wir ständig Anpassungen vor, damit seine Gemeinde in unserem Umfeld Gestalt annehmen kann. Es gibt weder einen Schalter, den Sie betätigen könnten, noch ist es gar etwas, was Sie lange vortäuschen könnten. Zu lernen, auf die transformende Kraft seiner Liebe einzugehen, ist ein Lernprozess. Ich stelle mir das wie das Signal-Rausch-Verhältnis vor, mit dem wir uns früher beim Empfang eines Analogfernseh- oder -radiosenders befassen mussten. Anstatt einen digitalen Kanal einzustellen und einen klaren Empfang zu erhalten, musste man den Knopf zum idealen Punkt drehen, an dem das Signal scharf und klar war. Je nachdem, wie weit der Sender entfernt war, erforderte das oft Fingerspitzengefühl, und selbst dann konnte man nicht alle statischen Störungen loswerden. Dann konnte man nur auf ein ausreichend starkes Signal hoffen, damit das Rauschen nicht zu störend war.

In den nächsten acht Kapiteln werden wir eine Reihe von Gegensätzen herausarbeiten, die aufzeigen, wie auf der einen Seite die Menschen funktionieren und auf der anderen Seite die Familie Gottes dies tut. Auch wenn ich diese Kontraste etwas überzogen darstelle, damit Sie den Unterschied sehen, dürfen wir nicht vergessen, dass es kein perfektes Umfeld gibt. Es wird mehr wie eine Familie und weniger wie ein Unternehmen sein und mehr ein wachsendes Netz von Freunden als eine Reihe von Regeln und Ritualen.

Nach der Zunahme dieser Merkmale sollten Sie Ausschau halten, wenn Sie herausfinden wollen, wie Jesu Gemeinde um Sie herum Gestalt annimmt und wie Sie sich daran beteiligen können. Erwarten Sie keine perfekte Umsetzung dieser Merkmale und versuchen Sie auch nicht, so zu tun, als ob Sie es selbst vollkommen könnten. Ich teile sie nur mit, um Ihnen zu helfen, sich auf das Signal der Liebe und Gnade Jesu einzustellen und gleichzeitig das Störgeräusch der menschlichen Manipulation auszublenden. Ich bin mir sehr bewusst, dass wir versuchen könnten, diese Merkmale zu Zielen zu machen und zu versuchen, ein solches Umfeld durch menschliche Bemühung nachzuahmen. Dieser Versuch wird nicht nur misslingen, sondern uns dabei auslaugen. Wie bei so vielem in diesem Reich kann man nur lernen, Jesu Realität zu entdecken, indem man genug von ihm erlebt, damit er unsere Lebensweise prägt. Das geschieht zum einen dadurch, dass wir erkennen, wo er am Werk ist und welche Frucht das bringt, und zum anderen, dass wir der Nichtigkeit und Frustration unserer eigenen Agenda überdrüssig werden.

Die Gemeinde, die Jesus baut, wird sich allen menschlichen Versuchen der Nachahmung widersetzen, weil sie die Frucht eines Lebens in gesunder Liebe ist. Sie ist einfach die Art und Weise, wie die Menschen ihr Leben miteinander teilen, wenn Jesus zunehmend im Mittelpunkt steht, und lernen, auf ihn zu hören und ihm zu folgen. Falls die Leute nicht auf diesem geistlichen Weg sind, ist es unmöglich, sie in irgendetwas zu organisieren, das wie seine Gemeinde aussieht. Ich gebe mir deshalb so viel Mühe, den Menschen dabei zu helfen, zu lernen, in der Zuneigung des Vaters zu leben, damit sie ihn nicht nur kennenlernen können, sondern auch die Realität seiner Gemeinde erleben, die mitten unter den Menschen Gestalt annimmt.

Wenn wir freimütig die Menschen lieben, die Gott in unser Leben gestellt hat, wird es offenbar werden, wer fähig ist, diese Liebe zu erwidern. Hier nimmt die Gemeinde Gestalt an. Wäre es für diejenigen, die noch nicht so weit sind, nicht besser, wenn wir unsere Zeit damit verbrächten, sie in diese Beziehung hineinzulieben, als sie zu zwingen, sich an die Regeln zu halten? Mit anderen Worten: Ich bin nicht darauf aus, den Zugang von Leuten zu „meiner Gruppe“ zu beschränken, damit ich die Reinheit der Gemeinde beibehalten kann. Das ist Jesu Aufgabe. Wir schließen niemanden aus, als sei das

Gemeindeleben ein Privileg, das wir austeilen könnten. Die Menschen schließen sich durch ihr Verhalten selber aus. Die Dreijährige mit dem Trotzanfall kann erst dann am Leben der Familie teilhaben, wenn sie ihre Versuche aufgibt, sie zu beherrschen.

Menschen, die nicht wissen, dass sie geliebt werden, brauchen unsere Zuneigung, nicht unsere Verurteilung und Ablehnung. Sie mögen es als Erstes daran sehen, wie wir uns um sie kümmern, und dann werden sie es schließlich durch die Quelle (Gott) selbst erleben. Ich darf einfach tun, was Jesus mir aufträgt, und diejenigen, die meinen Weg kreuzen, so lieben, wie er mich geliebt hat. Falls sie frei genug sind, am Gemeindeleben teilzunehmen, dann wird es mir Spaß machen, sie kennenzulernen. Wenn sie noch nicht frei genug sind, werde ich einen Weg finden, sie zu lieben, der diese Tür zu ihnen öffnet. Und auch das werde ich genießen.

So wie seine Liebe Sie gewinnt, werden Sie zunehmend frei sein, am Leben seiner Familie teilzuhaben. Auf diese Weise würde sich sein Reich den Weg in die Welt bahnen, sagte Jesus; also nicht durch menschliche Aktivität oder religiöse Praktiken, sondern indem man sieht, wie die Liebe selber sich in einem wachsenden Kreis von Freunden und deren Freunden offenbart. Alles, was Gott auf Erden erreichen muss, wird erreicht, indem wir andere auf die Weise lieben, wie er uns geliebt hat. Das ist die Verheißung aus Johannes 13. Das gemeinsame Leben der Gemeinde ist ein Umfeld, in dem die Liebe den Weg dafür bereitet, dass die Wahrheit und das Licht die Menschen umhüllen und sie in die Realität der neuen Schöpfung hineinführen kann.

Es geht nicht darum, eine Gemeinde zu finden oder zu gründen. Es geht um eine Familie, an der man sich beteiligt, und kein Programm, das implementiert wird. Wenn man ein Programm definiert, zerstört es die Familie. Wäre es nicht besser, wenn wir einfach die Beziehungen anerkennen würden, in denen das Gemeindeleben schon zum Ausdruck kommt, und ihnen Zeit und Aufmerksamkeit widmeten? Paulus sagte, es sei Gottes Aufgabe, jeden von uns so in den Leib zu platzieren, wie er es wünscht (1 Kor 12,28). Das funktioniert am besten, wenn wir nicht versuchen, unseren eigenen Weg hineinzufinden, oder von anderen zu bekommen, was wir zu brauchen meinen.

Was sind also die typischen Merkmale der Gemeinde, die sich aus Jesu neuer Schöpfung ergeben? Jedes der nächsten acht Kapitel wird ein anderes Merkmal hervorheben, das Ihnen helfen kann, sich auf seine Realität einzustellen und das Störgeräusch der religiösen Verpflichtung verblassen zu lassen. Dann können auch Sie sehen, wie seine Gemeinde um Sie herum Gestalt annimmt.

Kapitel 11

An erster Stelle ...

Und er ist das Haupt der Gemeinde, das Haupt seines Leibes ... denn nach Gottes Plan soll er in allem den ersten Platz einnehmen.

Kolosser 1,18

Merkmal 1:

Jesus selbst ist der überwältigende Fokus.

Diejenigen, welche nicht verstehen, welche Kraft Jesu Art der Liebe hat, machen oft den Vorwurf, es gehe bei dieser Liebe lediglich darum, kuschelige Gefühle zu haben und zu versuchen, nett zueinander zu sein. Sie verspotten sie als schwach und ineffektiv, weil sie wissen, dass man ohne effektive Führung und Kontrolle keine effiziente Organisation leiten kann. Obwohl das hinsichtlich der alten Schöpfung richtig ist, gilt es nicht für Jesu Reich, weil seine Gemeinde nur dort funktioniert, wo er in allen Dingen den ersten Platz erhält und wo alles, was in unserer Welt kaputt ist, in seiner Welt wiederhergestellt wird.

Unsere Weise, wie wir mit der menschlichen Gebrechlichkeit und Schwäche umzugehen versuchen, ist, dass wir eine Regierung einsetzen. In fast unserer gesamten Geschichte hat das Regierungssystem den Starken einfach erlaubt, den Schwachen ihren Willen aufzuzwingen. Selbst in unseren demokratischen Gesellschaften ist das häufig nicht anders. Obwohl die Regierung scheinbar dazu da ist, um im eigenen Land eine freie Gesellschaft und mit anderen Ländern einen respektvollen Frieden aufzubauen, werden diese Aussichten schnell durchkreuzt. Grund dafür sind die Ungerechtigkeiten der menschlichen Kultur, die Gier nach Macht und Geld, welche die Menschen korrumpiert, sowie die negative Seite des menschlichen Ehrgeizes, die den eigenen Gewinn über das Gemeingut stellt. Ein kurzer Blick auf die Nachrichten an einem beliebigen Tag ruft einem schnell in Erinnerung, wie kaputt und gespalten die menschliche Kultur ist mit ihren ständigen Kriegen, Verbrechen, Prozessen, zerrütteten Familien und Beziehungen, und das nur, weil Menschen andere beherrschen wollen.

Irgendwo tief im Innern sehnt sich fast jeder nach etwas Besserem. Warum können die Menschen nicht nett zueinander sein? Warum können sie einander nicht gütig, ehrlich und gerecht behandeln und sich um den anderen genauso kümmern wie um ihre eigenen Bedürfnisse? Äußerlich gesehen scheint das zwar leicht zu sein, doch verlangt es den Leuten wohl mehr ab, als sie geben können. Auf uns selbst gestellt, werden wir jede Situation danach beurteilen, was wir davon haben. Solange die Macht des Ichs und der Scham in unserem Herzen noch aktiv sind, können wir in der Welt und ihren Systemen, ob religiöser oder politischer Art, nicht anders leben. Ansonsten werden diese nur zu einem weiteren Werkzeug, um unsere Ambitionen zu fördern und unsere Ängste zu bewältigen.

Gott wollte nie, dass wir in solch einem Konflikt und solch einer Isolation leben. Er sehnte sich immer nach einer Welt, in der echte Zuneigung zu anderen und Interesse für sie unseren egoistischen Ehrgeiz ersetzen. Von Anfang an war es sein Ziel, alles, was die Sünde auseinandergebracht hat – einschließlich Himmel und Erde –, zu einem neuen, herrlichen Ganzen zu vereinen. Er ist nicht der Autor von Konflikt oder Gewalt, sondern derjenige, der die Schöpfung von ihrer Gebrochenheit zu retten sucht. Er beschloss: *„Unter ihm, Christus, ... soll alles vereint werden"* (Eph 1,10).

Wo fängt das an? Im Herzen eines jeden Menschen, der es ihm erlaubt, die Macht des Ichs und der Scham aufzubrechen, damit wir nicht länger zu Opfern unserer Unsicherheiten werden. Dort, wo wir seinen sich entfaltenden Plänen mit uns vertrauen, werden wir nicht mehr unsere eigenen verfolgen, und wenn seine Wünsche zu unseren werden, entdecken wir eine wachsende Einheit mit anderen, die ebenfalls in dieser neuen Schöpfung leben. Das ist die Gemeinschaft, nach der sich unser Herz sehnt, eine Gesellschaft, die jenseits des menschlichen Bedürfnisses lebt, die Macht zu kontrollieren.

Diese Gesellschaft ist die Gemeinde Jesu Christi. Sie besteht aus den Menschen, die ihn zunehmend erkennen, die so lieben wie er und die seine Leidenschaft widerspiegeln, alles zusammenzubringen und nicht mit demselben Konflikt und dem gegenseitigen Übertrumpfen fortzufahren, die wir in der alten Schöpfung finden. Leider hat das, was man in den letzten 2000 Jahren mit „Kirche" bezeichnet hat, oft mehr zur Gebrochenheit unserer Welt beigetragen als zu ihrer Heilung, weil sie sich an Spaltungen, Konflikten und sogar Kriegen beteiligte. In Irland stand ich auf einem Hügel, auf dem eine der großen Schlachten zwischen den Briten und den Iren im Kampf um die Unabhängigkeit ausgefochten worden war. Mein Reiseführer sagte mir damals, dass sich jede der beiden Armeen am Vorabend der Schlacht zu einem langen Gottesdienst versammelt hätte, um Gott um Segen und den Sieg über ihre Feinde zu bitten. Gott ist oft das Opfer solcher Gebete gewesen.

Es leuchtet ein, dass es eine Sache ist, Christus als Haupt seiner Gemeinde zu bekennen, und etwas ganz anderes, so zu leben, als sei er es wirklich. Wenn das, was wir die Kirche nennen, in den letzten 2000 Jahren Jesus wirklich gefolgt wäre, würden wir sie als eine wichtige Stimme sehen, die die Menschen zur Freiheit in Christus einlädt und sie unter einem

Banner seiner Liebe und seines Lebens zusammenbringt. Aber das Gegenteil war der Fall. In zwei Jahrtausenden hat sich die christliche Geschichte nicht zu größerer Liebe und Einheit hinbewegt, sondern Uneinigkeit, Misstrauen und Feindseligkeit haben sich vergrößert. Obwohl das Christentum in den ersten tausend Jahren als eine Institution zusammenhielt, hatte es ständig mit Konflikten und Korruption zu tun und war stets reformbedürftig. Aber Institutionen erweisen sich Veränderungen gegenüber als starr, und das gilt besonders, wenn sie größer und länger etabliert sind. Anstatt auf die Kritiker zu hören, folterte man diese, bis sie klein nachgaben, und wenn das nicht gelang, wurden sie hingerichtet.

Der Grund, warum es heute nicht einfach eine einzige Herde gibt, liegt darin, dass wir Hunderttausende von Möchtegern-Hirten haben, deren Mission, Vision oder Programm die Menschen folgen sollen. Jesus sagte, wenn wir einen Hirten haben, würden wir eine Herde sein (Joh 10,6). Solange wir Tausende von Männern und Frauen haben, die für sich in Anspruch nehmen, für Jesus zu leiten, und dafür sorgen, dass man ihnen und ihrem Programm treu ist, werden wir uns im Konflikt mit Gottes Ziel befinden, alles in Christus zusammenzubringen.

Stellen Sie sich vor, wie die Gemeinde heute aussähe, wenn die Christen im Laufe der Jahrhunderte alles, was an Zeit und Mittel für die Gründung, Verwaltung und Bezahlung ihrer Institutionen aufgewandt wurde, dafür investiert hätten, zu lernen, die Menschen so zu lieben, dass es ein Zeugnis für die Realität Jesu gewesen wäre! Stattdessen haben wir nun Strukturen, denen Religion wichtiger ist als Beziehungen, Symbole wichtiger als Substanz und Konformität wichtiger als Transformation durch Beziehungen. Die unheilige Allianz zwischen dem Bedürfnis einer Institution nach Konformität und unserer Fähigkeit, Gottes Bild zu verzerren, um die Menschen mittels Furcht oder Schuldgefühlen anzutreiben, scheint eine Versuchung zu sein, der die Menschheit nicht widerstehen kann.

Obwohl jeder Christ Jesus als Haupt der Gemeinde die Treue schwört und dessen Abbild unsere Gebäude und billigen Schmuckstücke ziert, ist es nicht so einfach, ihm tatsächlich zu folgen. Schon in den allerersten Tagen vergaß die Gemeinde die Weissagung Jesajas, die Herrschaft würde auf *seiner* Schulter ruhen, nicht auf unserer (vgl. Jes 9,5). Wenn wir die Aufgabe übernehmen, andere für ihn zu leiten, verdrängen wir ihn als Haupt der Gemeinde zugunsten unserer besten Weisheit und Wünsche. Dann geschieht in der Gemeinde dasselbe wie bei den Königen des Alten Testaments in Israel. Die Leiter werden zu Opfern ihrer eigenen Macht, geben sich ihren Launen hin und beuten diejenigen aus, denen sie eigentlich dienen sollten.

Als Hesekiel die wertlosen Hirten Israels anprangerte und prophezeite, dass Gott sie entfernen würde, sagte er nicht, dass Gott sie durch bessere Hirten ersetzen würde. Gott selber wollte der Hirte seines Volkes sein und sie sollten nie wieder Angst haben. Jesus wiederholte das in Johannes 10. Er erklärte sich zum guten Hirten und sagte, seine Schafe würden seine Stimme erkennen und ihm folgen und nicht dem Mietling, der nur auf seine eigenen Bedürfnisse schaut. Es scheint bei diesen beiden Abschnitten darum zu gehen, dass das Hüten der Menschen eine zu gewichtige Aufgabe ist, als dass sie der kaputten Menschheit anvertraut werden könnte, und dass Jesus es im Neuen Bund selber tun kann. Aus diesem Grund lautet die Einladung im Evangelium: „Komm, folge *mir*", und nicht, wir sollten dem Buch oder religiösen Leitern folgen.

Dort, wo Jesus an erster Stelle steht, blüht die Gemeinde auf. Natürlich räumen wir ihm diese Stelle nicht ein, da er sie schon innehat. Wenn wir das anerkennen, ermöglicht uns das, die Gemeinde zu sehen, die er baut. In den Worten der englischen Bibelübertragung *The Message* von Eugene Peterson hat Jesus *„das letzte Wort in allem und jedem"* (vgl. 1 Pet 3,22). Egal, welche Gräuel in der Welt auch begangen worden sind und welche Ungerechtigkeit Sie auch erlitten haben, Jesus wird das letzte Wort haben. Zu häufig sieht es so aus, als hätten die Mogler Erfolg und die Missetäter würden ungestraft davonkommen. Aber das ist nur scheinbar so. Wenn Jesus die Dinge in Ordnung bringt, wird kein Schmerz ungeheilt bleiben und keine Ungerechtigkeit ignoriert.

Obwohl er vielleicht in Ihren speziellen Umständen noch nicht das letzte Wort gehabt hat, wird er es einmal haben. In der Zwischenzeit dürfen wir lernen, in ihm zu leben, und uns ihm in der neuen Schöpfung anschließen, selbst während er unsere Gebrochenheit in der alten Schöpfung noch heilt. Das soll nicht heißen, dass er jedes Problem so löst, wie wir es gerne hätten, oder dass er sofort die erhoffte Gerechtigkeit herbeiführt, aber er wird uns heilen und unser Leben in ihm noch erweitern.

Wenn Sie seine Gemeinde finden wollen, sollten Sie lernen, unter der Souveränität Jesu zu leben, und nach anderen Menschen Ausschau halten, die es ebenfalls tun. Jesu Ziele sind ihre Motivation, sein Charakter ihr Ideal und ihm zu folgen ihr größter Wunsch. Obwohl sie weiterhin mit diesem Zeitalter zu tun haben, was z. B. Familie, Arbeit, Wetter, Politik, Sport und Freizeit angeht, stellen Menschen, die mit Jesus leben, immer wieder fest, dass ihre Gespräche zu ihm und seinem Werk in ihnen zurückkehren. Jede Person wächst in Jesus, und das kommt auf natürliche Weise zum Vorschein, wenn sie beisammen sind: sowohl die Dinge, die sie berührt haben, als auch die Fragen und Probleme, die sie beschäftigen. Nach solchen Gesprächen fühle ich mich gestärkt in meiner Überzeugung, wer Jesus ist, und bin ermutigt, ihn noch besser kennenzulernen.

Das ist das „Signal" des Gemeindelebens. Die statische Störung nimmt hingegen dort zu, wo man sich auf Lehrstreitigkeiten, Programme oder Aktivitäten konzentriert. Wenn jemand in diesem Zusammenhang versucht, geistliche Themen anzusprechen, wirkt das Gespräch künstlich und verläuft nach einer oder zwei Bemerkungen schnell im Sande. Deshalb finden die Institutionen hier keine einfachen Antworten. Sobald wir das Werk Gottes institutionalisieren, kommt eine Vielzahl von Faktoren ins Spiel, die es schwierig macht, Jesus an erster Stelle zu behalten. Die Menschheit kann kein System entwerfen, das nicht sofort von denen, die es zu leiten suchen und die von ihm profitieren wollen, ausgenutzt werden kann.

Wenn wir irgendetwas anderes als Jesus – selbst wenn es etwas Gutes ist – in den Mittelpunkt des Gemeindelebens stellen, wird er, wenn auch unbeabsichtigt, beiseitegedrängt. Innerhalb weniger Jahrhunderte wurde die Teilnahme am Abendmahl wichtiger als die Erkenntnis Christi. Im Laufe der Jahrhunderte haben wir das mit vielen anderen Dingen getan, unter anderem mit der Bibel, der kirchlichen Tradition, dem Sonntagsgottesdienst oder der Loyalität gegenüber einem Pastor. Es gibt aber nur einen Eckstein. Wenn der gegenwärtige, aktive Jesus verdrängt wird, reflektiert der Rest eher den menschlichen Ehrgeiz als die Absichten Gottes.

Jesus kann nur auf eine einzige Art und Weise im Mittelpunkt bleiben: wenn jede Person lernt, auf ihn zu hören und auf ihn einzugehen. Er übt seine Leitung nicht mittels einer Befehlskette aus, sondern indem er das Haupt eines jeden Lebens in der Gemeinde ist. Wir erkennen seine Rolle an, indem wir dem Lamm folgen, so gut es uns möglich ist. Das ist keine Entscheidung, die man einmal für den Rest seines Lebens trifft. Es ist eine ständige Herausforderung mit Hunderten von alltäglichen Entscheidungen, bei denen man lernt, wie sehr sich seine Wünsche von den eigenen unterscheiden. Die neue Schöpfung ist nicht eine Art geistliches Disneyland, wo jeder Traum wahr wird. In der neuen Schöpfung werden jedes Wort und jeder Wunsch von Jesus verwirklicht.

Unsere Sicherheit beruht nicht auf einer bestimmten Form der Gemeinde, sondern auf unserer Beziehung zu Jesus. Er hat schon immer derjenige sein wollen, der uns führt. Während Lehrer uns viel dabei helfen können, ein wachsendes Leben in Jesus zu entdecken, werden sie wertlos, wenn sie seine ständige Offenbarung in unserem Herzen verdrängen. Das Neue Testament spricht immer wieder davon, dass Menschen in die Tiefe dieser Beziehung eingeladen werden – und zwar in einem Ausmaß, dass jeder ihn kennen kann, *„vom Kleinsten zum Größten"* (Hebr 8,11) und: *„Deshalb seid ihr nicht darauf angewiesen, dass euch jemand belehrt"* (1 Joh 2,27).

Die vermeintliche Gefahr ist natürlich, dass Menschen, die keine Ahnung haben, wer er ist, behaupten ihm zu folgen und einfach seinen Namen gebrauchen, um ihre Ambitionen zu rechtfertigen. Ohne eine Struktur, um sie in Schach zu halten, so argumentieren einige, werden sie einfach dem Irrtum verfallen. Obwohl das oberflächlich gesehen wahr zu sein scheint, ignoriert es die Tatsache, dass auch unsere Institutionen dem Irrtum verfallen. Jesus zog es vor, unsere Sicherheit dem innewohnenden Geist anstatt äußerlichen menschlichen Mächten anzuvertrauen. Im Lauf der Zeit wird offenbar werden, wer lediglich vorgibt, Jesus zu folgen, und der Schaden, den so jemand anrichten kann, ist weitaus geringerer, wenn andere ihm nicht folgen müssen.

Ist es unmöglich, dass Jesus bei einer Institution im Mittelpunkt bleibt? Natürlich ist es möglich, aber es kommt selten vor, und gewöhnlich dauert es nicht lange, bis die Struktur der Institution ihn verdrängt. Am besten scheinen die einfachen und zeitweiligen Strukturen zu sein, die zur Erfüllung einer Aufgabe gedacht sind und sich nicht verewigen, nachdem sie ihrem Zweck gedient haben. Es erfordert einen ungeheuren Mut zuzugeben, dass wir sozusagen eine an der falschen Wand angelehnte Leiter hinaufgeklettert sind, und einen noch größeren Mut, diese Leiter hinunterzusteigen und eine bessere Wand zu finden. Das gilt besonders für die Menschen, welche sich an der Wand des menschlichen Ehrgeizes hocharbeiten wollen. Upton Sinclair beschrieb das Problem so: „Es ist schwierig, einem Menschen etwas verständlich zu machen, wenn sein Gehalt davon abhängt, dass er es nicht versteht."

Selbst unsere gutgemeinten Bemühungen lenken von der Gemeinschaft ab, die Jesus schaffen kann, wenn er die Familie zu sich selbst hinzieht. Letztes Wochenende fragte mich jemand, was ich als Pastor getan hätte, um die Gemeinschaft der Menschen in meiner „Gemeinde" zu fördern. Es fiel mir schwer, darauf zu antworten, und ich schloss daraus, dass er vielleicht die falsche Frage gestellt hatte: „Anstatt zu fragen, wie ich sie gefördert habe, sollten Sie vielleicht genauer fragen, was wir getan haben, um die uns von Jesus gegebene Gemeinschaft zu stören." Die Leute sind unseren Anweisungen gefolgt und haben sich an dem sich ständig ändernden Angebot an Hauskreisen zur Förderung der Gemeinschaft beteiligt. Aber die Gruppen, die gut funktionierten, taten es trotz unserer Struktur. Die Freundschaften florierten nicht wegen des Programms, sondern weil die Teilnehmer eine Leidenschaft zu Jesus hatten, die bis in ihre Beziehungen reichte.

Wenn wir lernen, unter seiner Leitung zu leben, taucht die Gemeinde überall dort auf, wo wir mit anderen Menschen Verbindung aufnehmen. Anstatt zu versuchen, die Gemeinde selber zu gestalten, heißen wir einfach die Beziehungen und Verbindungen willkommen, die Jesus uns schenkt. Genießen Sie die Realität dieser Gemeinde, aber widerstehen Sie dem Drang, sie beschützen zu wollen. Sobald wir versuchen, die transzendente Realität der Gemeinde in ein menschliches System zu stopfen, verebbt ihre Vitalität. Das bedeutet, dass wir die Gemeinde ein weniger flüssiger sehen müssen, als uns beigebracht wurde, weil sie eine Realität ist, die wir feststellen, und nicht etwas, worüber wir die Kontrolle ausüben.

Wenn wir unsere Vorstellung von Gemeinschaft von unseren Institutionen und den im Voraus geplanten Abläufen abkoppeln, gibt es unbegrenzte Möglichkeiten. Rund um die Welt und fernab der menschlichen Systeme, die wir so gerne preisen, werden Menschen in seiner neuen Schöpfung lebendig. Ja, Jesus scheint sein bestes Werk außerhalb des von der Menschheit so geschätzten Rampenlichts zu vollbringen. Wenn Sie sich nur anhand christlicher Zeitschriften oder des christlichen Fernsehens darüber informieren, was Gott heute tut, dann verpassen Sie so viel von seinem Wirken. In Ihrer örtlichen Kirchengemeinde werden Sie wohl auch nichts darüber hören, da sie es wahrscheinlich auch nicht sieht.

Jesus lädt die Menschen ein, zu ihm selbst zurückzukommen, zum einzig wahren Hirten der Schafe. Und die Beziehungen, die mir geschenkt wurden, bieten die besten Beispiele für das Gemeindeleben, die ich je gesehen habe. Diese Menschen werden oft verachtet und der Rebellion beschuldigt, aber das schreckt sie nicht ab. Sie lernen einfach, wie sie Jesus den ersten Platz in ihrem Herzen geben und sein Leben liebevoll und gütig mit anderen teilen können. Sie suchen nicht nach einer Bewegung, der sie folgen können, sondern nach einem Tempel, der nicht von Menschenhand gemacht ist. Sie sind auf dem besten Weg, ihn zu sehen.

Kapitel 12

Nicht von Menschenhand gemacht

In der Kraft des Heiligen Geistes habt ihr begonnen, und jetzt wollt ihr aus eigener Kraft das Ziel erreichen? Seid ihr wirklich so unverständig?

Galater 3,3

Merkmal 2:

Jesu Werk anstatt menschlicher Anstrengung vertrauen

Auf meinen Reisen habe ich die grandiosesten Paläste, Schlösser und Kathedralen in Europa besucht, und ich bin immer von der Größenordnung, Architektur und Kunst dieser Gebäude fasziniert. So imposant sie auch sind – und das umso mehr, da sie ohne moderne Technologie erbaut wurden –, wird meine Bewunderung immer von dem Gedanken getrübt, dass sie von den Unterjochten zum Nutzen einiger weniger Privilegierter gebaut wurden. Als ich im riesigen Petersdom in Rom stand, drehte sich mir bei dem Gedanken, dass viele solcher Kathedralen vom Schuldgeld des Ablasshandels mit seiner verdrehten Theologie finanziert worden sind, der Magen um. Es liegt auf der Hand, dass man keine Kosten scheut, wenn man etwas für Gott baut oder es zumindest vorgibt. Das gilt besonders, wenn man die Pracht braucht, um die Massen durch Reichtum und Macht einzuschüchtern.

Wenn ich jedoch das Alte Testament lese, habe ich den Eindruck, dass Gott unseren Hang zu solchem Prunk nicht teilt. Er verlangte nie, dass man ihm einen Tempel baue, und war scheinbar mit der weniger permanenten Stiftshütte zufrieden. Aber David fühlte sich zunehmend unwohl, in einem Palast zu wohnen, während sich die Bundeslade in einem Zelt befand, und er beschloss, Gott brauche ein würdevolleres Zuhause. Zwar durfte er es nicht bauen, doch gestattete Gott dies später seinem Sohn Salomo, und der Tempel wurde zum Mittelpunkt des Glaubens Israels.

Als Jesus auftauchte, sah er den Tempel nicht als Gewinn, sondern als Ablenkung für Israel. Er diente der Illusion, dass Gott in ein Gebäude eingesperrt werden könnte, fern vom Alltag der Menschen, mit denen er Umgang haben wollte. Der Tempel war noch nicht einmal mehr ein Haus des Gebets, sondern ein Marktplatz. Jesus fand das anstößig und kippte die Tische der Geldwechsler um mit den Worten: „*Reißt diesen Tempel ab, und ich werde ihn in drei Tagen wieder aufbauen*“ (Joh 2,19).

Seine Worte waren vielschichtig. Seine Jünger wiesen darauf hin, dass der Tempel, von dem er sprach, sein eigener Körper war. Er würde zerstört werden, und Christus würde ihn in drei Tagen wieder auferstehen lassen. Die religiösen Leiter bezogen aber Jesu Worte auf ihren Tempel, und damit mögen sie teilweise recht gehabt haben. Nicht dass Jesus den physischen Abbruch des Tempels nötig gehabt hätte, aber er wollte zumindest, dass sie das zerstörten, was dieser für sie inzwischen repräsentierte: die Idee, dass ein Gebäude den transzendenten Gott des Weltalls fassen könnte, so prächtig es auch sein mochte. Gott wollte keinen Palast aus Gold und Silber, sondern er wollte in den Herzen seines Volkes wohnen. Doch wie jeder Besuch der Klagemauer beweist, herrscht sogar heute noch die Idee vor, dass Gott selbst in den Resten der Steinwände des Tempels gegenwärtiger ist als anderswo.

Die Stiftshütte war nicht Gottes wahres Zuhause und noch viel weniger war es der Tempel. Sie waren ein Behelfskonstrukt, um Israel glauben zu lassen, dass Gott in einiger Entfernung bei ihnen war, da ihre von Scham bestimmten Herzen die Erkenntnis, dass er sich in ihren Zelten befand, nicht ertragen hätten. Die Menschwerdung Jesu demonstrierte, dass unsere Angst vor Gott auf einer falschen Vorstellung unsererseits beruhte. Sie war nicht das, was Gott wollte oder verdiente. Jesus befand sich mitten unter den Menschen und niemand rannte in panischer Angst davon. Was Gott in Eden verloren hatte, fand er wieder: ein Zuhause bei seiner Schöpfung.

Die Tempel, Kathedralen und selbst unsere Kirchengebäude und „Gemeindesäle" repräsentieren das Gegenteil dieser Realität. Ihr Zweck war, einen heiligen Raum zu schaffen, in dem Gott so erhöht werden würde, dass er keinen Umgang mit den Menschen mehr hatte, und damit wir uns in seinen Augen unbedeutend vorkämen, statt dass man uns ermächtigt hat, uns ihm zuversichtlich zu nähern. Die Menschwerdung bewies, dass Gott in unserem gesamten Leben wohnen wollte und unsere Wohnungen, Arbeitsplätze und Freizeit heilig machen wollte, weil er in all dem mit uns sein würde.

Darauf wies Stephanus hin, als er dem mordlustigen Mob sagte: *„Aber der Höchste wohnt nicht in Wohnungen, die mit Händen gemacht sind"* (Apg 7,48 ELB). Was die Menschwerdung anbetrifft, ist vielleicht nichts skandalöser, als dass der heilige Gott voller Freude mitten unter der kaputten Menschheit leben könnte, und im Hinblick auf den Neuen Bund ist nichts erstaunlicher, als dass Gott im menschlichen Herzen Wohnung nehmen wollte. Jesus wollte nie, dass ein prächtiges Gebäude das bleibende Bild seiner Gemeinde wurde. Er wollte einen lebendigen Tempel aus Männern und Frauen in aller Welt, die ihre eigenen Pläne zugunsten seiner Pläne aufgegeben haben.

> *Ihr seid ... zusammen mit allen anderen, die zu seinem heiligen Volk gehören, Bürger des Himmels; ihr gehört zu Gottes*

Haus, zu Gottes Familie. Das Fundament des Hauses, in das ihr eingefügt seid, sind die Apostel und Propheten, und der Eckstein dieses Gebäudes ist Jesus Christus selbst. Er hält den ganzen Bau zusammen; durch ihn wächst er und wird ein heiliger, dem Herrn geweihter Tempel. Durch Christus seid auch ihr in dieses Bauwerk eingefügt, in dem Gott durch seinen Geist wohnt (Eph 2,19-22).

Paulus beschreibt hier kein physisches Gebäude. Es ist nur eine Metapher. In den ersten 300 Jahren ihrer Existenz verwechselte niemand die Gemeinde mit einem Gebäude und niemand kam auf den Gedanken, eines zu bauen. Jesu Tempel ist lebendig. Er beginnt im Herzen der einzelnen Personen, die er dann weltweit mit anderen Menschen vernetzt, deren Beziehungen die Herrlichkeit sichtbar machen. Menschliche Bemühungen können das nie im Leben erreichen, und all unsere entsprechenden Versuche sind kläglich gescheitert.

Das ist ein Thema, das sich durch die Bibel hindurchzieht. Gott möchte uns in seine Realität einladen, aber wir versuchen immer wieder, unsere eigene Realität für ihn zu erfinden. Es begann in einem Garten mit Adam und Evas Wunsch nach einem Wissen, das unabhängig von ihrer Beziehung zu ihm war. Es setzte sich später fort, als Israel einen König haben wollte, anstatt der Führung Gottes zu vertrauen. Jedes Mal, wenn sie bedroht wurden, zählten sie ihre Pferde und Streitwagen, um ihre Aussichten in der Schlacht abzuschätzen, weil sie einfach nicht glauben konnten, dass die Gegenwart Gottes größer war als alle Waffen, die sie aufzubieten hatten. Heute steht die Gemeinde im Brennpunkt, und ob wir es nun wirklich glauben oder nicht, sie ist etwas, das nur Jesus bauen kann.

Vor über einem Jahrzehnt sprach ich mit einem guten Freund über einige der neuen Bücher, die gerade auf dem christlichen Markt erschienen waren. Eines davon vertrat einige Ansichten über die Gemeinde, die denen ähnelten, die mein Freund und ich teilen, aber es war in einer Weise aufgemacht, die im Gegensatz zu den Prioritäten zu stehen schien, die der Autor eigentlich fördern wollte. Als wir herauszufinden versuchten, was uns daran gefiel und was nicht, schaute mein Freund mich an und sagte: „Ich glaube, es hat einfach nicht den Duft des Vaters an sich."

Da ging mir ein Licht auf. Er hatte recht. Der Autor hatte auf subtile Weise das Werk, das Jesus im menschlichen Herzen tut, durch sein eigenes System ersetzt, so biblisch er es auch darstellte. Um es in der Praxis anzuwenden, brauche man nur eine Gruppe von Menschen, die den richtigen Prinzipien folgten. Vielleicht unbeabsichtigt hatte er einige wichtige Wahrheiten über das Wesen der Gemeinde genommen und sie vom Vertrauen in den Einen getrennt, der die Wahrheit selber ist. Ohne dessen aktives Eingreifen bleibt all die Wahrheit, die wir zu kennen meinen, unverwirklicht. Wir sind dann einfach unseren wohlgemeinten Bemühungen überlassen, etwas Großes für Gott zu tun, was am Ende aber nicht den Stempel seiner Herrlichkeit trägt.

Seitdem ist es meine Leidenschaft, den Wohlgeruch des Vaters in den Umständen, in denen ich mich befinde, zu entdecken. Es gibt in meinem Leben mehr Gelegenheiten als Zeit, sie alle wahrzunehmen. Da hilft es, Abstand zu nehmen und festzustellen, ob eine bestimmte Gelegenheit den süßen Duft von Vaters Wesen oder den verräterischen Geruch von menschlichem Schweiß ausströmt. Natürlich bekomme ich es nicht immer hin, aber nach diesem Duft zu schnuppern hat mir geholfen, über meine eigenen Wünsche oder Gedanken hinauszuschauen und dem zu folgen, was er sich wünscht.

Nirgendwo ist das wichtiger als beim Entdecken, wo unser Platz in der von Jesus gebauten Gemeinde ist. Unsere Überschätzung der menschlichen Intelligenz und Fähigkeit, etwas Großes für Gott zu erreichen, will uns immer noch in die Sackgasse unserer eigenen Bemühungen locken, sodass wir die Herrlichkeit seiner größeren Werke verfehlen. Denn es sind nicht nur unsere Gebäude, die ihn einzugrenzen suchen, sondern auch unsere Traditionen, Lehren und geistlichen Übungen. Er lebt weder in Gebäuden, die von Menschen erbaut wurden, noch in genial entworfenen Systemen. Wie oft haben Sie ein weiteres Seminar besucht oder ein Arbeitsbuch durchgearbeitet, in denen es um Gott ging, die Ihnen aber nicht halfen, ihn besser kennenzulernen?

Das beschreibt die ersten zwanzig Jahre meines Lebens als hauptberuflicher Pastor. Es gab so viel, das ich für Gott tun konnte, dass ich Jahrzehnte brauchte, um zu erkennen, dass meine besten Ideen zusammen mit meinen eifrigsten Bemühungen Gottes Wünsche nicht erfüllen konnten. Vielleicht ist das der größte Unterschied, den Paulus beim Übergang vom schwerarbeitenden Pharisäer zur Freiheit im Leben Jesu erlebte. Hinterher *„vertraute er nicht auf Fleisch"* (Phil 3,3 ELB), obwohl er hochqualifiziert war. Er war zu der Erkenntnis gelangt, dass die Werke Gottes seine Fähigkeiten überstiegen. Obwohl er die von den Pharisäern aufgestellten Regeln zur Gesetzeserfüllung eingehalten hatte, machte ihn das nicht gerecht. Es trieb nur seine Sünde tiefer in sein Herz, wo sie sich dann als Überheblichkeit, Gotteslästerung und Mord offenbarte.

Die meisten haben eine natürliche Abneigung gegen das Hamsterrad der religiösen Leistung, aber ich gehörte nicht zu ihnen. Ich kam gut damit zurecht und wurde sehr dafür gelobt. Damals dachte ich, der Grund dafür sei, dass ich Jesus radikaler verpflichtet war als die Faulenzer um mich herum. Inzwischen weiß ich, dass dieses Motiv mit dem selbstsüchtigeren Wunsch vermischt war, den Gipfel des christlichen Berges zu erklimmen. Bedauerlicherweise konnte ich die religiöse Leistung viele Jahre lang aus reiner Willenskraft vollbringen, sodass ich in der Illusion schwelgen konnte, besser als andere zu sein. Ich wusste nicht, dass der Stolz der Selbstgerechtigkeit noch zerstörerischer ist als die Ungerechtigkeit.

Aus diesem Grund beschloss Paulus, dass er nur die Gerechtigkeit wollte, die aus einem wachsenden Vertrauen zu Gott herrührt. Je besser er Jesus kennenlernte, desto mehr verloren seine selbstsüchtigen Ambitionen an Kraft. Wie er brauchen ehrgeizige Menschen ihre eigene „Operation", bei der ihr innerer Pharisäer entfernt wird. Glauben Sie nur nicht, dass dies schnell geht! Ich bin zurzeit im zwanzigsten Jahr der Entfernungsoperation meines inneren Pharisäers. Jedes Vertrauen auf mein Fleisch ist völlig fehl am Platz, ob es um den Genuss der Sünde geht oder den Impuls, Gottes Werk für ihn zu tun. Die neue Schöpfung gedeiht dort am besten, wo wir einfach auf das eingehen, was er jeden Tag in uns tut, während sein großer, komplexer Plan sich entfaltet. Das große Versagen der Menschheit zu allen Zeiten war, so zu leben, als sei Gott nicht bei uns und als liebe er uns nicht.

Wenn wir ihm nicht unser eigenes Leben anvertrauen können, wie werden wir ihm dann jemals zutrauen, seine Gemeinde zu bauen und uns auf solch eine Weise zur Einheit zu bringen, dass dadurch die weltlichen Mächte dieses Zeitalters bedroht werden? Jesus sagte zu Nikodemus (vgl. Joh 3), der Geist gehe anders vor als die Menschen, und wer das von außen zu verstehen suche, werde nur frustriert sein. Ihm zu folgen habe weniger mit dem Befolgen eines Vierpunkteplans zu tun als damit, mit dem Wind mitzufliegen. Um diese Realität zu erleben, sagte Jesus zu Nikodemus, müsse er noch einmal von Neuem geboren werden. Er könne diese neue Schöpfung nicht einfach seiner alten religiösen Einstellung beifügen. Er würde seine eigenen Ideen aufgeben müssen, um zu lernen, wie man einem Leben spendenden Geist folge.

Falls Ihnen nicht bewusst ist, wie stark ein wachsendes Vertrauen ist, klingt das alles sicherlich unmöglich. Als Kind hörte ich: „Wenn wir es nicht tun, kann Gott nicht handeln“, und: „Wir sind seine ausgestreckten Hände“. Damit wurde kommuniziert: Wenn wir uns nicht aufmachen und etwas tun, passiert nichts. Die meisten Leute glauben, der Gedanke: „Gott hilft denen, die sich selber helfen“, stehe in der Bibel. Das stimmt aber nicht. Es ist ein altes griechisches Sprichwort, das oft Benjamin Franklin zugeschrieben wird. Es hat nur deshalb Bestand, weil es das ist, was uns die Religion lehrt, und wir können uns nicht vorstellen, was wir tun würden, wenn wir nicht von Furcht oder Pflichtgefühlen angetrieben wären. Der

Drang „etwas zu tun", wenn wir verunsichert sind, ist der Motor hinter einem großen Teil unserer fruchtlosen Geschäftigkeit.

„Dann meinen Sie also, wir sollten nur herumsitzen und nichts tun?" Diese Frage habe ich unzählige Male gehört, wenn ich Leuten helfe, von Angst und Pflichtgefühlen frei zu werden. Einfach Jesus zu vertrauen kommt ihnen so sinnlos vor. Sie stellen sich das als Fatalismus vor: Gott tut alles, während wir stumm dabeisitzen. Das stimmt überhaupt nicht! Ein solches Denken ist auf die vielen Jahre zurückzuführen, in denen wir Dinge *für* Gott getan haben, anstatt sie *mit* ihm zu tun.

Das Gegenteil eines Lebens im Vertrauen auf menschliche Leistung ist nicht Lethargie, sondern ein Leben im wachsenden Vertrauen auf Gottes Person und sein Handeln in unserem Umfeld. Das kann bedeuten, dass wir zeitweise mühselig, unter entsetzlichen Schmerzen und in überwältigender Not arbeiten. Paulus sagte, sein Wunsch, einen jeden reif in Christus zu präsentieren, habe dazu geführt, dass er sich *„bemühe und kämpfend ringe gemäß seiner [Christi] Wirksamkeit"*, die *„in Kraft"* in ihm wirke (vgl. Kol 1,29 ELB). An anderer Stelle sagte er: *„Ihr müsst nämlich wissen, Geschwister, dass das, was wir in der Provinz Asien durchmachten, so überaus schwer auf uns lastete und unsere Kräfte so sehr überstieg, dass wir schließlich nicht einmal mehr damit rechneten, mit dem Leben davonzukommen"* (2 Kor 1,8).

Wenn Sie sich in das einklinken, was Gott vorhat, werden Sie unglaublich aktiv werden, aber eben auf andere Art. Anstatt uns aufzumachen, das zu tun, was wir für das Beste halten, und Gott um seinen Segen dafür zu bitten, lernen wir zu spüren, was er schon in unserer Umgebung tut, und uns ihm dort anzuschließen. Seitdem ich das Buch *Der Schrei der Wildgänse* geschrieben habe, wird mir von denjenigen, die nicht verstanden haben, worum es bei dem Buch geht, am häufigsten die Frage gestellt: „Wie sollte die Gemeinde aussehen?" Hier ein Beispiel dazu: „Wie Sie haben auch wir die institutionelle Gemeinde aufgegeben und fragen uns nun, welche

Anweisungen für einen Neubeginn Sie uns geben können. Wie fangen Gruppen an? Gibt es ein Modell, das wir hier erfolgreich anwenden können? Mich begeistert der Gedanke, wie das aussehen könnte, aber wir wollen es nicht falsch machen."

Meine Antwort ist gewöhnlich: „Widerstehen Sie dem Drang, irgendetwas zu beginnen." In unserer zweitausendjährigen Geschichte haben wir immer wieder auf Modelle und Formen gebaut, anstatt zu lernen, Jesus zu vertrauen und entsprechend seiner Führung im Einvernehmen mit anderen zu leben. Alles, was wir beginnen, wird unweigerlich die Veranstaltungen – wie, wie oft, und wo sollen wir uns treffen? – oder die Rolle der Leiter für die Führung der Gruppe in den Mittelpunkt stellen. Dahinter steht die Annahme, dass es eine Formel geben müsse, der wir folgen könnten, um die Gemeinde beliebig zu reproduzieren. Sollte man nicht meinen, dass Jesus es uns mitgeteilt hätte, wenn es ein solches Modell gäbe?

Solange wir ein Modell umsetzen wollen, folgen wir nicht Jesus. Ich habe überall auf der Welt unglaublich tolle Beispiele für das Gemeindeleben erlebt, die eins gemeinsam haben: Es wird nicht versucht, das System von jemand zu imitieren, sondern man folgt einfach Jesus und genießt die Beziehungen, die Gott einem gibt. Wenn diese Freundschaften wachsen, lernen diese Menschen, wie man sich umeinander kümmert und die einfachen Dinge tut, die Gott ihnen zusammen ans Herz legt, ohne dass sie permanente Systeme schaffen oder dass Verpflichtungen an die Stelle der Beziehungen treten. Es ist ihnen klar geworden, dass bei Gott alles seine (begrenzte) Zeit hat. Wenn wir Rituale einführen, verringern wir unsere Abhängigkeit von ihm.

Den meisten, die etwas Neues beginnen wollen, ist es mit dem Gemeindeleben zwar ernst, doch zäumen sie einfach das Pferd von hinten auf. Jesus ist schon dabei, seine Gemeinde zu bauen, und er ist einfach zu kreativ, als dass es ein standardisiertes Verfahren gäbe, das überall für jeden passt. Jeder und jede von uns ist einzigartig und wir befinden uns in unserer geistlichen Reise an unterschiedlicher Stelle. Warum sollten wir da annehmen, dass es eine Standardmethode gibt, die zu jeder Gruppe von Menschen passt? Liegt der Schwerpunkt auf den Beziehungen, in die er uns einlädt, anstatt auf der Gruppe, die wir bilden wollen, werden wir den wichtigeren Teil in den Mittelpunkt stellen: Wie leben wir in seiner Liebe und teilen sie mit anderen? Es geht um Beziehungen, nicht um Strukturen, um Freundschaften, nicht um Veranstaltungen. Falls Sie das noch nicht geschmeckt haben, wartet ein ganz erstaunliches Abenteuer auf Sie.

Es mag unmöglich klingen, dass seine Gemeinde alles unter Jesus zusammenbringen könnte, ohne unsere menschlichen Systeme ins Spiel zu bringen, besonders angesichts all der religiösen Strukturen, die die Erde füllen. Aber diese Gemeinde ist bereits im Bau befindlich, und das Ergebnis steht schon fest. Vor einigen Jahren besuchte ich in Südafrika das „Apartheid Museum“ in Johannesburg. Dort beeindruckten mich zwei Videoaufzeichnungen tief, die auf zwei nebeneinanderstehenden Leinwänden gezeigt wurden. Mitte der achtziger Jahre drohte die südafrikanische Gesellschaft auseinanderzubrechen, als eine zunehmende Zahl von Schwarzen das Recht zu wählen und am demokratischen Prozess teilzunehmen verlangte.

An einer Stelle in dem Video hielt ein Reporter dem Präsidenten Südafrikas, P. W. Botha, ein Mikrofon ins Gesicht und fragte ihn, ob die Regel „Ein Mann, eine Stimme“ jemals nach Südafrika kommen würde. Mit finsterem Blick, die bombastische Brust vor Trotz geschwollen, verkündete der Präsident vor einem prächtigen Regierungsgebäude völlig zuversichtlich: „Niemals!“

Auf dem Bildschirm daneben war Winnie Mandela, die damals die Ehefrau des politischen Gefangenen und späteren Präsidenten Nelson Mandela war. Sie rannte vor der Polizei durch einen Schleier von Tränengas davon. Ein Reporter rief ihr dieselbe Frage zu, die Präsident Botha gestellt worden war. Sie hielt in dem Durcheinander an, um sich der Kamera zuzuwenden. „Ach“, sagte sie, und ein Lächeln huschte über ihr

Gesicht. Obwohl alle Macht des Staates gegen sie und ihre Mitdemonstranten aufgefahren war, war ihre Zuversicht klar: „Es ist unvermeidlich!“

Und so war es!

Wird die Gemeinde, die Jesus baut, auf der Erde voll offenbart werden? Es ist unvermeidlich.

Gottes Tempel nimmt in der Welt Gestalt an, auch wenn er gelegentlich von Organisationen verdeckt wird, die sich als die Gemeinde ausgeben, deren Handlungen aber mehr wie menschliches Fleisch als der Wohlgeruch eines liebevollen Vaters riechen. Langfristig gesehen unterscheidet sich die bisherige Geschichte des Christentums wohl gar nicht so sehr von der alttestamentlichen Geschichte. Auf Augenblicke der Offenbarung Gottes folgen Jahre, in denen wir seinen Wegen untreu sind und gleichzeitig unseren Wegen mehr Glauben schenken.

Aber sein Tempel wächst weiter. Jede Person, die hinzukommt, trägt dazu bei, dass seine vielfältige Herrlichkeit mit größerer Genauigkeit reflektiert wird. Seine Gemeinde wird die Weisheit der Welt durch die Macht ihrer Liebe und die Schlichtheit ihres Lebens widerlegen. Wo immer man lernt, in seiner Liebe zu leben und andere zu lieben, wächst der Tempel. Wo immer man lernt, auf Jesus zu hören, anstatt auf die manipulativen Stimmen der religiösen Leiter, wächst der Tempel. Wo immer Menschen Wege der Zusammenarbeit finden, indem sie freundlich und großzügig ihr Leben füreinander niederlegen, wächst der Tempel empor.

Seine Vollendung ist unausweichlich, weil Jesus der Bauherr ist. Er kann nicht von Menschenhand gemacht werden, weil er nicht aus physischem Material besteht. Er kann nicht als Organigramm dargestellt werden, weil er kein System ist. Er ist ein lebendiger Organismus, der aus allen Menschen besteht, die die Herrschaft Jesu anerkennen. Das ist Gottes Ziel seit dem ersten Schöpfungsakt:

Doch jetzt sollen die Mächte und Gewalten in der unsichtbaren Welt durch die Gemeinde die ganze Tiefe und Weite von Gottes Weisheit erkennen. Genauso hatte Gott es sich vor aller Zeit vorgenommen, und dieses Vorhaben hat er nun durch Jesus Christus, unseren Herrn, in die Tat umgesetzt (Eph 3,10-11).

Kapitel 13

Hingabe ohne Verpflichtung

Dein Volk ist [voller] Willigkeit am Tage deiner Macht.

Psalm 110,3 ELB

Merkmal 3:

Gemeinschaft wächst aus dem Verlangen eines verwandelten Herzens.

Niemand missversteht die Realität der von Jesus gebauten Gemeinde mehr als diejenigen, die sagen, man müsse einer lokalen (Kirchen)gemeinde angehören, selbst wenn es einem zuwider ist oder man es langweilig findet.

Daran denke ich jedes Mal, wenn ich höre, dass Christen „in eine Kirche gehen müssen", weil wir „Gemeinschaft brauchen". Gehen sie deswegen – weil sie es müssen? Dieser Gedanke ist in christlichen Kreisen so verbreitet, dass die Zugehörigkeit zu einer Kirchengemeinde zum Lackmustest geworden ist, um zu messen, wie ernst es jemandem mit dem Glauben ist. Und da die ersten Gläubigen das Gemeindeleben nicht als Verpflichtung zu einer Veranstaltung sahen, müssen wir die Bibel verzerren, um zu versuchen, diesen Punkt zu beweisen:

> *„An eurer Liebe zueinander werden alle erkennen, dass ihr meine Jünger seid"* (Joh 13,35). Die Bibel sagt, dass ein Christ ohne eine Gemeinde wie ein Organ ohne einen Körper ist, ein Schaf ohne Herde, oder ein Kind ohne Familie. Es ist ein unnatürlicher Zustand ... Von einigen wichtigen Ausnahmen abgesehen, in denen alle Gläubigen im Laufe der Geschichte gemeint sind, bezieht sich das Wort „Gemeinde", wenn es in der Bibel vorkommt, fast jedes Mal auf eine örtliche, sichtbare Kirchengemeinde. Das Neue Testament setzt die Mitgliedschaft in einer örtlichen Gemeinde voraus. Eine Kirchenfamilie weist Sie als echten Gläubigen aus.[1]

Herr Warren beginnt hier mit einer wahren Aussage. Unsere Liebe zueinander wird der Welt zeigen, dass Jesus in uns lebt. Dann beachte man aber, wie er den Aufruf zur Nächstenliebe raffiniert durch die Mitgliedschaft in einer Ortsgemeinde ersetzt. Das ist ein ganz schöner Gedankensprung! Und dann behauptet er noch kühn, dass sich das Wort „Gemeinde" in der Bibel fast jedes Mal auf eine dieser Institutionen bezieht.

Wie Warren nehmen viele an, dass Jesus uns nicht wirklich geboten hat, einander zu lieben, sondern dass er uns nur auf verschlüsselte Weise sagte: „Geht am Sonntagmorgen in die Kirche" – so als ob er meinte, man könne die Menschen nicht lieben, wenn man mit ihnen redet und sich um sie kümmert, sondern nur, indem man still neben ihnen auf einer Kirchenbank sitzt. So ausgedrückt, klingt das nicht ein wenig verrückt? Glaubt jemand wirklich, dass Jesus gemeint hat, wir müssten uns einer örtlichen Gemeinde anschließen, um einander zu lieben, besonders wenn sich deren Prioritäten so drastisch vom Willen Jesu unterscheiden? Habe ich hier etwas übersehen?

---

[1] Rick Warren, *A Church Family Identifies You As a Believer (Eine Kirchenfamilie weist Sie als Gläubigen aus)*, erschienen im *Daily Hope Devotional* (Andachtserie im Internet) am 29.8.2012.

Ja, tatsächlich hatte ich hier lange Zeit etwas übersehen. Früher lehrte ich denselben Unsinn – dass man nur dann zu Jesu Gemeinde gehören könne, wenn man eine anerkannte Kirchengemeinde besuchte. Ich war denen gegenüber misstrauisch, die nicht einer örtlichen Gemeinschaft angehörten. Es war einfacher, sie als verletzt, bitter oder unabhängig abzustempeln, als sich mit dem Gedanken zu beschäftigen, dass unsere Kirchengemeinde für Menschen irrelevant sein könnte, die eine tiefe Leidenschaft für Jesus hatten. Seitdem habe ich entdeckt, dass der Besuch einer Ortsgemeinde wenig damit zu tun hat, ob jemand Jesus kennenlernt bzw. ob er mit Jesu Gemeinde verbunden ist.

Machen wir den Besuch einer Kirchengemeinde zur Pflicht, kann das in Wirklichkeit schon der Beweis dafür sein, dass wir die Vitalität einer echten Gemeinschaft verloren haben und in weltlichen Ritualen, unseren Forderungen nach Anpassung oder internen, die Menschen voneinander entfremdenden Konflikten steckengeblieben sind. Jesus verglich sein Reich mit einer Perle von großem Wert. Wenn jemand dessen Realität sehe, würde er alles aufgeben um dazuzugehören. In Jesus zu leben und dieses Leben mit anderen zu teilen ist keine Plackerei. Es erfüllt die tiefsten Sehnsüchte des menschlichen Herzens.

Wenn Sie nach Jesu Gemeinde suchen, sollten Sie nach Menschen Ausschau halten, die durch ihre Leidenschaft für Gott zueinander hingezogen werden, und nicht nach solchen, die von Pflicht und Rechenschaft reden. Wer wäre nicht gerne bei jenem Mittagessen mit Zachäus mit dabei gewesen oder bei den Gesprächen, als sie über den See Genezareth fuhren, oder bei den Mahlzeiten in Bethanien mit Lazarus, Maria und Martha? Wie schön wäre es gewesen, mit Jesus inmitten einer Gruppe von Leuten zu sein und zuzusehen, wie er sie in seine Realität hineinliebte, sie durch seine Weisheit anspornte oder Türen des Vertrauens zu ihrem Herzen öffnete. Wo würde man sonst gerne sein?

Gilt das nicht genauso für den Pfingsttag oder für das Gebet mit den Jüngern nach der Verhaftung von zweien aus ihrer Gruppe? Würden wir nicht gern zuhören, wie Paulus das Evangelium in Lydias Haus erläuterte? Falls jemand ihnen gesagt hätte, sie müssten aus Pflicht „in die Kirche gehen", wäre ihnen wohl glatt die Spucke weggeblieben. Das Werk, das Gott zunehmend unter den Menschen tut, ist eine faszinierende Realität. Warum sollten wir die Teilnahme an der Gemeinde zur Pflicht machen, anstatt ein gemeinschaftliches Leben zu kultivieren, das der Verheißung der Gemeinde gerecht wird, Gottes Fülle in der Welt zu sein?

Wenn Sie am letzten Sonntag bei mir zuhause Mäuschen gespielt hätten, hätten Sie mitbekommen, wie eine Gruppe von Menschen ihr Leben miteinander geteilt haben. Es gab viel Gelächter und mehr als genug zu essen. Wir waren zwischen zwei und sechzig Jahre alt und es gab einen regen Austausch zwischen den verschiedenen Alters- und Interessengruppen. Wir haben den natürlichen Lauf der Gespräche und Aktivitäten nie unterbrochen, um ein Meeting zu beginnen, wo jeder hätte innehalten müssen, um einer einzigen Person die volle Aufmerksamkeit zu schenken, aber es gab viele Gespräche, einige davon mit tiefem Gebet und großer Anteilnahme. Hätten Sie miterlebt, wie sich der Tag entfaltet hat, hätten Sie wohl vermutet, dass wir alle schon seit langem gute Freunde sind, aber in Wirklichkeit waren einige dabei, die vor sechs Monaten noch keinen der anderen Anwesenden kannten, und eine Person war an diesem Tag zum ersten Mal mit dabei.

Wer würde denn nicht zu solch einer Familie gehören wollen? Und selbst wenn es jemand nicht wollte, könnte man denn diese Person irgendwie dazu zwingen, es zu tun, sodass sie davon etwas hätte und ohne den Wert unserer gemeinsamen Zeit zu mindern? Das glaube ich kaum. Ich würde mir nicht wünschen, dass unsere Kinder mich nur besuchen, weil sie meinen, ich nähme es ihnen übel, wenn sie nicht kämen. Man weiß, dass man Teil einer dysfunktionalen Familie ist, wenn man die Familienfeste nur besucht, weil man sich dazu verpflichtet fühlt.

Wenn die Liebe zur Pflicht wird, ist sie nicht mehr echt. Wenn wir Angst und Schuldgefühle einsetzen, um ein erwünschtes Benehmen zu erzielen, wird die Liebe vermindert und nur geheuchelt. Die ersten Gläubigen sahen Gemeinschaft nicht als Pflicht. Sie bezeichneten sie nicht als eine Notwendigkeit, die mit einem „man sollte" und „man muss" verknüpft war. Für sie war ihr gemeinsames Leben eine faszinierende Realität. Sie *mussten* nicht beieinander sein, sondern *durften* beisammen sein.

Es gibt viele Gläubige, die auch ohne die obligatorische Kirchengemeinde eine Beziehung zu Gott und tiefe Gemeinschaft mit anderen genießen. Sie sind weder bitter noch unabhängig. Es ist ihnen einfach wichtiger, in Beziehungen mit anderen zu leben, als sich mit all den Veranstaltungen und Machtkämpfen abzugeben, in die sie verstrickt waren, als sie einer Kirchengemeinde angehörten. Dabei ist mir eines aufgefallen. Die Menschen, die außerhalb der kirchengemeindlichen Systeme leben, haben kein Problem damit, wenn andere es als Segen empfinden, diesen anzugehören. Doch ist es häufig so, dass diejenigen, die eine Kirchengemeinde besuchen, häufig diejenigen richten, die es nicht tun.

Leider wissen die meisten christlichen Gruppen nicht, wie sie tiefe und haltbare Beziehungen entwickeln sollen. In den meisten Fällen ist es das Programm, das die Entwicklung von Freundschaften hindert. Jedes Gruppentreffen folgt gewöhnlich einem gewissen Lebenszyklus. Nach der anfänglichen Begeisterung, die einige Wochen anhält, wird es zu einer Gewohnheit. Schließlich wird das Programm jedoch genug zur Routine, sodass man anfängt, sich zu langweilen. Einige fangen an zu fehlen, und um das Programm am Leben zu erhalten, muss man es verbessern, die Leute zu größerer Hingabe auffordern, oder neue Leute finden, die gerade eine begeisternde Zeit erleben. Wenn aus der Vorfreude Gewohnheit geworden ist, dauert es nicht lange, bis es Ihnen vor dem Tag der Gruppenversammlung graut und Sie nach Ausreden suchen, nicht hinzugehen. Wenn das geschieht, sollten wir uns lieber fragen, warum die Gruppe zur Routine geworden ist: Ist es, weil die Teilnehmer ihre geistliche Leidenschaft verlieren oder weil die Zusammenkunft nicht mehr ihre Leidenschaft unterstützt?

Es gibt keinen Tag, an dem mir davor graut, dass meine Kinder oder Enkelkinder – oder auch ein guter Freund – mich besuchen kommen. Ich freue mich auf jede Gelegenheit, bei der wir uns treffen. Wenn ich mit ihnen zusammen bin, genieße ich sie und denke hinterher noch lange daran zurück. Das ist das Merkmal echter Gemeinschaft. Die Freundschaft steht an erster Stelle, und das macht das Treffen faszinierend. Das wurde mir zum ersten Mal klar, als meine Kinder sehr klein waren und ich noch Pastor war. Bei einem Mittagessen mit dem Pastor der örtlichen Mennonitengemeinde fragte ich ihn nach dem besten Rat, den er je im Dienst erhalten hatte. Ohne zu zögern schaute er auf und sagte: „Das weiß ich genau. Jemand forderte mich auf, von meinen Kindern nicht mehr zu verlangen, die Gemeinde zu besuchen, sobald sie zwölf Jahre alt sind."

Ich war überrascht. Ich hatte etwas Eindrucksvolleres erwartet, etwas, das ihm beim Predigen oder der Seelsorge half. Aber dann erzählte er mir, wie sehr es seine Kinder verändert hatte. Wenn Papa und Mama sie nicht mehr zwangen, in die Kirchengemeinde zu gehen, mussten sie selber einige wichtige Entscheidungen für sich treffen. Als ich das damals hörte, war ich gerade seit ein paar Jahren Teil eines Teams gewesen, das eine neue Kirchengemeinde gegründet hatte. Meine Kinder waren damals vier und zwei Jahre alt. Ich ging nach Hause und erzählte meiner Frau von der Idee. Wir waren uns einig, dass es ein sehr guter Rat war und wir ihm folgen wollten. Obwohl die Kinder also noch ein paar weitere Jahre mit uns in den Gottesdienst gehen mussten, wollte ich sicherstellen, dass unser Kinderprogramm sie auch wirklich ansprach.

Mir ist klar, dass manche Leute ihre Schwierigkeiten mit dieser Sicht von Gemeinde haben. Sie sehen sie nur als eine Veranstaltung, die man besucht, und die Pflicht, Woche für Woche zu erscheinen, ist für sie ein wichtiger Bestandteil ihres Glaubens. Aber wenn das alles ist, wird ihr Glaube den Herausforderungen des Lebens nicht standhalten. Große Veranstaltungen können einem helfen, die grundlegende Theologie zu erlernen, die das Glaubensleben stützt. Aber es ist problematisch, wenn sie die Menschen vom Programm abhängig machen und sie nicht lehrt, wie sie darüber hinaus leben. Wenn sie nicht lernen, wie sie mit Jesus in Verbindung treten und mit anderen auf einem ähnlichen geistlichen Weg gedeihliche Freundschaften pflegen können, werden sie sich langweilen. Deswegen muss sich das Programm ständig ändern und neue Elemente hinzufügen, um mit der neuesten Masche mitzuhalten.

Aber verlangt die Bibel nicht, dass wir uns versammeln? Das glauben die meisten und zitieren zum Beweis Hebräer 10,25: *„Deshalb ist es wichtig, dass wir unseren Zusammenkünften nicht fernbleiben, wie einige sich das angewöhnt haben, sondern dass wir einander ermutigen, und das umso mehr, als – wie ihr selbst feststellen könnt – der Tag näher rückt, an dem der Herr wiederkommt.“* Das wird auf Menschen angewendet, die nicht mehr das Bedürfnis haben, eine Ortsgemeinde zu besuchen, weil sie sich nach Formen des Gemeindelebens sehnen, die beziehungsorientierter sind. Aber davon ist in diesem Abschnitt nicht die Rede. Er wendet sich nicht an Leute, die nicht mehr zum Gottesdienst gehen wollen. Er wurde für Menschen geschrieben, die in Zeiten der Verfolgung Angst hatten, dass ihr Umgang mit anderen Gläubigen es der Obrigkeit leicht machen würde, sie zu identifizieren und die Verfolgung noch auszuweiten. Der Verfasser des Hebräerbriefes versicherte ihnen, dass sie von der gegenseitigen Ermutigung mehr zu gewinnen hätten, als sie von jeder Verfolgung, die sie riskierten, verlieren könnten.

Eines aber fällt hier auf: Sie trafen sich, um sich gegenseitig zu ermutigen, und nicht um als Zuschauer in einem Gottesdienst zu sitzen. Warum lässt man das aus und meint, der Autor rede nur vom Besuch einer Veranstaltung? Sich zu versammeln heißt mehr, als in einer Veranstaltung zu sitzen. Es bedeutet, zuzulassen, dass andere an unserer Seite sind und dass wir uns gegenseitig in der Nachfolge Jesu ermutigen. Das kann innerhalb einer Kirchengemeinde geschehen, aber auch außerhalb.

Einige behaupten, dass Jesus durch seine Teilnahme an der Synagoge ein Beispiel für Gläubige setzte, sich regelmäßig in einer formalisierten Umgebung zu treffen. Ich bin mit diesem Vergleich aus drei Gründen nicht einverstanden. Erstens war der Gottesdienst in der Synagoge kein großes, unpersönliches, von der Bühne her gesteuertes Event, wie wir es heutzutage abhalten. Zweitens gehörte die Synagoge zwar zur zeitgenössischen Kultur Jesu, stammte jedoch aus der Zeit vor der neuen Schöpfung und ihrem transformierenden Leben. Und drittens organisierten sich selbst die aus dieser Kultur stammenden Gläubigen der Urgemeinde nicht in regulären Versammlungen, die den Synagogen ähnelten. Vielmehr florierte die Gemeinde in eher spontanen Zusammenkünften, bei denen man miteinander lernte, betete und Gemeinschaft pflegte. Anfangs nutzten sie die offenen Räume des Tempels, sodass große Gruppen das Zeugnis der Jünger von Jesu Worten und Taten hören konnten. Und sie besuchten sich gegenseitig zuhause, um ihre neugefundene Freude miteinander zu teilen und dort füreinander zu sorgen, wo es Bedarf gab. Sie versammelten sich einmal, um die Freilassung von Petrus und Johannes aus dem Gefängnis zu feiern, und angesichts der Verfolgung beteten sie gemeinsam um Gottes Kühnheit. Diese Versammlungen waren keine Routine, sondern ergaben sich spontan, je nachdem, wie das Leben spielte.

Die einzige andere Bibelstelle, die von der Notwendigkeit des Gemeindelebens spricht, befindet sich in 1. Korinther 12. Sie beschreibt die Gemeinde als einen Leib und uns alle als

Teil dieses Leibes. Das Auge kann nicht zur Hand sagen: *„Ich brauche dich nicht“*, und sich absondern. Wir gehören alle zu einem größeren Ganzen. Wenn wir isoliert leben, entgeht uns sehr viel an Weisheit und Kraft, die von den Gaben anderer kommen. Es wäre jedoch auch schwierig, aus dieser Bibelstelle einen Beweistext dafür zu machen, dass man einer Kirchengemeinde angehören muss, um Teil dieses Leibes zu sein. Sind es denn nicht tatsächlich gerade diese Kirchengemeinden, durch welche die Gemeinde häufig in Gruppen Gleichgesinnter aufgeteilt wird und die verneinen, dass Jesus in anderen ebenfalls wirkt und ihnen Offenbarung schenkt? Sie schneiden sich selber von anderen Teilen des Leibes Christi ab, weil sie meinen, sich selbst zu genügen.

Die Bibel lehrt nicht, dass jeder zum Gottesdienstbesuch gezwungen werden muss, sondern sie sagt, dass es nicht weise ist, wenn man sich von den Gaben und Einsichten anderer isoliert, mit denen Gott einen umgeben hat. Menschen, die mit Jesus in Verbindung stehen, neigen nicht zum Alleingang. Gott selber ist eine Gemeinschaft, und wer ihn kennt, wird in der Freude der Gemeinschaft mit anderen schwelgen, solange sie echt ist.

Egal, an welcher Form von Gemeinde Sie beteiligt sind, wenn es zu einer Strapaze geworden ist, sollten Sie vielleicht von Neuem einen Blick auf das werfen, was Sie tun. Programme führen zu Langeweile, aber wenn wir eine echte Verbindung zu Gott und anderen pflegen, wird das nie der Fall sein. Das gemeinsame Leben unter Gläubigen, die darin wachsen, in Gottes Liebe zu leben, ist einladend, interessant, wohltuend, attraktiv, tiefgründig und sinnvoll. Das wird nie langweilig, und daran können wir wahrscheinlich am besten beurteilen, wie effektiv wir das Leben miteinander teilen.

Wir müssen vielleicht unseren Weg zurück zu tieferen Begegnungen finden, und das geschieht nicht einfach, indem man der Morgenliturgie eine „Begrüße-deinen-Sitznachbarn“-Zeit hinzufügt. Diese Augenblicke sind so oberflächlich, dass sie praktisch bedeutungslos sind. Freundschaften bilden sich, wenn man Zeit hat, sich kennenzulernen und sich sicher fühlt, über seinen geistlichen Hunger und seine inneren Kämpfe ehrlich sein zu können. Leute, die von Jesus durch die echten Herausforderungen in ihrem Leben verwandelt werden, sind anziehender als jeder gut geplante Gottesdienst, selbst wenn es Probleme in den Beziehungen gibt. Wir werden nicht nur aufgefordert, uns mit denen zu freuen, die sich freuen, sondern auch mit denen zu weinen, die weinen. Nichts ist in schmerzhaften Zeiten tröstlicher als die Gegenwart eines guten Freundes, der einen versteht und da ist, um einem zu helfen, und wenige Dinge sind lohnender, als einen Freund durch eine schwierige Zeit in dessen Leben zu begleiten.

Freunde, die einen gemeinsamen Weg gehen, bereitet es auch Freude, zu ihrem Versagen zu stehen, um Vergebung zu bitten und nach Wegen für die Beseitigung von Konflikten und Missverständnissen zu suchen, die Jesu Liebe demonstrieren. Wir alle sind unvollkommen und werden gelegentlich einander enttäuschen und hängenlassen oder Anstoß nehmen, wo keiner beabsichtigt war. Die Freundschaft erlaubt jedoch die Art der Ehrlichkeit, die uns in diesen Augenblicken wachsen lässt. Waren meine Erwartungen fair? Habe ich die Freiheit einer anderen Person verletzt? Unvollkommene Menschen lieben zu lernen, ist der Kern des Lernprozesses, sein Jünger bzw. seine Jüngerin zu sein. Wenn wir es Jesus nicht erlauben können, dass er uns durch unsere Unvollkommenheiten hindurch liebt, werden wir andere auch nicht durch ihre Fehler hindurch lieben, und dann werden wir erst recht nicht wissen, wie wir diejenigen lieben sollen, die in der Dunkelheit verloren sind.

Einem Leben, das aus Pflichterfüllung besteht, liegt der Glaube zugrunde, dass Gott nicht liebenswürdig und das Leben in ihm langweilig ist. Jesus sagte, dass der Zweck seiner Lehre sei, *„damit meine Freude euch erfüllt und eure Freude vollkommen ist“* (Joh 15,11). Bis wir sehen, dass die aufregendste Einladung, die wir je erhalten haben, das Leben in Jesus ist, werden wir die damit verbundene Freude nicht entdecken. Wenn wir ihn kennen, wird sein ganzer Wille für uns zu einer unwiderstehlichen Realität. Wenn das nicht der Fall ist, haben Sie etwas Entscheidendes im Evangelium verpasst.

Wenn wir das Gute erleben wollen, erfordert dies nicht, dass wir uns zu etwas verpflichten, was wir nicht mögen, sondern wir dürfen einfach voll Freude dem nachgehen, was wir wirklich lieben. Pflichten setzen voraus, dass unsere Wünsche verachtenswert sind und dass diejenigen, die ihre Wünsche aufgeben und unangenehme Aufgaben für Gott übernehmen, zu loben sind. Aber was ist, wenn Gott Ihnen Ihre tiefsten Wünsche gegeben hat? Wenn er Ihre vollkommene Freude möchte, dann weiß er auch am besten, was Sie erfüllt. Was Gott als Sünde identifiziert, sind die Wünsche, die eigentlich gar nicht die unseren sind. Sie sind verzerrt worden, um uns sofortige Befriedigung oder falsche Sicherheit zu bieten, obgleich sie uns – geistlich, in Beziehungen und sogar körperlich – zur sicheren Zerstörung führen.

Sie wissen, dass Sie das Leben der Gemeinde gefunden haben, wenn Sie Menschen finden, denen es wirklich Spaß macht, beisammen zu sein. Seien Sie vorsichtig bei Beziehungen, die von Streit, Zank und Spannungen durchsetzt sind. Jede Familie hat ihre schwierigen Momente, aber es sind Augenblicke und nicht Monate der schmerzhaften, angespannten Unterhaltungen, die einen am Ende erschöpfen oder am Boden zerstören. Das Leben ist zu kurz und zu schmerzhaft, um unserer Glaubensfamilie zu erlauben, unser Leben komplizierter zu machen, anstatt uns zu befreien, Jesus zu erkennen.

Es gibt nichts Unwiderstehlicheres, als Ihren geistlichen Weg mit anderen zusammen zu reflektieren, die wissen, wie man Gottes Liebe und Weisheit miteinander teilt. Mit diesen möchte ich gerne zusammen sein. Was für eine Freude ist es, zu beobachten, wie sie verwandelt werden und die zunehmende Freiheit entdecken, in der Zuneigung des Vaters zu leben!

Entdecken Sie dieses Leben in Beziehung mit anderen, und Sie werden sich die Gemeinde gar nicht mehr als Veranstaltung vorstellen können, sondern als ein Zusammentreffen von Freunden.

Kapitel 14

Zusammenkünfte ohne geplante Abläufe

... [Lasst uns] einander ermutigen, und das umso mehr, als – wie ihr selbst feststellen könnt – der Tag näher rückt, an dem der Herr wiederkommt

Hebräer 10,25

Merkmal 4:

Die Tiefe der Beziehung wird mehr geschätzt als im Voraus geplante Veranstaltungen.

„Wenn Veranstaltungen das Reich Gottes herbeiführen könnten, hätten wir das mittlerweile schon erreicht."

Das sagte mir John Beaumont, als er mir in seinem Haus in Rotorua, Neuseeland, gegenübersaß. Bei meinen Vorbereitungen für dieses Buch reiste ich auf meiner von mir liebevoll sogenannten „Alte-Käuze-Tour" durch die ganze Welt. Ich sprach mit Menschen, die über 70 und 80 Jahre alt waren und sich mit den eher beziehungsorientierten Wegen des Gemeindelebens befasst hatten. Als Autor, Pastor und Redner war John, der damals knapp 80 Jahre alt war, durch die Welt gereist und hatte Abertausende von Treffen besucht oder abgehalten. Es war seine Leidenschaft, anderen zu einem lebendigen

Leben in Christus zu verhelfen. Dabei war er jedoch zu der Erkenntnis gelangt, dass die Energie, die in die Planung und die Durchführung von Veranstaltungen gesteckt wird, sich kaum merkbar auf das Voranbringen des Reiches Gottes auswirkt. Ich krümmte mich vor Lachen, als er sich über die ganze fruchtlose Zeit ausließ, die er nicht nur in Veranstaltungen und Treffen, sondern auch in „Treffen über Treffen", wie er es nannte, verbracht hatte. Er sagte, echte Gemeinschaft höre immer auf, wenn die Veranstaltungen begännen, und sie kehre zurück, wenn die Treffen endeten. Durch das Gelächter hindurch war klar, was er meinte. Die neue Schöpfung floriert in Beziehungen, nicht in Treffen oder Veranstaltungen.

Seine Bemerkungen konkretisierten etwas, was ich schon seit einiger Zeit bemerkt hatte. So sehr ich es genieße, vor einer großen Gruppe von Menschen zu sprechen, ist das nicht die effektivste Umgebung, um das Leben des Reiches Gottes weiterzugeben. Die Begegnungen, die sich vor und nach einer Veranstaltung abspielen, interessieren mich viel mehr. Manchmal halte ich ganztägige Workshops vor vollen Sälen ab, und obwohl diese hilfreich sein können, gefällt mir der folgende Tag am besten. Gewöhnlich hänge ich im Haus des Gastgebers herum und ständig kommen Leute zu Besuch. Das gibt ihnen die Gelegenheit, die schwierigen Fragen zu stellen und Gottes Hand in ihrem eigenen Leben zu erkennen. Während es am ersten Tag meist um verschiedene Themen und Begriffe geht, reden wir am zweiten Tag über das wahre Leben und wie man es findet. Am ersten Tag, in der Öffentlichkeit, sind die Menschen auf der Hut; am zweiten Tag sind sie freier, über sich und ihre inneren Kämpfe zu reden.

Ist das der Grund, weshalb Jesus nie ein Treffen anberaumt hat? Selbst als er im Obergemach das erste Abendmahl mit den Jüngern feierte, war er im Gespräch mit ihnen und führte sie nicht durch eine Liturgie oder Tagesordnung.

Gesunde Familien versammeln sich häufig, veranstalten aber selten Veranstaltungen oder Vorträge. Sie unterhalten sich am Tisch, an einem Lagerfeuer oder auf der Terrasse an einem gemütlichen Nachmittag. Wir versammeln uns aus traurigen und aus fröhlichen Anlässen, aber niemals zu einer Veranstaltung. Stellen Sie sich vor, meine Kinder kämen zum Weihnachtsessen zu Besuch, und anstatt sie rings um den Tisch zu setzen, hätte ich eine Reihe von Stühlen für sie aufgestellt, auf denen jeweils ein Faltblatt mit Anweisungen für den Ablauf des Tages liegt. Das wäre lächerlich, weil das echte Familienleben vom künstlichen vertrieben worden wäre.

Damit soll nicht gesagt werden, dass formelle Treffen von Übel sind. Würde meine Familie gemeinsam ein Unternehmen oder eine Stiftung führen, dann würden wir je nach den Aufgaben entsprechende Meetings haben, aber sie würden nicht unsere Beziehung definieren. Es gibt viele Gründe, sich mit anderen Gläubigen zu treffen: um Informationen weiterzuleiten, an einem Projekt zusammenzuarbeiten oder ein Event zu organisieren. Aber diese Art Treffen sind für eine spezielle Zeit und zu einem bestimmten Zweck da und machen nicht unser normales gemeinsames Leben aus. Beziehungen wachsen bei informellen Zusammenkünften, nicht bei solchen Treffen.

Was ist der Unterschied? Betreibe ich hier nur semantische Haarspalterei? Mir ist klar, dass man diese Ausdrücke synonym verwenden kann, aber das tue ich nicht. Eine *Zusammenkunft* bringt die Menschen zusammen, um die Beziehung zu feiern. Ihr Schwerpunkt liegt auf Gesprächen. Oft finden mehrere gleichzeitig statt, weil niemand gezwungen wird, einem bestimmten Ablauf zu folgen. *Formelle Treffen* dagegen bringen die Leute zusammen, um eine Aufgabe zu erfüllen – selbst wenn es nur darum geht, ein gewisses Ritual zu absolvieren. Sie funktionieren nur, wenn es Konformität und Kooperation gibt. Beziehungen sind dafür nicht entscheidend. Aus diesem Grund kann man (selbst kleine) Veranstaltungen jahrelang besuchen, ohne die anderen Teilnehmer wirklich kennenzulernen oder echt um sie besorgt zu sein.

Haben sie ihre Aufgabe erfüllt, können formelle Treffen beendet werden. Geschieht das nicht, verewigen sie sich einfach selbst. Die Teilnahme wird dann zur Pflicht und die Veranstaltung oft zu einem Ort, an dem man sich vor echten menschlichen Begegnungen verstecken kann. Deshalb ziehen manche Leute ständige, vierundzwanzigstündige Gebets- und Anbetungstreffen vor, obwohl sie noch nicht einmal gelernt haben, den Ehepartner, die Kinder oder die Nachbarn zu lieben.

Das „Signal" des Gemeindelebens finden wir weniger in großen Veranstaltungen gleichgesinnter Leute, sondern wenn wir wachsende Freundschaften pflegen. Der Erfolg wird nicht an der Größe der Gruppe gemessen, sondern an der Qualität der Beziehungen. Anstatt die Leute durch Treffen und Verpflichtungen zeitlich zu vereinnahmen, wird das echte Gemeindeleben viel eher durch authentische Freundschaften in einem informellen Rahmen erlebt, wofür keine großen Mittel zur Betreibung zentralisierter Programme erforderlich sind.

Man kann sein Leben nicht mit Hunderten von Leuten teilen, die in einer organisierten Gruppe sitzen. Man kann hier ein Anliegen mitteilen und sogar eine Aufgabe miteinander erledigen, aber Beziehungen wachsen nicht, da zu wenig Zeit und Kraft vorhanden ist, sie zu entwickeln. Ist das nicht der Grund, weshalb Leute sich in großen Kirchengemeinden oft so isoliert fühlen und darüber klagen, dass die wenigen Beziehungen, die sie haben, oberflächlich sind?

Kürzlich, als eine Gruppe von uns zusammenkam, um über unsere Leidenschaft für Jesu Gemeinde zu sprechen, traf ich Ronel. Ihre Geschichte ähnelt der von vielen, die dabei sind, ihren Schwerpunkt von Veranstaltungen auf Beziehungen zu verlagern:

> Ich muss sagen, meine Zeit mit euch war eine göttliche Intervention. Sie öffnete mir die Augen für etwas Unerwartetes. Ich hatte vor Kurzem beschlossen, vom Frauendienst einer Mega-Gemeinde zurückzutreten, weil man mir ständig den Köder der Freiheit unter die Nase hielt, der aber von Kontrolle und Konformität durchsetzt war. Ich wusste einfach, dass ich dort nicht hingehörte. Vor dem Besuch der

Veranstaltung hatten mein Mann und ich über Hausgemeinde und einige andere neue Ideen diskutiert. Aber als ich sah, wie sich all diese Leute mit Problemen der Kontrolle in Hausgemeinden herumplagen, hat mir das die Augen geöffnet für die Tatsache, dass von Menschen gegründete religiöse Gruppen mit ihren Regeln zur Frustration führen.

Nach dem Treffen mit euch verspürte ich Frieden darüber, nicht in eine Kirchengemeinde zu gehen und stattdessen das Leben mit Vater zu erkunden. Ehrlich gesagt, kam ich mir anfangs ein bisschen einsam vor, aber im Laufe der Wochen ging mir auf, dass ich ein Handy voller Nummern hatte und Ehepaare zum Abendessen oder Freundinnen zum Kaffee einladen konnte. Solange ich mir bewusst war, dass Vater bei mir war, war er auch in den Gesprächen dabei. Dieses Erwachen zu der Erkenntnis, dass ich den Kontakt zu anderen zur Priorität machen muss, anstatt sie in einem Gebäude für mich herstellen zu lassen, war für meine Seele essenziell. Ich gehe diesen Weg Schritt für Schritt, aber ich könnte mir ehrlich gesagt kein schöneres Bild vorstellen, als dass wir in unserer Familie lernen, diesen Weg gemeinsam zu gehen. Ob wir bei unserem Sohn auf der Ringermatte sind oder ihn beim Baseball anfeuern oder uns alle auf dem Bett räkeln und ein Buch lesen – ich sehe mit neuen Augen, dass meine ganze Geschäftigkeit uns diese kostbaren Augenblicke gestohlen hatte.

Jesus führte Ronel mitsamt ihrer Familie von dem Gedanken weg, dass die Gemeinde aus einer Veranstaltung besteht, die sie finden oder gestalten musste. Stattdessen sollte sie die Menschen begleiten, die sie schon kannte. Das ist sozusagen die Brutstätte für die Gemeinde Jesu. Ich weiß, das erschreckt die Leute, denen es lieber wäre, wenn Ronel und ihr Mann ihre Gaben und Talente in ihre Organisation einbrächten, oder zumindest ein formelles Treffen veranstalten würden, zu dem andere kommen könnten. Aber das würde ihre inneren Kämpfe nur verlängern. Jesus eröffnet ihnen nun einen breiteren Horizont:

Sie müssen sich nicht mehr in auf Konformität beruhende Systeme einfügen, sondern dürfen erkunden, wie Jesu Gemeinde in den Beziehungen um sie herum Gestalt annimmt.

Selbst wenn Sie einer eher traditionelleren Kirchengemeinde angehören, wird es Ihnen helfen, darüber nachzudenken, wie Sie dort Beziehungen aufbauen können. Es reicht nicht aus, in einer Veranstaltung neben anderen zu sitzen; Sie werden sich auf tieferer Ebene mit ihnen verbinden wollen. Wie manche gar nicht so ironisch sagen: Das Leben der Gemeinde kommt besser auf dem Weg vom und zum Parkplatz zum Ausdruck als in unseren Gottesdiensten selbst.

Als ich Pastor war, hatte ich die Befürchtung, die Leute würden zu diesen Einzelgänger-Christen werden, die nur an sich denken und am Ende völlig isoliert sind, wenn sie nicht treu die Veranstaltungen besuchten. Rückblickend sehe ich, dass ich wohl eher nur mein Revier verteidigen wollte. Inzwischen weiß ich: Je näher man Jesus kommt, desto mehr zieht einen die Liebe in die Gemeinschaft. Man findet weniger Sinnvolles in vorprogrammierten Veranstaltungen und hat ein größeres Verlangen nach Beziehungen, die man nicht finden konnte, als jeder so mit dem Programm beschäftigt war.

Ronel und ihr Mann werden entdecken, dass die Gemeinde sich aus diesen Begegnungen zu erkennen gibt. Ja, man muss eine gewisse Initiative ergreifen. Niemand plant Veranstaltungen, um Ihnen die Illusion der Gemeinschaft zu geben. Sie werden Ihre eigenen Beziehungen durchgehen und herausfinden müssen, welche davon Gott vertiefen möchte. Damit das geschehen kann und sich echte Verbindungen entwickeln, braucht es Zeit. Aber die Zusammenkünfte, die solchen Beziehungen entwachsen, sind weit anziehender als jede Veranstaltung, die wir uns ausdenken.

Nein, wir können nicht mit jedem, den wir treffen, eine tiefe, persönliche Freundschaft pflegen. Aber wir können den Menschen, mit denen uns Jesus verbinden will, Zeit und Aufmerksamkeit schenken und dadurch sein Leben an sie weitergeben. Bald werden Sie entdecken, dass Sie verschiedene

Beziehungskreise haben, was durchaus angebracht ist. Am äußeren Rand sind die Leute, die Sie gerade erst kennenlernen. Hier sind die Gespräche oft noch etwas unbeholfener, weil Sie noch kaum etwas über das Leben der anderen Person wissen und sich nicht sicher sind, wo ihre persönlichen Grenzen liegen. Aber man kann nie wissen, was sich daraus entwickelt, wenn man diese Beziehungen über dieses Stadium hinauswachsen lässt. Jeder gute Freund von heute war einmal ein Fremder.

Einige dieser Bekannten werden wirklich zu Freunden, zu Leuten, die wir auswählen, weil sie für uns eine Ermutigung auf unserem eigenen Weg sind oder weil wir sie ermutigen wollen. Es kann einfach so beginnen, dass Sie den Eindruck haben, dass Gott da eine Verbindung für Sie hat. Auf zeitlichen und räumlichen Gründen können Sie sich vielleicht nicht regelmäßig treffen, aber wenn Sie es tun, sind Sie hinterher dankbar, Teil ihres Lebens zu sein.

Einige von ihnen werden zu engeren Freunden. Zu einem gegebenen Zeitpunkt mögen wir mit zwei oder drei Dutzend Menschen regelmäßig in Verbindung stehen. Sie sind nicht unbedingt in alle Einzelheiten eingeweiht, aber sie haben die Übersicht, was bei uns vorgeht. Einige von ihnen treffen wir regelmäßig in Zusammenkünften, mit anderen arbeiten wir gemeinsam an einem Projekt und bei wieder anderen vertiefen wir einfach bewusst die Beziehung. Die Gespräche können ziemlich schnell in die Tiefe gehen, weil wir uns miteinander sicher fühlen und füreinander sorgen.

Der kleinste Kreis sind die vertrauten Freunde, deren Wege wir oft mehrmals in der Woche kreuzen und die wir gut genug kennen, um ehrlich und fürsorglich zueinander zu sein. Wir geben einander regelmäßig Anteil an dem, was uns beschäftigt, um einander zu ermutigen. Es ist ein Segen, wenn Sie zu einer bestimmten Zeit auch nur zwei oder drei dieser Freunde haben, und Sie werden wahrscheinlich nicht die Zeit für mehr als ein halbes Dutzend von ihnen haben.

Wenn sich die Beziehungen vertiefen, wird auch die gemeinsame Leidenschaft für Jesus und sein Reich wachsen. Vielleicht gibt es auch in Ihrem Leben Menschen, die Ihnen sehr am Herzen liegen, die aber den Gott, den Sie kennen, noch nicht kennen. Gibt es für sie einen besseren Weg, ihm zu begegnen, als durch Ihre Liebe zu ihnen? Natürlich sind das alles nur grobe Leitlinien und wir werden uns hüten, die Definition unserer Beziehungen unters Mikroskop zu legen. Das Leben in Beziehungen ist unglaublich im Fluss. Sollten wir versuchen, es festzunageln oder es durch allzu viele Details zu organisieren, gleicht es einem Schmetterling, den man einer auf Styropor gesteckten Sammlung zufügt. Dadurch hört er auf, ein Schmetterling zu sein. Es handelt sich hier nicht um unumstößliche Gedanken. Ich möchte Ihnen hier lediglich eine Idee davon geben, dass Freundschaften sich ständig verändern können. Bitte hängen Sie sich keine Tabelle an die Wand, um jeden Bekannten einem der Kreise zuordnen zu können. Leute werden sich zwischen diesen Kreisen hin und her bewegen, je nach Zeit, Bedürfnis, physischer Nähe und Interesse. Einige mögen für einen wichtigen Lebensabschnitt dazugehören, andere ein Leben lang.

Ja, das bedeutet, dass Sie zu jeder gegebenen Zeit eine engere Beziehung mit einigen haben werden als mit anderen. Manche sehen das vielleicht als Clique, aber das ist es nicht, solange es nicht exklusiv wird. Beziehungen, die auf der neuen Schöpfung gegründet sind, sind immer offen – ich sehe einen Wert darin, andere mit denselben Freundschaften zu segnen, die für mich ein Segen gewesen sind. Es ist mir unmöglich, das selbst zu meistern, aber ich vertraue immer mehr darauf, dass Jesus mir zeigt, wer zu einer gegebenen Zeit in mein Leben passt und in welche neuen Menschen ich nach seinem Willen investieren soll. Lernen Sie, auf die Impulse des Geistes einzugehen, anstatt zu versuchen, die Zügel selbst in die Hand zu nehmen.

Vor einigen Jahren verband Gott mich mit einer Gruppe von Gläubigen, die südlich von Dublin in Irland leben. Vor über 40 Jahren waren sie eine Gruppe Evangelikaler gewesen, die eine frische Erweckung des Geistes erlebt hatten, die ihr Leben verwandelte. Als sich die charismatische Bewegung in der katholischen Kirche in Irland in den siebziger Jahren verbreitete, wuchsen sie zahlenmäßig und nahmen die Merkmale einer organisierten Gemeinde an. Mitte der achtziger Jahre hatten ihre wöchentlichen Veranstaltungen ihre Frische verloren und die Monotonie begann sich einzuschleichen. Als einmal während eines kalten Winters die Heizung ihres Versammlungsraums aussetzte, beschlossen sie, sich informell in einigen Häusern zu treffen. Sofort belebte sich ihre Gemeinschaft wieder.

Nach weiterem Gebet folgerten sie, dass Gott von ihnen wollte, ihr wöchentliches Treffen und ihr offizielles Führungsteam aufzugeben. In Zukunft wollten sie sich nur dann treffen, wenn Jesus ihnen einen bestimmten Grund dafür gab. Darüber hinaus ermutigten sie alle, auf den Herrn zu hören, wie sie in Zukunft beieinander sein sollten. In den nächsten dreißig Jahren lebten sie als Gemeinschaft „von Haus zu Haus“, beteten und hörten gemeinsam auf Gott und halfen einander je nach Bedarf. Sie wuchsen in Christus, machten gemeinsam Urlaub, produzierten ein Musical für ihren Ort, lernten über Gott und teilten ihre Beziehungen mit allen, die ihres Weges kamen. Es ergaben sich Kontakte zu Leuten in fernen Ländern und sie reisten häufig, um diese Beziehungen zu pflegen, und waren Gastgeber, wenn andere zu Besuch kamen.

Weil sie keine Institution gründeten, die sie leiten mussten, haben sie als gute Freunde weitergemacht. Es gab nie eine abgebrochene Beziehung, selbst als einige den Wunsch verspürten, einer traditionellen Kirchengemeinde anzugehören. Ihre Zusammenkünfte gleichen mehr einem Feiertag oder einem Familienfest als einem Sonntagsgottesdienst, und doch wurden Menschen geliebt, zu Jüngern gemacht, zugerüstet, verwandelt und in ein authentisches Glaubens- und Gemeinschaftsleben gezogen.

Informelle Zusammenkünfte können sehr viel effektiver sein, weil nicht jeder gleichzeitig zur selben Aktivität gezwungen wird. Das gemeinsame Leben ist ständig in Bewegung, abhängig vom Atem des Geistes und den Umständen im Leben der Beteiligten. Da man keine künstlichen Umgebungen schafft, in die sich andere einfügen müssen, entspringt ihr gemeinsames Leben dem, was Gott in jedem von ihnen tut. Anstatt Predigten zu hören, deren Thema nicht zu dem passt, was für sie gerade relevant ist, reden sie von ihren Schwierigkeiten und erhalten dort Hilfe, wo sie am nötigsten ist.

Eine mir bekannte Gruppe in Südafrika geht von Zeit zu Zeit gemeinsam am Sonntagmorgen wandern. Danach versammeln sie sich auf einem Rastplatz, um gemeinsam zu frühstücken. Da ich an jenem Morgen ihr Gast war, machte ich mich mit der ersten Gruppe auf. Im Laufe unserer eineinhalbstündigen Wanderung ließ ich mich immer weiter nach hinten zurückfallen, sodass sich eine Vielfalt von Gesprächen ergab. Ich ließ immer die anderen beginnen; so konnten sie über das reden, was ihnen am meisten half, und nicht über das, was ich in einer Predigt gesagt hätte. Meiner Erfahrung nach entfaltet sich die beste Lehre in einem Gespräch mit jemand, der hungrig ist, auf eine Bemerkung oder Frage hin, die sein Herz für Gottes Werk in ihm öffnet. Das war genau das, was Jesus für eine Frau an einem Brunnen tat oder mit den Jüngern, die darüber stritten, wer der Erste im Reich sein würde.

Dieser Spaziergang im Wald ist eine großartige Metapher für die Gezeiten des Beziehungslebens in einer Gruppe von Menschen über Monate und Jahre hinweg. Wie wir in späteren Kapiteln sehen werden, gibt es hier Raum für Lehre, die Anerkennung von Ältesten, die Zusammenarbeit und gegenseitige Fürsorge. Alles, was die Bibel über die Gemeinde lehrt, kann in den gelebten Beziehungen und den Zusammenkünften Erfüllung finden. Aus diesem Grund wird uns weit mehr darüber berichtet, wie die Urgemeinde liebte, sich abmühte, lehrte, ermahnte, diente, ermutigte und sich einander unterordnete, als darüber, wie man ein im Voraus geplantes Meeting abhält.

Und wenn Sie erst einmal entdecken, wie erstaunlich es ist, Freundschaften zu entwickeln und sich mit anderen zu vernetzen, werden Sie sich immer wundern, wie Sie jemals auf den Gedanken kommen konnten, das Leben der Gemeinde könne in einer reglementierten Veranstaltung Ausdruck finden.

KAPITEL 15

Autorität ohne Hierarchie

Schafe, die abwechselnd vorgeben, der Hirte zu sein ...

Psalm 53,5 (nach der Übersetzung *The Message*)

Merkmal 5:

Autorität entspringt der Offenbarung Jesu, und nicht gut durchdachten Strukturen.

Ja, ich weiß, es scheint undenkbar. Wie könnte es Autorität ohne Hierarchie geben?

Unsere ganze Gesellschaft ist mittels hierarchischer Systeme organisiert. Das gilt für Regierungen, Unternehmen und sogar gemeinnützige Vereine. Man kann keine Gruppe organisieren, ohne die Hierarchie festzulegen und wer welche Entscheidungen treffen darf. Da fühlen wir uns in unserem Element, und daher überrascht es mich nicht, dass unsere Glaubensväter versucht haben, die Gemeinde in Institutionen zu organisieren und so ebenfalls in die Falle der Hierarchien tappten.

Angefangen hat es so gewiss nicht. Jesus hat ihnen diesen Plan nicht gegeben, und die ersten Apostel legten nicht die Tendenz an den Tag, dieses System der alten Schöpfung zur Verwaltung der Gemeinde zu übernehmen. Als im Lauf der Zeit die Überzeugung der Christen des ersten Jahrhunderts, dass Jesus das praktische Haupt der Gemeinde ist, abnahm, griffen die nachfolgenden Christen-Generationen anscheinend auf das einzige ihnen bekannte System zurück: eine feststehende Hierarchie, die bestimmte, wer die Autorität hatte, Entscheidungen zu treffen, die Theologie zu genehmigen und die Regeln und Rituale festzulegen, denen die Gläubigen folgen mussten. In den letzten 2000 Jahren haben wir Tausende solcher Systeme ausprobiert. Keines von ihnen hat sich als effektiv herausgestellt, um ein lebendiges Gemeindeleben aufrechtzuerhalten oder die Gemeinde zu einen. Die Vielzahl der Hierarchien, die alle vorgeben, für Christus zu sprechen, hat die Gemeinde zersplittert, ihre Verkündigung des Evangeliums verdreht und sie durch ihre Reduzierung auf eine weitere menschliche Institution ihrer Kraft beraubt.

Diejenigen, welche die obersten Ränge der Führung erreichten, widerstanden selten der Versuchung des Machtmissbrauchs. Das führte zu derselben Arroganz, denselben politischen Hahnenkämpfen und demselben Wettbewerb um Geld, Ansehen und Kontrolle, welche die alte Schöpfung verunstalten. Den „Schäflein" wird beigebracht, das Ganze zu respektieren, selbst wenn sie mit den Ergebnissen nicht einverstanden sind. Sie sollen Gott vertrauen, dass er durch solche Leiter wirkt, egal, wie verdorben diese sind. Obwohl die Bibel uns lehrt, die Regierungsvertreter zu respektieren und Gottes Hand in der Geschichte zu vertrauen, selbst wenn er nicht anerkannt wird, gilt das nicht für diejenigen, die sich als Leiter der „Gemeinde" aufspielen.

Ein flüchtiger Überblick über die Geschichte stellt klar, dass eine Hierarchie menschlicher Leiter mehr zur Entstellung als zum Schutz der Gemeinde beiträgt. Der vielleicht höchste Preis, den wir dafür gezahlt haben, besteht darin, dass wir nicht mehr Jesus die Autorität zuschreiben, sondern den Institutionen, die wir selber geschaffen haben. Darin unterscheiden wir uns vielleicht gar nicht so sehr von den Götzen, die im alten Israel angefertigt wurden, um den Gott, den sie nicht sehnen konnten, zu ersetzen.

Ich habe mich mit manchen jungen „Gemeindegründern“ unterhalten, die mir ihre Vision beschrieben, eine neue Gruppe zu beginnen, die sich enger an die Bibel anlehnt, größeres Gewicht auf Beziehungen legt und den Menschen bei der Nachfolge Jesu besser hilft als die bisherigen. Sie meinen, sie seien die Ersten, die eine Gemeinde mit einer solchen Vision gründen würden, wo doch in Wirklichkeit fast alle so angefangen haben, nur um am Ende mit einer Struktur überladen zu sein, die diese Vision nicht bewahren kann. Anstatt zu überdenken, ob dieses System überhaupt begründet ist, nehmen sie an, es funktioniere nur deshalb nicht, weil die falschen Leute das Sagen hätten. Wenn erst einmal die „Guten“ das Sagen haben, werde alles gut. Ihnen geht nicht auf, dass es der Verwaltungsapparat selber ist, der die Menschen zu „Bösen“ macht.

Keiner von uns ist dagegen gefeit, dass Privilegien und Macht uns täuschen und unsere Perspektive verzerren können, wenn wir zum Wohl einer Institution handeln müssen, anstatt uns dem Atem des Geistes hingeben zu können. Die Kontrolle über Menschen kann nur durch die Einführung eines Systems von Belohnungen und Strafen ausgeübt werden, egal, wie milde sie sind. Es dauert nicht lange, bis sich Reichtum und Macht an der Spitze der Pyramide versammeln und sie kopflastig wird. Anstatt dass den Menschen gedient wird, werden sie ausgebeutet. So ist es bei allen menschlichen Systemen, ganz besonders aber bei denen, die behaupten, Gott zu folgen. Selbst wenn sie die Sprache der „dienenden Leitung“ für sich in Anspruch nehmen, wird ihre List durch die einfache Tatsache entlarvt, dass Geld und Vorteile nach oben fließen und Kontrolle nach unten.

Schon die Pharisäer waren ein Beispiel für eine Gruppe von Leitern, die Gottes Worte nahmen und sie zu einer Plattform für ihr eigenes Prestige und ihre Macht verdrehten. Wenn Leute beginnen, in der Realität der neuen Schöpfung zu leben, fühlt sich jedoch jede Hierarchie für sie wie eine Zwangsjacke an. Jesus hat nie beabsichtigt, das Leben der neuen Schöpfung in die Strukturen der alten hineinzupressen. Er gründete keine

Organisation, um sich als deren oberster Chef einzusetzen. Er sagte, dem Größten in seinem Reich würde es wichtiger sein zu dienen als zu herrschen. Er schrieb den Menschen nicht vor, was sie tun sollten, sondern lud sie in ein Reich ein, in dem die Liebe das Bedürfnis nach Kontrolle aufhebt.

Und dennoch war die Autorität, mit der er sprach, das, was die Menschen um ihn herum verblüffte. Jesus besaß keinen akademischen Abschluss, er hatte weder eine öffentliche noch eine religiöse Position inne und behauptete auch nicht, ein Rabbi oder Prophet zu sein. Seine Autorität leitete sich aus drei sich ergänzenden Quellen ab. Erstens redete er kein kompliziertes Zeug wie die religiösen Schönredner, sondern er brachte die zentralen Realitäten des Universums zum Ausdruck und fand mit seinen Worten Anklang bei den Leuten. Zweitens wurden diese Worte von der Kraft eines ewigen, unzerstörbaren Lebens untermauert (vgl. Hebr 7,16). Hinter seinen Worten stand die Wahrhaftigkeit eines Menschen, der sie wirklich glaubte und lebte. Drittens war es offensichtlich, dass er sich tatsächlich um die Menschen kümmerte, dass er ihnen dienen und sie nicht ausbeuten wollte.

Jesus trennte durch sein Beispiel die Autorität von der Hierarchie. Die ersten Apostel schienen das begriffen zu haben und unterließen es, in Jerusalem eine zentralisierte Struktur zu schaffen, um die wachsende Gemeinde zu organisieren. In der menschlichen Geschichte ist das so einzigartig wie bedeutungsvoll. Zwar halten manche das Konzil in Jerusalem (in Apg 15) für einen Beweis dafür, dass die Apostel über die Kirchengemeinden herrschten, doch kommt man beim Lesen der Apostelgeschichte zu einem ganz anderen Schluss. Alle Geschwister waren dort beieinander und suchten nach einer Lösung zum Besten aller. Die Apostel erließen kein Dekret, dem jeder folgen musste. Jakobus drückte etwas aus, was bei den anderen Anwesenden Anklang fand, sodass sie sagen konnten: *„Der Heilige Geist selbst und unter seiner Führung auch wir haben nämlich beschlossen …“* (Apg 15,28). Dabei ist eines noch wichtiger. Sie benutzten die Gelegenheit des Konzils nicht, um eine institutionelle Hierarchie aufzubauen, den orthodoxen Glauben durch Glaubenssätze zu definieren oder eine lange Liste von Regeln aufzuschreiben, denen die Gemeinde folgen musste. Sie verlangten nur dreierlei: Man sollte sich der Unmoral enthalten, die Armen nicht vergessen und kein Fleisch essen, das Götzen geopfert worden war. Können Sie sich heute irgendeine Gruppe vorstellen, die auf eine solch einfache Lösung stoßen würde, um andere nicht zu belasten, und die außerdem kein permanentes Gremium zur Schlichtung zukünftiger Konflikte etablierte?

Ihre Anweisungen waren so kurz und knapp wie möglich. Am Ende hob Paulus sogar eine von ihnen auf, als er einräumte, dass die Enthaltung von Fleisch, das Götzen geopfert worden war, mehr aus Rücksicht auf jüdische Gefühle geschah als auf der Wahrheit beruhte. Als Paulus später folgerte, man sei frei, Fleisch zu essen, das Götzen geopfert worden war, erlaubte er den Leuten sogar, anderer Meinung zu sein. Er ermutigte sie, nach ihrem Gewissen und nicht nach seinem zu leben (vgl. 1 Kor 8). Falls sie dachten, falsche Götter seien real genug, um das Essen zu verderben, würde er ihr Gewissen akzeptieren. Er musste von ihnen nicht verlangen, gehorsam zu sein, weil er sie darin trainierte, der Führung des Geistes gegenüber sensibel zu sein.

Solange wir Autorität als etwas sehen, das mit hierarchischen Systemen und der Herrschaft über Menschen zu tun hat, übersehen wir die echte Autorität und verpassen die Gelegenheit, uns auf sie einzulassen.

Echte Autorität wohnt Jesus inne

Als Jesus zum Himmel aufstieg, gab ihm der Vater alle Autorität. Eine Person demonstriert diese Autorität nur insofern, als ihre Worte, Handlungen und Haltung mit Gottes Realität, Charakter und Zielen übereinstimmen. Jakobus konnte sich damals in Jerusalem nicht deshalb Gehör verschaffen, weil er eine von Gott offiziell anerkannte Position innehatte, sondern weil andere in seinen Worten Jesus erkannten. Jesus schien sich damit begnügt zu haben, die Menschen die Wahrheit erkennen zu lassen, wenn sie sie hörten. Falls wir diese Festlegung, was Wahrheit ist und was nicht, unseren institutionellen Prozessen übertragen, führt das zu einem Konflikt mit unserer Treue zu Christus. Wenn Autorität für uns auf irgendetwas anderem beruht als auf einer Verkörperung der Wahrheit Gottes – sei es auf einem Titel, einer Position, einer Anstellung, einem akademischen Abschluss oder einer angeblichen apostolischen Nachfolge –, rücken wir davon ab, Leuten dabei zu helfen, wie man Jesus nachfolgt, und setzen eine Person oder eine Sache an Jesu Stelle.

Aber folgt daraus nicht, dass jede Person frei ist, das zu tun, was in ihren Augen recht ist? Ja, darin besteht das Wesen unserer Freiheit in Christus. Sonst unterscheiden wir uns nicht von Israel, als es Gottes Führung ablehnte und um einen König bat, wie ihn all die anderen Völker hatten. Was ist, wenn die Menschen Fehler machen? Das werden sie tun, aber wenn wir dort, wo wir die Wahrheit erkennen, die Vorteile „ernten" dürfen, und dort, wo wir sie verfehlen, mit den Konsequenzen konfrontiert sind, schärfen wir unsere Sinne, Wahrheit und Irrtum zu unterscheiden. Dazu kommt noch, dass, falls niemand über ein großes, zentralisiertes System bestimmt, Fehler relativ begrenzte Auswirkungen haben.

Ich vertraue gutherzigen Menschen, die auf Jesus hören, mehr als irgendeiner Hierarchie, deren Perspektive so leicht von den Bedürfnissen ihrer Institution oder den Realitäten, die sie an der Macht festhalten lassen, verzerrt ist. Die historischen Irrlehren sind nicht entstanden, weil einfache Menschen Jesus gefolgt sind, sondern weil jemand versuchte, eine große Gefolgschaft für sich zu gewinnen. Meiner Erfahrung nach werden diejenigen, die auf diese Weise leben, weder radikal unabhängig noch verfallen sie leicht dem Irrtum. Im Gegenteil, sie suchen andere auf, die ihnen helfen, die Wahrheit zu identifizieren, die Jesus ihnen ins Herz gelegt hat.

Echte Autorität erhellt die Wahrheit

Wissen ist ein wertvolles Werkzeug. Wenn Sie lernen, sich auf die neue Schöpfung einzulassen, wird es Ihnen eine große Hilfe sein, die Grundzüge der Theologie, die Erlösungsgeschichte der Bibel und das Wesen Gottes und seine Absicht in uns zu verstehen. Falls Sie noch neu auf diesem Weg sind, sollten Sie in diesen Dingen nach guter Unterweisung suchen. Paulus warnte uns jedoch: *„Bloßes Wissen macht überheblich. Was uns wirklich voranbringt, ist die Liebe"* (1 Kor 8,1). Theologie ohne Transformation führt nur zu Überheblichkeit.

Jesu Autorität vereint Wahrheit und Liebe. Sie offenbart sich in einer Beobachtung, einer Frage oder einer Handlung, die eine Wahrheit beleuchtet, die Gott schon ins Herz einer Person gelegt hat. Ich denke, man könnte sagen, dass Autorität Wahrheit in Aktion ist. Sie öffnet einer Person die Tür, damit sie auf die Realität der neuen Schöpfung eingehen kann, die schon in ihrem Herzen am Werk ist. Das ist der Grund, warum Paulus sich selbst als Apostel weigerte, auf manipulative Taktiken zurückzugreifen. Im Gegenteil, er sagte: *„... [Wir] machen die Wahrheit bekannt, und gerade dadurch empfehlen wir uns dem Gewissen jedes einzelnen Menschen"* (2 Kor 4,2).

Die Autorität hat eine Kraft, die über das Wissen hinausgeht. Wer sie hat, ist weder defensiv noch streitlustig, weil er weiß, dass die Wahrheit ihre eigene Kraft hat, wenn die Leute für sie bereit sind. Und wenn sie nicht bereit sind, hilft es nicht weiter, sie zu nötigen. Autorität sucht die Öffnung, die es dem Licht erlaubt, in die Dunkelheit hineinzuleuchten. Sie erkennt, dass die Wahrheit nicht zerbrechlich ist und am Ende immer gewinnen wird, dann, wenn Meinungen nicht mehr zählen, Lügen entlarvt werden und falsche Lehre scheitern wird. Nur die Wahrheit wird fortdauern.

Echte Autorität bedeutet nicht die Macht zu befehlen

Bei der Autorität in der alten Schöpfung geht es immer um Kontrolle – wer führen darf und wer folgen muss. Wie viele haben den Aufruf des Paulus zur Unterordnung in der Ehe so gelehrt, als ginge es um einen Machtkampf? Der Ehemann hat das Sagen, daher muss sich die Ehefrau unterordnen. Darauf wollte Paulus überhaupt nicht hinaus. In der neuen Schöpfung geht es bei der Unterordnung gar nicht um Macht oder Privilegien, die die Frau zur Bürgerin zweiter Klasse reduzieren würde. Sie soll sich der Verantwortung des Ehemanns, die darin besteht, sicherzustellen, dass seine Frau alles sein darf, was Jesus für sie vorgesehen hat, unterstellen. Autorität heißt dienen und unterstützen, nicht befehlen.

Aus diesem Grund scheuen sich Menschen, die das Wesen echter Autorität verstehen, vor der Mitgliedschaft in Vorständen, Beiräten und Komitees, in denen nur die Zeit und Energie begabter Leute verschwendet wird, um Menschen zu managen. Anstatt die Menschen gesundzulieben, werden sie beschwatzt, den Regeln zu folgen. Wenn Sie glauben, dafür verantwortlich zu sein, dass sich andere an Gottes Standard anpassen, ist die Frage, wo Sie die Grenzen ziehen, wenn sie sich Ihnen widersetzen. Heute bestrafen wir durch Klatsch, Beschämung und Ausschluss, aber in der Vergangenheit gehörten auch Folter und Hinrichtung dazu. Selbst einige unserer hochgeschätzten Reformatoren gebrauchten Drohungen und Gewalt, um die Menschen zu zwingen, sich ihrer Sicht des Willens Gottes zu fügen.

Die meisten unserer menschlichen Systeme, seien sie organisatorischer oder philosophischer Art, führen wir ein, weil wir hoffen, die Menschen vor dem Chaos menschlicher Erfahrungen schützen zu können. Aber das ist noch keinem System gelungen, und deshalb basteln wir endlos an ihnen herum in der Hoffnung, doch noch den richtigen Dreh zu finden. Ist Ihnen schon mal aufgefallen, dass es Gott gar nicht so wichtig ist, das Chaos zu managen? Seine Autorität ist mitten im

Chaos wirksam, um sein Reich zu entfalten und die Menschen in die neue Schöpfung einzuladen. Ich finde es viel aufregender, mitten im Chaos seine Gegenwart zum Ausdruck zu bringen, als vergeblich zu versuchen, ein System auszutüfteln, das es im Zaum hält.

Wenn Autorität nicht davon abhängt, dass man eine Gruppe leitet, dann muss niemand entscheiden, wer zu Christus gehört und wer nicht. Die Gemeinde ist auf diese eine Grundlage gebaut: Gott *„kennt die, die zu ihm gehören“* (2 Tim 2,19). Wenn er sie kennt, reicht das. Aus diesem Grund warnte Jesus seine Jünger, sie sollten nicht versuchen, den Weizen vom Unkraut zu trennen, weil sie sonst am Ende beide zerstören würden. Die Autorität der neuen Schöpfung ist eine Einladung zum Leben; sie ist ein Zuckerbrot und keine Peitsche. Wenn die Menschen nicht kommen wollen, haben Sie keine Autorität, sie dazu zu zwingen.

Echte Autorität wird erkannt, nicht verlangt

Der vielleicht lustigste Anruf, den ich je erhielt, kam von einem Vater, der sehr darunter litt, dass es einen schon lange währenden Kampf mit seiner Frau und seinen Töchtern gab wegen einer Angelegenheit, die ihr Familienleben zu zerstören drohte. Er war sich ganz sicher, dass er recht hatte, und äußerte sich abfällig über den Standpunkt der anderen. Sobald ich den Hörer abnahm, wusste ich, dass er verärgert war. Seine Stimme klang schrill und verzweifelt: „Wayne, kannst du mir sagen, wann ich endlich den Respekt von meiner Frau und meinen Kindern erhalten werde, den ich verdiene?“

Ich hatte kaum das Handy auf stumm geschaltet, bevor ich einen Lachanfall hatte. Zum Glück ereiferte er sich weitere zwanzig Minuten lang und gab mir Zeit, mich wieder einzukriegen. Er gehörte zu meinen Freunden, und deshalb fand ich seine Krise gar nicht lustig. Im Gegenteil! Er litt wirklich sehr. Nur seine Frage hatte so absurd geklungen. Als ich ihn fragte, was er denn zu seiner Frau und seinen Kindern gesagt habe, und ihm klarmachte, dass es aus meiner Sicht ganz einfach war, was das Problem war, schwieg er. Nach einigen Augenblicken konnte er erkennen, dass ihre Respektlosigkeit darauf zurückzuführen war, dass er sie genauso behandelte.

Wenn Sie Autorität einfordern müssen, haben Sie keine. Es ist leicht zu erkennen, wenn jemand die Autorität Gottes nicht verstanden hat. Er spricht dann tiefer und gebieterischer oder wird immer aufgeregter oder verdrossener, wenn man ihm nicht zustimmt. Die Stimme Christi braucht keine solche Aufmachung. Die wahrsten Worte, die ich je gehört habe, wurden nicht von einer Kanzel oder einem Rednerpult geschrien, sondern ohne Umschweife in einfachen Gesprächen mit Leuten geäußert, die etwas über Jesus wussten, was für mich wichtig war.

Echte Autorität legt den Grund für das Reich Gottes

Die Autorität der Gemeinde war nie dazu da, um unsere Institutionen zu managen und die gesunde Lehre zu bewahren, sondern damit wir an der Seite Jesu zusammenarbeiten, während sein Gebet beantwortet wird: *„Dein Reich komme, dein Wille geschehe auf der Erde, wie er im Himmel geschieht“* (Mt 6,10). So stark die Gemeinschaft unter geistlichen Brüdern und Schwestern ist und so sehr Jesus möchte, dass wir uns an wachsenden, gesunden Beziehungen erfreuen, in denen wir sein Leben untereinander weitergeben – die eigentliche Frucht dieser Gemeinschaft ist, dass die effektive Reichweite des Willens Gottes vergrößert wird, indem wir betend und die Kraft des Reiches verkündend an seiner Seite gehen.

Die Schlüssel, auf die Jesus hinwies, als er das Bekenntnis von Petrus als den Felsen bezeichnete, auf den die Gemeinde gebaut werden würde (vgl. Mt 16,16-18), erweitern Gottes Herrschaft über die Welt. Das lädt uns in eine geistliche Dimension ein, die allzu oft ein Geheimnis bleibt. Es bedeutet aber nicht, dass wir Gott benutzen dürfen, um Ereignisse zu kontrollieren oder anderen Menschen seinen Willen aufzuzwingen.

Diese Autorität schließt sich dem Vater in seinem Werk an, nicht umgekehrt. Durch Gebet und Gehorsam ihm gegenüber können wir die Grenzen seines Reiches in unseren Lebensbereichen erweitern. Damit werden wir uns noch ausführlicher befassen, wenn wir über die Einheit der Gemeinde sprechen, der diese Art der Autorität exponentiell entspringt.

Mit meiner Definition des Wesens seiner Autorität befürworte ich nicht, dass man die Autoritätsstrukturen in der alten Schöpfung ignoriert. Es ist offensichtlich, dass Regierungen nötig sind, es sei denn, sie verlangen, dass wir sie über Gott stellen. Auch an Ihrem Arbeitsplatz und bei fast jeder Gruppe, der Sie sich anschließen, gibt es Autoritätsstrukturen. Es gibt eine Autorität, die der Gegenwart einer Person anhaftet und ihr Respekt und Gewissensfreiheit verleiht. Diese Strukturen dienen einem Zweck: die Gesellschaft angesichts von Meinungsverschiedenheiten aufrechtzuerhalten. Auch Gott respektiert diese Dinge, weshalb er niemanden zwingt, ihn zu lieben.

Wenn Sie in Christi Autorität wandeln, können Sie sich in einer Vielfalt von Umgebungen bewegen, ohne anderen Ihren Willen aufzuzwingen. Wenn wir uns im Umkreis einer institutionellen Autorität befinden, fordert uns die Liebe auf, sie zu respektieren, selbst wenn wir anderer Meinung sind. Wenn ich in einer Kirchengemeinde spreche, gehe ich nie über die Einladung hinaus, die mir gegeben wurde, es sei denn, Gott gibt mir einen expliziten Anstoß. Ich kann Gottes Werk unter ihnen in dem Rahmen fördern, den man mir eingeräumt hat. Falls Sie einer Kirchengemeinde angehören, sollten Sie die Strukturen respektieren, die ihr gemeinsames Leben regulieren. Können Sie das nicht, ist es Zeit zu gehen. Das können Sie still tun, ohne einen dramatischen Abgang zu inszenieren bzw. andere zu verärgern.

Wenn ich mit anderen an einem Projekt arbeite, legen wir klar fest, wer welche Entscheidungen trifft, damit wir bei Uneinigkeit nicht durch Handlungsunfähigkeit gelähmt werden. Ich ringe normalerweise lange um eine einmütige, von Herzen kommende Übereinstimmung, aber nicht bei jeder Entscheidung hat man dafür genügend Zeit oder Energie. Daher haben wir immer eine Person, die berechtigt ist, bestimmte Entscheidungen zu treffen, wenn wir uns nicht einig sind. Das heißt natürlich nicht, dass sie immer die richtige Entscheidung trifft. Das wird sich mit der Zeit herausstellen, weshalb es am besten ist, unsere Strukturen auf ein Minimum zu beschränken und sie zeitlich zu begrenzen.

Nun habe ich noch eine wunderbare Nachricht für all diejenigen, die sich jetzt, wo wir uns dem Ende dieses Kapitels nähern, Sorgen machen, dass das Beseitigen unserer hierarchischen Systeme nur zur Anarchie führen wird. Dort, wo Jesus das Haupt ist, wird unsere Freiheit von der Herrschaft anderer nicht in einem Chaos enden. Vielmehr öffnet sie die Tür zu einer anderen Art von Ordnung, wie sie nur die Liebe hervorbringen kann.

Kapitel 16

Ordnung ohne Kontrolle

Übertrefft euch gegenseitig darin, einander Achtung zu erweisen.

Römer 12,10

Merkmal 6:

Ordnung entsteht, wenn man sich gegenseitig respektiert und zugeneigt ist, nicht durch Richtlinien und Regeln.

„Was ist los mit dir und Julie?" Die Schärfe in den Worten meiner Frau überraschte mich. Wir sahen gerade zu, wie meine Tochter und ihre Kinder mit dem Auto wieder wegfuhren. Ich drehte mich neugierig um: „Was meinst du eigentlich?"

„Warum stellt ihr beiden Regeln für meinen Garten auf?" *Oh je!* Unsere Enkeltöchter hatten gerade den Tag mit uns verbracht, den Großteil davon in Saras „Englischem Garten", der etwas ganz Besonderes ist! Sie verbringt zahllose Stunden damit, dieses Paradies zu schaffen. Am Eingang begrüßt ein Rosenbogen den Besucher und mit Holzspänen belegte Pfade schlängeln sich zwischen einer großen Zahl von Blumenbeeten hindurch. Sara hatte Plastikrechen für die Mädchen gekauft. Als ich sah, wie eine von ihnen mit dem Rechen die

Holzspäne zusammenhäufte, erklärte ich ihr, was sie falsch machte und wie man die Holzteile gleichmäßig rechte. Ihre Augen wurden traurig, und innerhalb von Sekunden hatte sie das Interesse am Rechen verloren. Als meine Tochter später hinzukam, sah sie, dass ihre Kinder Blumen pflückten, und sagte ihnen, sie sollten es sein lassen. „Ihr müsst Omi fragen, ehe ihr ihre Blumen pflückt."

Natürlich glaubten wir beide zu helfen, aber meine Erklärung nützte nichts. Sara hielt meinen Arm, schaute mir in die Augen und lächelte: „Es gibt nichts, was meine Enkelinnen in diesem Garten tun können, das ich nicht innerhalb von zehn Minuten in Ordnung bringen könnte, wenn sie wieder weg sind. Es ist mir egal, wie viele Blumen sie pflücken, deshalb habe ich sie ja. Ich will für sie nur eins: Sie sollen gern in meinem Garten sein." Ich kapierte. Wer möchte denn schon ein Spielverderber im Garten sein? Ich hatte es doch nur für Sara getan, und wenn sie es nicht wollte, umso besser.

Aber in ihren Worten schwang für mich eine größere Stimme in einem größeren Garten mit. Wie oft habe ich in Gottes Garten Regeln aufgestellt, die die Freude seiner dort aufwachsenden Kinder zerstört haben? Wenn wir zum Schutz seiner Gemeinde Kontrollsysteme verwenden, rauben wir ihr unabsichtlich jede Freude. Menschen, die die „Gemeinde" nur so kennengelernt haben, können sich gar nicht vorstellen, wie eine Gesellschaft funktionieren soll, die keine menschliche Leitung zur Aufrechterhaltung der Ordnung und Kommunikation hat. Was sie dabei nicht in Betracht gezogen haben und vielleicht auch nie haben sehen können, ist, was geschieht, wenn ein Netzwerk von Menschen unter der Weisung des Hirten Jesus lebt. Sie brauchen diese Systeme nämlich nicht und finden sie in der Tat störend. Warum sollten Leute, die lernen, frei von der Vorherrschaft ihres Fleisches zu leben, noch Schutzvorrichtungen brauchen, die für eine alte Schöpfung gedacht sind? Institutionen brauchen Kontrolle, um zu funktionieren, Menschen brauchen Liebe, um zu wachsen.

Die Gemeinde Jesu gedeiht, wo man einander in Liebe und Ehre respektiert, die Bedürfnisse anderer wichtiger nimmt als die eigenen und man Jesus als dem Haupt die Führung überlässt. Die Gemeinde ist sein Leib, und wenn wir für ihn die Kontrolle übernehmen, ist es das sicherste Zeichen dafür, dass wir nicht glauben, dass er in der Lage ist, sie selber zu bauen. Das haben wir im Laufe der Kirchengeschichte demonstriert. Vielleicht das beste Beispiel zu meinen Lebzeiten war die *Shepherding*-Bewegung[1] Ende der siebziger und Anfang der achtziger Jahre.

Als damals die charismatische Erneuerung wuchs, entdeckten die Leute einen Gott, der aktiver war, als es einigen der Denominationen recht war. Viele verließen ihre Kirchengemeinde und gründeten eine neue oder auch Hausgemeinden. Da es dabei aber Probleme gab und sie keinem Gemeindeverband angehörten, der ihnen dabei hätte helfen können, wandten sie sich an eine Gruppe einflussreicher Lehrer in Florida. Diese hatten die Freude des gemeinsamen Lebens und der Zusammenarbeit in einer beziehungsorientierten Gemeinschaft entdeckt und hatten ihre Beziehungen in einem Bund formalisiert, der zu einem Modell für andere wurde. Leider stellte sich das als verhängnisvoller Schritt in Richtung einer institutionellen Identität heraus.

Da sie den Wunsch hatten, anderen zu helfen und ihnen Schutz zu bieten, sich aber noch nicht der Begrenztheit menschlicher Systeme, was die Leitung der Gemeinde angeht, bewusst waren, stellten sie eine Leitungshierarchie auf, die in Fort Lauderdale in Florida ihren Ausgang nahm. Über verschiedene Leitungsebenen erreichten und steuerten sie überall auf der Welt die Gruppen, die diesem Modell gefolgt waren. Wie bei allen von Menschen entworfenen Systemen wurde die Kontrolle nach unten hin ausgeübt, während das Geld nach oben floss. Die örtliche Ebene zahlte den Zehnten an ihren Leiter, der wiederum den Zehnten an die Leitung über ihm

[1] Im Deutschen oft mit „Hirtenschaftsbewegung“ bezeichnet.

zahlte und so weiter. Im Prinzip wurde dadurch ein korruptionsanfälliges Multi-Level-Marketing-System geschaffen. Und die Korruption folgte auch bald, nicht nur durch missbräuchliche Verwendung von Geldern, sondern auch durch erdrückende Autorität. Was damit begonnen hatte, dass erfahrene Männer versuchten, anderen zu helfen, führte bald dazu, dass unsichere Leiter ihre Autorität durchsetzten und blinden Gehorsam verlangten. Das Ganze wurde so schlimm, dass sogar die Initiatoren selbst ihr eigenes System verwerfen mussten.

Was war schiefgegangen? Sie waren auf den Ruf ihrer Anhänger eingegangen, ihnen Leitung zu geben, entdeckten dabei aber nur wieder einmal die Unfähigkeit der Menschen, den Gelüsten von „Geld, Kredit und Kontrolle“ zu widerstehen.

Anstatt ihre Gaben zu nutzen, um andere zuzurüsten, Jesus zu vertrauen und ihm zu folgen, gaben sie der Versuchung nach, ihre eigene Version der Gemeinde zu bauen. Überall auf der Welt bin ich Menschen begegnet, die von dieser Bewegung ausgenutzt und missbraucht worden waren. Zum Glück haben viele von ihnen die Gnade gefunden, die Fehler jener Tage hinter sich zu lassen, und sind in ihrer Abhängigkeit von Jesus gewachsen, die immer tiefer wird. Sie erwarten nicht mehr, dass menschliche Systeme das organisieren können, was nur Jesus überschauen kann.

Tom Mohn, einer, der dieses System überlebt hat, spricht jetzt mit großer Leidenschaft von einer Gemeinde, die er kennt und die „außerhalb der Geschichte verwurzelt“ ist, „keine sichtbare Unterstützung“ hat und doch von der Kraft Christi lebt. Er fährt fort: „In dem Augenblick, in dem wir die Gemeinde als Institution und als Teil des weltlichen Systems sehen, hat sie ihre Jungfräulichkeit und ihre Kraft verloren“, und: „Die Gemeinde mit einem Organigramm gleichzusetzen ist bestenfalls ein Sakrileg und schlimmstenfalls dämonisch.“

Sind Menschen wie er abgestumpft, weil sie verletzt worden sind, oder wurden ihnen dadurch die Augen geöffnet, um die Schönheit einer Gemeinde zu entdecken, die nicht durch menschliche Organisation befleckt ist? In den letzten zwanzig

Jahren habe ich eine Gemeinde schätzen gelernt, deren Spiritualität unmittelbar ist, deren Gemeinschaft nicht organisiert wird und deren den Globus umfassenden Netzwerke von niemandem gemanagt werden. Je mehr wir Jesus vertrauen, desto mehr können wir unser Kontrollbedürfnis loslassen und uns einfach mit ihm an der Entfaltung seiner Herrlichkeit beteiligen.

Unmittelbare Spiritualität bedeutet, dass wir alle – durch das Werk seines Sohnes – einen direkten Zugang zu Gott haben. Es gibt nur einen Vermittler zwischen Gott und Mensch, den Menschen Jesus Christus (vgl. 1 Tim 2,5). Niemand, der das wirklich versteht, schiebt sich zwischen Jesus und sein Volk, und umgekehrt sucht auch niemand, der das wirklich versteht, nach einem Leiter, dem er anstelle Jesus selber folgen könnte. Der Neue Bund lädt uns ein: *„Vom Kleinsten bis zum Größten werden alle mich kennen"* (Hebr 8,11). Es mag andere geben, die schon weiter fortgeschritten sein als Sie und Ihnen unglaublich dabei helfen können, Gott kennenzulernen und zu lernen, was es für Sie bedeutet, ihm zu folgen. Aber wer Jesus folgt, wird Sie nie auffordern, stattdessen ihnen oder ihrem Programm zu folgen.

Eine ***nicht von Menschen organisierte Gemeinschaft*** bedeutet, dass wir die Gemeinschaft, die aus Freundschaft wächst, nicht durch eine Gruppe ersetzen, die sich regelmäßig trifft. Anstatt unser Leben mit Veranstaltungen und der Mitarbeit in Institutionen, die sich um alles kümmern, auszufüllen, können wir unsere Zeit damit verbringen, Menschen in unser Leben einzuladen, mit ihnen Beziehungen einzugehen, wie Jesus uns führt, und die Frucht dieser Freundschaften zu genießen. Gemeinschaft findet man in Beziehungen, die von Zuneigung geprägt sind, dem Weitergeben von Jesu Leben und der Freiheit, alles zu tun, um was uns Jesus bittet.

Bei Netzwerken, die ***von niemandem gemanagt werden***, geht es um die entfernteren Kontakte, die uns der Geist über Städte, Regionen und Länder hinweg gibt. Mich hat die Art und Weise erstaunt, wie er weltweit die Herzen von Menschen miteinander verknüpft, die weitherzig mit ihren Freundschaften sind. Obwohl nicht alle gern reisen, profitieren alle meine Bekannten vor Ort von meinen Freundschaften in anderen Ländern. Ihre Erfahrungen und Entdeckungen befruchten unsere Gespräche und umgekehrt. Durch diese Beziehungen verbreiten sich Erkenntnisse, wird unsere Sicht von Gott erweitert und wir können unsere Ressourcen zusammenlegen, um zahllose Aufgaben zu erfüllen.

Es ist mir klar, dass es sehr beängstigend sein kann, von unseren programmbezogenen Aktivitäten abzurücken und sich mit der Idee anzufreunden, dass die Gemeinde unter uns Form annehmen wird, wenn wir Beziehungen zu anderen aufbauen. Das widerspricht allem, was uns gelehrt wurde. Genau das habe ich jedoch im Laufe der Jahre beobachtet. Nirgends habe ich atemberaubendere und stärkere Beispiele des Gemeindelebens gefunden als dort, wo wir nicht länger das Sagen haben und uns stattdessen dem Fluss des Geistes anschließen, der seine Wunder in unser Leben hineinwirkt.

Vor ein paar Jahren luden einige meiner irischen Freunde Menschen aus aller Welt, die dabei sind zu lernen, in der Liebe des Vaters zu leben, zu einem einwöchigen Zusammentreffen ein. Auch ich war eingeladen und sollte die Einladung an andere weitergeben, die meiner Meinung nach davon profitieren würden. Das tat ich auch, aber einem Mann aus Afrika fiel es schwer zu verstehen, was wir eigentlich taten. Handelt es sich um eine Konferenz? Nein, nur um eine Zusammenkunft von Menschen. Wird es Veranstaltungen geben? Nein, wir werden einfach beisammen sein und sehen, was Gott tut. Werden Sie lehren? Nicht in einem formellen Sinn.

Er war sich nicht sicher, ob es sich für ihn lohnen würde, und ich konnte das verstehen. Er würde Urlaub nehmen, die Familie zurücklassen und ein teures Ticket kaufen müssen, um zu etwas zu kommen, das er nicht definieren konnte. Wochenlang rang er mit der Entscheidung, da es sich mehr wie Urlaub als etwas geistlich Bedeutsames anfühlte. Ich drängte ihn nicht. Es war nur eine Einladung.

Am Ende kam er doch. Mehr als hundert Leute waren eine Woche lang beieinander. Die einzigen organisierten Events waren ein Essen am ersten Sonntag, zu dem jeder etwas mitbrachte, eine Busfahrt durch die Gegend am Montag und ein Grillfest am letzten Samstag. Als das Grillfest zu Ende ging, stand ich neben ihm an der Ecke eines großen Zeltes, das in einem Feld abgesteckt war. Mein Freund war euphorisch. Er sagte, er habe noch nie eine solche Woche erlebt und sei geistlich so bereichert von den Menschen, denen er begegnet war. „Ich kann kaum glauben, was in diesen sechs Tagen geschehen ist. Ich habe mehr Lehre gehört, mehr Gebet empfangen, öfter mit anderen über Erkenntnisse gesprochen, und mehr Prophetie gehört als bei irgendeinem geistlichen Treffen zuvor."

Wenn Menschen, die auf einer geistlichen Reise sind, sich einander nahekommen, nimmt die Gemeinde Gestalt an. Er hatte keine Ahnung, welch einfache Freude und welches Leben aus dem Zusammensein entstehen konnten und wie fruchtbar die Zusammenkunft sein würde – nicht nur für diese Woche, sondern auch auf Jahre hinaus aufgrund der neuen Freundschaften, die geschlossen wurden. Ich hatte die Freude zu beobachten, wie ein weltweites Netz von Beziehungen wächst, und zu erleben, wie diese Verbindungen Christi Werk bereichern und uns ermöglichen, ihn vollständiger zu sehen.

Dies kann allerdings nur dann fortdauern, wenn wir alle der Versuchung widerstehen, es mit einer Struktur zu umgeben und mit monatlichen, vierteljährlichen oder jährlichen Treffen zu beginnen. Denn wenn wir das täten, würden wir den Boden für eine neue Splittergruppe in der Familie bereiten und die Spontanität des Werkes Jesu durch die Hinzufügung einer menschlichen Agenda ernsthaft beschädigen. So begeistert ich war, bei dieser Zusammenkunft in Wicklow vor ein paar Jahren dabei zu sein, war ich noch mehr begeistert, dass sich nach ihrem Abschluss niemand dafür einsetzte, sie zu einem jährlichen Ereignis zu machen oder ein formelles Netzwerk zu gründen. Es hat inzwischen andere ähnliche Zusammenkünfte an anderen Orten gegeben, je nachdem, wie sich die Leute inspiriert fühlten, sie zu planen und Gastgeber zu sein, aber es hat keinen Versuch gegeben, dieselben Leute an derselben Stelle zu versammeln. In der Tat zögern viele, die diesen Weg gehen, irgendetwas zu wiederholen, nur weil es beim ersten Mal so toll war. Wir kennen eben unsere Neigung, die Routine mehr als die Realität zu schätzen. Die Tradition versucht, Gott dazu zu bewegen, etwas zu wiederholen, was er einmal getan hat, um immer wieder dieselben Ergebnisse zu erzielen. Aber der Atem des Geistes ist zu einmalig für solche Versuche. Am Ende verfangen wir uns nur in Routinen, lange nachdem der Geist weitergegangen ist.

Es geht bei allem aber nicht darum, dass wir ein Leben ohne Vermittlung, Organisation und Management führen. Es geht nur darum, dass wir Jesus vertrauen, dies für uns zu tun. Unsere Traditionen und Programme können niemals dieselbe Realität einfangen.

Vor ein paar Monaten wurde ein Pastor in meiner Nähe, den ich vorher noch nie getroffen hatte, von einem Freund um den Gefallen gebeten, mir ein Manuskript zu geben. Etwas zögerlich rief er mich an, um zu fragen, ob er es bei mir vorbeibringen könne. Aus diesem Austausch wurde eine zweistündige Unterhaltung. Ein paar Tage später lud er mich zum Mittagessen ein und wieder animierten wir uns gegenseitig mit unseren Gedanken und Leidenschaften. Zwei Monate später lag er mir beim Aufwachen am Herzen, und so vereinbarten wir ein weiteres Mittagessen. Am Ende der Mahlzeit schlug er vor, wir könnten uns doch jeden Monat treffen. Allein der Gedanke daran schlug mir auf den Magen, nicht, weil ich nicht gerne mit ihm zusammen war, sondern weil ich wusste, dass sich unsere wachsende Freundschaft verändern würde, wenn wir sie in ein regelmäßiges Treffen verwandelten, anstatt Jesus zu vertrauen, uns das nächste Mal zusammenzubringen, wenn es ihm gefiel.

Ich schlug ihm eine andere Möglichkeit vor. „Warum machen wir nicht so weiter wie bisher? Wenn ich dir das nächste

Mal am Herzen liege, rufst du mich an, und wenn du mir am Herzen liegst, setze ich mich mit dir in Verbindung?" Ich weiß, das klingt für einige ziemlich seltsam, aber versuchen Sie es einmal für sechs Monate und Sie werden sehen, dass die Gespräche, die vom Wind des Geistes angefacht werden, hundert Mal fruchtbarer sind als die aus Routine und Gewohnheit. Jetzt treffen wir uns, wenn wir es wollen und etwas zu bereden haben, anstatt uns krampfhaft um ein Gesprächsthema zu bemühen, nur weil wir uns treffen.

Was verhindert, dass diese eher beziehungsorientierten Begegnungen chaotisch werden? Bei dem, was ich in den letzten zwanzig Jahren beobachtet habe, werde ich an zwei Bibelstellen erinnert. Sie geben uns die Weisheit, wie wir aus der Beziehung heraus Ordnung entstehen lassen, anstatt sie von außen her aufzuzwingen.

„Lasst im Umgang miteinander Herzlichkeit und geschwisterliche Liebe zum Ausdruck kommen. Übertrefft euch gegenseitig darin, einander Achtung zu erweisen" (Röm 12,10). Paulus schlug den Christen in Rom vor, von Liebe geprägte Beziehungen über alles andere zu stellen. Wenn wir die Freundschaft hoch genug schätzen, werden wir einander sogar über unsere eigenen Wünsche hinaus ehren. Organisierte Gruppen müssen die zügellosen und unreifen Menschen im Zaum halten, damit diese ihre Umgebung nicht ausnutzen können. Die Menschen, die einem am Herzen liegen, wird man aber nicht ausnutzen und sich lieber ein Bein ausreißen um sicherzustellen, dass es allen gut geht, anstatt zu planen, wie man seinen Willen durchsetzen kann.

„Stattdessen sollen wir in einem Geist der Liebe an der Wahrheit festhalten, damit wir im Glauben wachsen und in jeder Hinsicht mehr und mehr dem ähnlich werden, der das Haupt ist, Christus" (Eph 4,15). Wenn man Beziehungen miteinander teilt, die offen und ehrlich sind und stark auf der gegenseitigen Zuneigung beruhen, dann wird all das, was ans Licht kommen muss, es auch tun. Nichts zerstört diesen Prozess schneller als Selbstsucht, Spaltung, Täuschung, Klatsch

und Verrat. Wo sie dennoch auftreten, kann man die Menschen liebevoll konfrontieren und zu einer größeren Freiheit einladen, damit sie nicht so destruktiv sind. Eine Gruppe braucht zu ihrem Schutz nur eine Ehrlichkeit, die auf Zuneigung beruht. Probleme können mit großer Güte gelöst werden, sodass sich die Leute entweder ändern möchten oder sich zurückziehen, weil sie erkennen, dass sie nicht dazupassen. Das führt zu gesunden Grenzen, da niemand gezwungen wird, über seine Freiheit hinauszugehen.

Wo diese Realitäten aufeinandertreffen, vereinen sich Großzügigkeit und Demut zu einer mächtigen Verbindung, die zum Schiedsrichter unseres gemeinsamen Lebens wird, weil sie eine Ordnung aufrechterhält, ohne die Leute kontrollieren zu müssen. Man kann sehr unterschiedliche Perspektiven haben und einander dennoch respektieren, während man gemeinsam nach Weisheit sucht, die die Anliegen beider Parteien integriert, anstatt für die eigenen zu kämpfen. Wo wir gemeinsam Jesu Weisheit kennenlernen, gibt es unbegrenzte Möglichkeiten. Wo die Menschen nicht liebevoll miteinander umgehen und teilen können, kann die Gemeinde unter ihnen kaum Gestalt annehmen, wie auch nicht anders zu erwarten ist, aber wenigstens wird hier keine tote Institution hinterlassen.

Wo Großzügigkeit und Demut florieren, wird die Gemeinde sichtbarer. Das öffnet die Tür zu erstaunlichen Kollaborationen, um anderen zu helfen oder ein Projekt einfacher, billiger und ohne die Fixkosten eines permanenten Dienstes durchzuführen.

Wo eine Kultur der gegenseitigen Ehre und des Respekts bestimmt, wie man das Leben miteinander teilt, öffnet sie die Tür zur einer Einheit der Herzen und Ziele, die die Welt verwandeln wird.

Kapitel 17

Einheit ohne Konformität

Nur einer ist euer Meister, und ihr alle seid Brüder.

Matthäus 23,8

Merkmal 7:

Einheit entsteht,
wenn man von ganzem Herzen übereinstimmt,
nicht durch eine von außen auferlegte Konformität.

Die besten Momente meiner fast vierzigjährigen Ehe mit Sara sind die, wenn wir etwas gemeinsam tun, was wir beide von ganzem Herzen genießen und an dem wir beide voll beteiligt sind. So ist es aber nicht immer. Nicht alle unsere Interessen überdecken sich, und deshalb tun wir nicht alles gemeinsam. Es gibt Tage, an denen wir Konflikte oder Meinungsverschiedenheiten lösen müssen. Manchmal verzichte ich ihr zuliebe auf etwas, und zu anderen Zeiten legt sie ihr Leben nieder, um sich mit mir an etwas zu beteiligen. Auch solche Tage sind etwas Besonderes, weil die Liebe tief ist, wenn sie nicht das ihre sucht.

Aber in den Zeiten, in denen sich unsere Wünsche, Erkenntnisse und Leidenschaften völlig überdecken und wir einmütig bei der Sache sind, dürfen wir die Fülle dessen feiern, was es bedeutet, nicht mehr zwei Personen, sondern eins in unserer Freude und Übereinstimmung zu sein. Das kann geschehen, wenn wir eine wichtige Entscheidung treffen, wenn wir uns für jemanden hingeben, der Hilfe braucht, bei einem Projekt in unserem Haus, einer Freizeitbeschäftigung, einem Abend mit geliebten Freunden oder auch bei der Feier der Intimität unserer Ehe.

Dem Psalmisten war diese Freude bekannt, als er ausrief, wie gut und lieblich es ist, wenn Gottes Volk einträchtig beieinander lebt (vgl. Ps 133). Es gibt wirklich nichts Vergleichbares! Wenn Sie den Weg in die echte Zuneigung, Demut und Großzügigkeit finden, der es Ihnen ermöglicht, diese Tiefe der Einigkeit mit Ihrem Ehepartner zu erleben, wird jeder Tag zu einem freudigen Abenteuer. Obwohl die Ehe der beste Platz ist, um zu entdecken, wie die gegenseitige Selbstlosigkeit zur Einheit führt, ist sie gewiss nicht der einzige. Paulus lud die junge Gemeinde zu einem ähnlichen Abenteuer ein: *„... und seid eifrig bemüht, die Einheit des Geistes (*oder*: die Einigkeit im Geist) durch das Band des Friedens zu erhalten"* (Eph 4,3 MNG).

Wir haben uns seit Beginn dieses Buches auf dieses Kapitel zubewegt. Die Kraft der Gemeinde liegt in der Einheit, die man miteinander findet – wenn Männer und Frauen sich von ganzem Herzen lieben und zusammenarbeiten, weil sie ihr Leben und ihre Freude in Jesus anstatt in ihren eigenen Vorlieben und Ideen gefunden haben. Wie sollte ein auf Konformität beruhendes System je diese Einheit hervorbringen, wenn die Leute den Erwartungen anderer folgen, anstatt aus einem Herzen zu leben, das immer weiter wird? Ohne Letzteres kann es echte Einheit nicht geben.

Schon früh gehörte ich einer Gemeinde an, die deswegen eines Sinnes war, weil nur ein Sinn funktionieren durfte – der des Hauptpastors. Alle anderen mussten den Mund halten und sich ihm anschließen. Konnte jemand nicht jeder seiner Launen folgen, musste er gehen. Einige der sogenannten Erweckungsbewegungen reden offen davon, dass man „die Vision des Hauses unterstützen" muss, was durch blinden Gehorsam gegenüber dem Mann an der Spitze geschieht. Institutionen brauchen diese Art der Konformität, um ein aggressives Programm durchzuziehen, aber jede daraus hervorgehende Einheit ist künstlich, erzwungen und kurzlebig.

Jesus betete für einen ganz anderen Prozess:

> *Ich bete aber ... auch für die Menschen, die auf ihr Wort hin an mich glauben werden. Ich bete darum, dass sie alle eins sind – sie in uns, so wie du, Vater, in mir bist und ich in dir bin. Dann wird die Welt glauben, dass du mich gesandt hast. Die Herrlichkeit, die du mir gegeben hast, habe ich nun auch ihnen gegeben, damit sie eins sind, so wie wir eins sind. Ich in ihnen und du in mir – so sollen sie zur völligen Einheit gelangen, damit die Welt erkennt, dass du mich gesandt hast und dass sie von dir geliebt sind, wie ich von dir geliebt bin* (Joh 17,20-23).

Lassen Sie diese majestätischen Worte tief ins Herz dringen. Jesus betete nicht um Konformität, sondern um Einheit, die nur aus dem Leben von Menschen hervorgehen kann, die von seiner Herrlichkeit verwandelt worden sind. Die Antwort auf dieses Gebet bringt Gottes Leidenschaft auf Erden in Erfüllung, und die Welt wird dadurch erkennen, dass der Vater uns genauso liebt wie seinen Jesus. Wenn Menschen aus unterschiedlichen Hintergründen sich in Herz, Ziel und Fokus völlig einig werden, wird Gott auf einzigartige Weise offenbart.

Natürlich ist das die Aufgabe des Vaters. Es wäre der Menschheit unmöglich, auch nur etwas Annäherndes hervorzubringen. Deshalb bittet Jesus seinen Vater, uns diese Einheit zu schenken, und fordert seine Jünger nicht auf, darauf hinzuarbeiten. Das habe ich schon oft erlebt. Wenn ich Menschen aus anderen Kulturen kennenlerne und wir beim Gespräch über Gott beinah die Sätze des anderen vollenden können, dann weiß ich, wie stark diese Einheit ist. Sie ist nicht darauf zurückzuführen, dass wir dieselben Bücher gelesen oder denselben Katechismus auswendig gelernt haben, sondern darauf, dass wir beide dabei sind, denselben Vater kennen und ihm vertrauen zu lernen, damit wir unsere eigene Agenda zugunsten seiner aufgeben können.

Gott hat seine vielfältige Weisheit über den ganzen Leib Christi verteilt, und nur, wenn wir lernen, in Liebe miteinander zu leben, werden wir die entsprechende Frucht sehen. Keiner kann alles erkennen, keiner hat alle Antworten. Einheit ist nicht Einförmigkeit, sondern Harmonie. Wenn Gott uns transformiert (umgestaltet), drückt sich Gott in der Persönlichkeit und Geschichte eines jeden von uns auf einzigartige Weise aus. Wenn er dann verschiedene Menschen zusammenbringt, erhalten wir alle eine vollständigere Sicht von Gott und seinem Wesen, als jeder von uns für sich allein sehen könnte. Wie bei einer Symphonie schmiegt sich die harmonisierende Mischung unserer Einzigartigkeit um sein Herz und seine Ziele. Indem wir uns alle auf seine Wellenlänge einstellen, sind wir auch aufeinander eingestimmt. Die daraus hervorgehende Übereinstimmung und Zusammenarbeit kann einen nachhaltigen Einfluss auf die Welt haben.

Das ist der Tanz der wachsenden Einheit, der uns ein Herz, ein Ziel und einen Sinn zum Ausdruck bringen lässt. Das Gleiche, wofür Jesus in Johannes 17 betete, beschrieb Paulus ausführlicher in Philipper 2,1-4 (MNG):

> *Wenn nun eine in Christus ausgesprochene Ermahnung, wenn ein liebevoller Zuspruch, wenn eine Gemeinschaft des Geistes, wenn inniges Mitgefühl und Erbarmen (noch vorhanden sind, oder: etwas gelten), so macht meine Freude dadurch vollkommen, dass ihr eines Sinnes seid, indem ihr die gleiche Liebe hegt und einmütig dem gleichen Ziel zustrebt und nichts aus Rechthaberei (oder: Selbstsucht) oder eitlem Ehrgeiz tut, sondern in Demut einer den andern höher als sich selbst erachtet; jeder habe nicht (nur) seinen eigenen Vorteil im Auge, sondern jeder auch den des andern.*

Was machte Paulus' Freude vollkommen? Er freute sich nicht über seine Heldentaten für Gott, sondern darüber, dass er mit ansehen durfte, wie die Menschen ihren Weg in die vom Vater gegebene Einheit fanden. Das Leben Gottes wird so sehr zu ihrem eigenen, dass sie die Fähigkeit haben, ihren Ehrgeiz (was wir tun, um Profit, Macht und Privilegien zu erhalten) und ihre Eitelkeit (die Aufmerksamkeit so auf uns lenken, dass wir besser als andere erscheinen) zu erkennen und sich von ihnen abzuwenden. Sie sehen dann nicht nur, was für sie selbst gut ist, sondern kümmern sich auch um das, was gut für andere ist. Das schafft ein Umfeld, in dem das Reich Gottes sichtbar wird. Dazu braucht es nicht viel. Schauen wir uns die Voraussetzungen an, die Paulus aufstellt:

Wenn nun eine in Christus ausgesprochene Ermahnung ... etwas gilt ... Sind Sie in Christus und eins mit ihm? Vertrauen Sie ihm, dass er Sie verändert? Dann vertrauen Sie ihm auch, die anderen in Ihrer Umgebung zu prägen.

... wenn ein liebevoller Zuspruch ... Ist Ihnen klar, dass Jesus Ihnen Rückendeckung gibt, auch wenn andere Sie im Stich lassen? Man wird Sie verraten, man wird Sie belügen und Lügen über Sie verbreiten, wenn Leute versuchen, mit ihrem Schmerz fertig zu werden. Ist Ihnen klar, dass Gott Sie so sehr liebt, dass er sich auch um Sie kümmert?

... wenn eine Gemeinschaft des Geistes ... Erhoffe ich mir durch das, was ich tue, bestimmte Vorteile, oder folge ich Jesus so gut ich kann? Ist er mächtig genug, mir jeden Tag deutlich zu zeigen, was ich für ihn tun soll und wie ich mein Leben zugunsten eines größeren Reiches niederlegen soll?

... wenn inniges Mitgefühl und Erbarmen noch vorhanden sind ... Habe ich für die Menschen in meiner Umgebung auch nur die geringste Zuneigung, sodass mein Herz im Umgang mit ihnen weich ist, und liegt mir ihr Wohl mindestens ebenso am Herzen wie mein eigenes?

Paulus bittet die Philipper nicht um sehr viele dieser Dinge. „Wenn ... [sie] *noch vorhanden sind* ..." Der kleinste Teil öffnet eine sehr weite Tür zu einem Leben der Einheit. Wenn Sie diese Dinge in den Menschen wiedererkennen, werden Sie sehen, wie leicht es tatsächlich ist, in Einheit zu leben. Die Einheit wird aus Ihrer Liebe füreinander wachsen, nicht unbedingt, weil Sie die Dinge auf die gleiche Weise sehen oder an denselben Aktivitäten beteiligt sind. Bei wem in Ihrem Umfeld sehen Sie, dass er in seiner Einheit mit Christus wächst? Diese Person mag innerlich kämpfen, neu auf dem geistlichen Weg und sogar gelegentlich ein bisschen fleischlich sein, aber ist sie hungrig nach Jesus? Ich weiß, dass ich solche Menschen gefunden habe, wenn ich sehe, dass sie ihr Eigeninteresse verleugnen, um eine tiefere Führung in ihrem Herzen in Erfüllung zu bringen.

An dieser Stelle versagen auf Konformität beruhende Systeme. Ihre Anhänger sind so damit beschäftigt, sich der Lehre oder den Ritualen anzupassen, dass sie nie die Freiheit finden, die schwierigen Fragen zu stellen, nie ihren eigenen Weg innerhalb der neuen Schöpfung entdecken und Gott nie auf eine Weise kennenlernen, die sie verwandelt. Sie bleiben Untergebene in einem System, das darauf angelegt ist, sie zu schützen, das sie aber in Wirklichkeit am Wachstum hindert. Es gibt in den Werken von Bischof John Shelby Sponge viel, mit dem ich nicht übereinstimme, aber er hatte völlig recht, als er sagte: „Religion lebt davon, durch die Erzeugung von Schuldgefühlen Kontrolle auszuüben. Die Kirche will nicht, dass die Leute erwachsen werden, weil man Erwachsene nicht kontrollieren kann.“ Ein Wissenschaftler verglich die Pädagogik vieler Sonntagmorgengottesdienste mit der einer Kindergartenklasse. Wo sonst marschieren wir Erwachsene alle brav in einen Raum, um in Reihen zu sitzen, Lieder zu singen, das Gewünschte nachzuplappern und passiv dem zuzuhören, was vorne gesagt wird?

Einheit kommt von denjenigen, die lernen, Jesus zu folgen, und sich weigern, andere für ihre eigene Agenda auszunutzen oder ihnen ihren Willen aufzuzwingen. Darum ging es Jesus und Paulus bei dem, was oft Kirchendisziplin genannt wird. Sie bestand nicht darin, dass man jemanden von der Liebe ausschloss und ihn zwang, beschämt bessere Entscheidungen zu treffen, sondern einfach darin, ehrlich zu sein, dass wir unseren Weg mit Jesus nicht mit anderen gemeinsam gehen können, wenn wir nicht lernen, ihm zu folgen. Wir können die zügellosen Menschen lieben, aber nicht in Einheit mit ihnen wachsen.

Diese Einheit führt dazu, dass wir an den Zielen Gottes, die sich in der Schöpfung entfalten, tatsächlich teilnehmen:

> *Ich sage euch: Alles, was ihr auf der Erde binden werdet, wird im Himmel gebunden sein, und alles, was ihr auf der Erde lösen werdet, wird im Himmel gelöst sein. Und noch etwas sage ich euch: Wenn zwei von euch hier auf der Erde darin eins werden, um etwas zu bitten – was immer es auch sei –, dann wird es ihnen von meinem Vater im Himmel gegeben werden. Denn wo zwei oder drei in meinem Namen versammelt sind, da bin ich in ihrer Mitte* (Mt 18,18-20).

Um aus der Kraft der wachsenden Einheit zu schöpfen, braucht man keine große Gruppe. Jesus sagte, dass schon wo zwei oder drei sich einig werden oder sich einfach in seinem Namen treffen, Erstaunliches geschehen kann.

Übereinstimmung hilft uns die Wahrheit zu identifizieren

Da wir alle nur einen Teil des Ganzen sehen und erkennen, erhalten wir ein klareres Bild der Wahrheit, wenn diese Teile in Einklang miteinander kommen. Wir alle können uns erstaunlich leicht selbst täuschen und selektiv nur die Information sammeln, die mit dem übereinstimmt, was wir hören und glauben wollen. Aber wenn wir gemeinsam mit anderen, die den gleichen Weg gehen, nachdenken und nachforschen, wird erkennbarer, wie Jesus die Dinge sieht. Das ist zum einen wertvoll, um Gottes Charakter und Ziel zu erkennen, aber es ist auch immens hilfreich, wenn wir lernen, diese Wahrheit im Alltag konkret umzusetzen. Pflege ich eine Beziehung mit Jesus, die mich verändert, oder diene ich lediglich mir selbst in der Hoffnung, dass Gott dies schon segnen wird? Da die Wahrheit uns freisetzt, wollen wir sie aufnehmen, selbst wenn sie einige unserer Lieblingstheologien infrage stellt. Deshalb wollen Menschen, die in Christus wachsen, einen möglichst weiten Kreis von Gesprächspartnern haben und auch mit denen Umgang pflegen, welche die Dinge nicht genauso sehen wie sie. Auch die Schriften und Gedanken längst verstorbener Heiligen und deren Zeitgenossen sind für sie wichtig. Es macht ihnen nichts aus, sich mit den Gedanken anderer Personen zu befassen, weil sie die Wahrheit nicht für so zerbrechlich halten, dass gegensätzliche Ansichten sie leicht in die Irre führen könnten. Sie sind zuversichtlich, dass am Ende die Wahrheit gewinnt.

Immer wenn ich anderer Meinung bin als eine andere Person, die in Jesus wächst, ist mir klar, dass eine von drei Möglichkeiten zutrifft. Entweder sie hat recht und ich habe unrecht, und somit hat Gott noch mehr in mir zu tun. Oder sie hat unrecht und ich habe recht und er hat etwas in ihr zu tun. Oder, und das ist am wahrscheinlichsten, wir liegen beide etwas daneben und er muss in uns beiden mehr arbeiten. Aber wenn wir einander weiterhin lieben und auf Jesus und einander hören, werden wir schließlich mehr verstehen, als wir je allein verstanden hätten. Im Laufe meines Wachstumsprozesses werden manche Dinge bestätigt und andere aufgedeckt und verworfen. Die Wahrheit wird nicht demokratisch bestimmt. Wir alle müssen an der Wahrheit festhalten, wie wir sie in unserem Herzen sehen. Es wird von niemandem verlangt, sein Gewissen zugunsten des äußerlichen Schulterschlusses zu verraten. Stattdessen vertrauen wir, dass wir beim zunehmenden Wachstum in Jesus auch gemeinsam wachsen.

Eine wachsende Übereinstimmung ermöglicht uns, in allem zusammenzuarbeiten, was der Herr uns aufträgt.

Wir wissen, dass Gott uns bittet, etwas gemeinsam zu tun, wenn unsere Herzen sich darüber einig sind. Das ist die Kraft dezentralisierter Systeme. Wo es Übereinstimmung gibt, kann man gemeinsam handeln, selbst wenn Dritte nicht zustimmen oder es nicht unterstützen. Im Lauf der Zeit wird die Frucht der Arbeit zeigen, ob Gott daran beteiligt war oder nicht. Und wenn man sich dabei geirrt hat, hat es weit geringere Auswirkungen, als wenn eine riesige Gruppe Menschen genötigt wurde, bei etwas mitzumachen, ohne dass ihr Herz dabei war.

Vor ein paar Jahren erschien ein Buch über die Unternehmensführung mit dem Titel *Der Seestern und die Spinne – Die beständige Stärke einer kopflosen Organisation*. Es zeichnete ein starkes Bild dezentralisierter Strukturen. Die Spinne repräsentiert traditionelle Organisationen mit Hauptgeschäftsführern, hierarchischen Strukturen und Management nach dem Top-Down-Prinzip. Wenn man einer Spinne den Kopf abhackt, stirbt sie. Wie viele große Kirchengemeinden sind einfach zerfallen, als ihr charismatischer Leiter verstarb, etwas anderes tun wollte oder versagte? Der Seestern hingegen besitzt keinen Kopf, der abgeschlagen werden könnte. Wenn er ein Bein verliert, wächst ihm ein neues, und das Bein selber wächst dann zu einem neuen Seestern, weil er kein zentrales Gehirn hat. Er ist ein Nervennetzwerk, das sich selbst leicht regenerieren kann.

Wie die Autoren zeigen, sind dezentralisierte Netzwerke weitaus zäher und haben ungeheure Macht, weil sie nicht von den Bedürfnissen einer Infrastruktur zurückgehalten werden, die die Werte der Gemeinschaft kompromittiert. Die Leute sind engagierter und die Beiträge derer, die eine gemeinsame Leidenschaft teilen, haben weit größere Auswirkungen als in konventionellen institutionellen Modellen. Diese Gemeinschaften schätzen Beziehungen, erwecken Vertrauen und verfolgen ein größeres Ziel als finanzielle Belohnung. Wie wir im nächsten Kapitel sehen werden, befreit diese Art von Netzwerk die Leiter von der Notwendigkeit des Managens. Dadurch können sie andere besser ausrüsten und ihnen helfen.

An diesem Bild gefällt mir besonders, dass der Leib Christi das Beste von beiden Welten vereint. Wir haben tatsächlich ein Oberhaupt: Jesus. Aber er leitet nicht mittels eines institutionellen oder hierarchischen Systems, sondern führt jeden persönlich. Dieses Netzwerk kann ohne den Überbau einer großen Institution schnell und effektiv eingesetzt werden.

Unsere wachsende Übereinstimmung bewegt Himmel und Erde.

Die Autorität, von der wir im letzten Kapitel geredet haben, wird überall dort vergrößert, wo Gottes Volk in Übereinstimmung kommt. Zwei oder drei Menschen, die mit Gott und einander übereinstimmen, bringen die Kraft des Gebets zu einer Effektivität, wie es ein Einzelner niemals kann.

Es war das merkwürdigste Gebetstreffen, das ich je besucht hatte. Mehr als hundert Leute hatten sich versammelt, und ehe wir begannen, schlug einer der Moderatoren vor, wir sollten nur für solche Dinge beten, denen die allermeisten zustimmen könnten. Wenn jemand ein Gebetsanliegen hatte, sollte er der Gruppe mitteilen, worum es ging. Man nahm sich sogar die Zeit, einige der Vorschläge zu diskutieren, damit wirklich jeder sie verstand. Dann wurde gefragt: „Wie viele von euch können mit diesem Gebet übereinstimmen?“ Das Ziel war eine mehr als 90-prozentige Zustimmung. Wenn es sie nicht gab, ging man zum nächsten Anliegen über. Ich fand es toll, wie ehrlich die Leute waren, die einige Gebetsanliegen bestätigten und andere liebevoll ablehnten. Es schien nicht peinlich zu sein, wenn jemandem gesagt wurde: „Du magst recht haben, aber der Rest von uns scheint noch nicht so weit zu sein.“

Lässt man Gebetsanliegen von anderen überprüfen, um Gottes Willen zu erkennen, und betet dann glühend in Übereinstimmung, wird das eine deutliche Reaktion bewirken. Natürlich ist es am wichtigsten, dass wir mit Jesus und seiner Art zu wirken übereinstimmen. Es ist aber keine Methode, um Gott dazu zu bringen, unsere Wünsche zu erfüllen. Ich war schon bei Gebetstreffen, wo man für die verrücktesten Dinge gebetet hat, wie zum Beispiel, dass Gott nie wieder eine bestimmte Sünde in Kalifornien zuließe. Ja, alle waren sich einig, aber sie beteten nicht im Einvernehmen mit dem, was Gott wollte, sondern nur mit ihren Wünschen.

Liebevolle Beziehungen erlauben es uns, in der gemeinschaftlichen Einheit zu wachsen, zu der Jesus uns einlädt. Wenn wir uns mit anderen gemeinsam auf den Weg machen, werden ihre Erkenntnisse auch unser Herz prägen. Wo wir uns nicht einig sind, können wir vorsichtig zu Werke gehen und im Weitergehen darauf achten, was Gott uns zusätzlich noch zeigen möchte. Aber in den Momenten, wo sich unsere Herzen mit seinem und mit anderen vereinigen, kosten wir die wunderbare Freude, die Gott in sich selbst von Ewigkeit her kennt und schöpfen aus der unglaublichen Kraft, die bewirkt, dass sich in unserem Umfeld Menschen und Umstände verändern.

Kapitel 18

Zurüsten ohne zu unterwerfen

Denn was wir sind, ist Gottes Werk; er hat uns durch Jesus Christus dazu geschaffen, das zu tun, was gut und richtig ist. Gott hat alles, was wir tun sollen, vorbereitet; an uns ist es nun, das Vorbereitete auszuführen.

Epheser 2,10

Merkmal 8:

Jeder wird zugerüstet, Jesus zu folgen.

„*Die Ernte ist groß, doch es sind nur wenig Arbeiter da*“ (Mt 9,37). Als Jesus angesichts seiner Handvoll von Anhängern über die breite Menge verzweifelter und hungriger Menschen schaute, muss er überwältigt gewesen sein. Er wusste, dass viele weitere Arbeiter benötigt werden würden.

Ich weiß noch, wie ich vor 30 Jahren diese Worte las und dachte: *Ach, wie sich die Zeiten doch geändert haben!* Was ich damals sah, war eine Unzahl von Kirchengemeinden und christlichen Organisationen. Es gab eine Fülle von Leuten, die sich wünschten, im vollzeitlichen Dienst zu stehen, Pastor der größten Gemeinde zu sein oder den nächsten christlichen Bestseller zu schreiben. Damals schien es wenig Platz an der Spitze zu geben, und während ich versuchte, in dem Ganzen meinen Weg zu finden, fragte ich mich, ob sich das Blatt gewendet hatte und wir nun zu viele Arbeiter hatten.

Aber damals folgte ich noch dem Konkurrenzdenken der alten Schöpfung. Natürlich will man ganz zuoberst sein, weil das Einfluss und Vorteile bringt. Wir alle sind vor allem an der Macht und ihrer Verteilung in unserer Welt interessiert. Das war schon so, als Israel nach einem König verlangte, und ist auch in einer E-Mail zu sehen, die ich gestern von einem frustrierten Pastor erhielt, dessen Leute nicht das tun wollen, was er von ihnen erwartet. Beim Kampf um die Macht hat es schon immer viele Bewerber gegeben. Aber Jesus ging es um eine andere Art von Arbeiter, um solche, die kein Interesse an einem persönlichen Gefolge haben, sondern einfach anderen helfen wollen, ein volles und freies Leben in ihm zu finden, und ihnen Gelegenheiten zum Aufbau ehrlicher und echter Freundschaften zu geben. Solche Arbeiter und Arbeiterinnen mögen heutzutage genauso selten sein wie damals.

Als sich die Jünger später darüber stritten, wer die großen Tiere in Jesu Reich sein würden, machte er ihnen klar, dass sie auf dem Holzweg waren. Als Antwort lehrte er sie über wahre Führung. Die Welt nutzt die Macht aus, um über andere zu herrschen, und ihre Anführer verteilen Vorteile und Strafen, um mehr Macht zu ergattern. *„Bei euch ist es nicht so“* (vgl. Mk 10,42-43). Er verbot es ihnen nicht ausdrücklich, sondern ließ sie vielmehr wissen, dass eine solche Art der Machtausübung in seinem Reich keinen Platz hat. Wer in der neuen Schöpfung lebendig wird, hat weder den Wunsch, andere zu leiten noch selber von anderen geleitet zu werden. Sie wollen lernen, auf Jesus zu hören, auf ihn einzugehen und anderen zu helfen, dieselbe Freude zu entdecken.

Daher besteht die Herausforderung in der neuen Schöpfung darin, wie man Menschen ausrüstet, ohne sie zu unterwerfen, d. h. sie zu lehren, Jesus zu folgen, anstatt sie von unserer Lehre oder unserem Programm abhängig zu machen. Beim antichristlichen Geist, auf den sich Johannes in seinem Brief bezog, geht es nicht nur um die Personifizierung des Bösen am Ende des Zeitalters. Er sagte, es gäbe schon viele Antichristen in der Welt. Damit meinte er nicht diejenigen, die Christus feindlich gesinnt waren, sondern diejenigen, die einen Ersatz für Christus bieten wollten, indem sie die Menschen von sich selber anstatt von ihm abhängig machen wollten.

Als ich Pastor war, konnte ich nicht verstehen, weshalb diejenigen, die am besten dafür qualifiziert waren, das Angebot, Älteste zu werden, ablehnten und weshalb wir so viele Probleme mit denen hatten, die es akzeptierten? Ich weiß noch, wie wir einen sehr reifen und tiefgründigen Mann baten, sich unserem Ältestenteam anzuschließen. Er lehnte ab. Er wollte nicht zahllose Stunden in Planungsbesprechungen verbringen, anstatt den Menschen zu helfen, geistlich zu wachsen. Den Titel und die Stelle, die wir ihm anboten, sowie die zukünftige Mitarbeiterstelle, die wir ihm in Aussicht stellten, sah er als Nachteil für die Position, die er im Leben der Menschen schon innehatte.

Inzwischen habe ich dieselbe Einstellung gegenüber der Führungsterminologie. Ich werde oft gefragt, ob ich Apostel, Lehrer oder Pastor sei. Ich beantworte die Frage nicht direkt, weil meine Gabe im Leib Christi, was immer sie auch sein mag, am besten funktioniert, wenn ich mich als Bruder neben ihnen sehe. Sobald Leute mir ein Etikett aufkleben, behandeln sie mich auf eine Weise, die meine Effektivität vermindert. Darauf wollte Jesus in Matthäus 23,8 hinaus, als er sagte: *„Ihr aber sollt euch nicht ‚Rabbi' nennen lassen, denn nur einer ist euer Meister, und ihr alle seid Brüder.“* Ich habe nichts dagegen, als Lehrer oder Ältester zu wirken, aber die meisten Leute, die diese Ausdrücke verwenden, erhöhen mich auf eine Weise, die ihr eigenes Wachstum behindert, und vermindern den Input, den ich ihnen geben kann. Anstatt mir zu erlauben, ihnen bei der Nachfolge Christi zu helfen, wollen sie stattdessen mir oder meinen Ideen folgen.

Daher ist es schwierig, den Ausdruck *Leitung* bzw. *Leiterschaft* innerhalb der neuen Schöpfung zu verwenden. Sie wird als Managementrolle gesehen anstatt als die Gabe, anderen zu helfen. Als Paulus daher von Ältesten, Gemeindeleitern oder Dienstgaben schrieb, meinte er die Menschen, die anderen helfen, reif zu werden, und nicht die Manager von Institutionen. Wenn wir die Worte von Hebräer 13,17 nehmen: *„Hört auf die Verantwortlichen eurer Gemeinde und folgt ihren Weisungen!“*, und sie auf Konstruktionen der alten Schöpfung anwenden, erhalten wir eine verzerrte Sicht von Leitung und wählen am Ende die falschen Menschen aus, um uns zu leiten. Wie oft haben sogenannte Leiter mit dieser Bibelstelle großen Schaden angerichtet, um der Macht, die sie über andere ausüben wollten, die göttliche Billigung zu verleihen? Anstatt blinden Gehorsam zu verlangen, appellierte Paulus lediglich an die Jüngeren, es ihren älteren Brüdern und Schwestern nicht schwer zu machen, ihnen beim Wachsen zu helfen.

Da die Führungsterminologie im Neuen Testament so selten vorkommt, müssen die Bibelübersetzer die Stellen, an denen sie verwendet wird, verbiegen, um die kirchlichen Systeme zu rechtfertigen, die wir über die Jahrhunderte hinweg errichtet haben. Gayle Erwin, der Autor von *Der Jesus-Stil*, weist gern darauf hin, dass die einzige Sache, um die Jesus beim Speisen der 5000 seine Jünger bat, war, ihm als Kellner und Aufräumhilfen zu dienen. Später zeigte Jesus ihnen, dass wahre Leiter sich nicht über andere erheben, um über sie zu herrschen, sondern das Handtuch nehmen und die schmutzigen Füße müder Reisender waschen. Der Größte unter ihnen würde der Diener sein, nicht der Herr.

Lehre und Beispiel des Neuen Testaments harmonieren mehr mit dem Wort *Katalysator* als mit *Leiter*. Älteste oder Gemeindeleiter im wahren Sinn des Wortes sind nicht die Leute auf der Bühne oder die Vorgesetzten im Büro der Denomination, die anderen sagen, was sie tun sollen. Stattdessen sitzen sie neben den Menschen, um sie in ihrer Beziehung zu Jesus zuzurüsten und zu ermutigen. Die wahre Aufgabe eines Leiters besteht nicht darin, sich eine Gefolgschaft aufzubauen, sondern diese Menschen für die Nachfolge Christi zuzurüsten. Und die eigentliche Gefahr besteht nicht darin, dass die Leute nicht auf die Leiter hören wollen, sondern dass sie auf Kosten ihrer Beziehung zu Gott von deren Weisheit abhängig werden.

Es ist erstaunlich wenig darüber geschrieben worden, wie sich unser Verständnis von Leitung innerhalb einer neuen Schöpfung verschiebt, die einfach nicht dieselben Managementsysteme wie die alte braucht. Wenn man nur Menschen lieben und keine Institution aufrechterhalten muss, kann man das natürlich leichter in Betracht ziehen. Diese beiden Ziele kommen sich öfter ins Gehege, als wir zugeben möchten, und es ist leichter, die Leute zum Gehorsam aufzurufen, als sie zuzurüsten. Fast immer ist die Notwendigkeit, dass ein vorgegebenes Programm glatt verläuft, wichtiger als die Liebe zu den Menschen, denen es helfen soll.

Der Grund, warum es den Menschen schwerfällt, Katalysatoren der neuen Schöpfung anstatt Manager der alten zu sein, liegt im allzu menschlichen Bedürfnis nach Geld, Kredit und Kontrolle. Unsere Systeme der alten Schöpfung sind von verschiedenen Zwängen geprägt. Die eine Person muss sich den Lebensunterhalt verdienen, eine theologische Hochschule muss Studenten anlocken, ein anderer Mensch hat das Bedürfnis, seine Vorstellungen einem Teil des Leibes Christi aufzudrücken. In unserer heutigen, von Stars geprägten Kultur liegt der Schwerpunkt darauf, sich eine Plattform zu verschaffen und eine Marke zu kreieren, um eine Gefolgschaft anzuziehen, die den gewünschten Einkommensstrom generieren kann. Jedoch wird uns die Gier nach Geld ständig vom Reich Gottes wegtreiben. Auch heute kann man Gott und Geld genauso wenig gleichzeitig dienen wie damals, als Jesus uns davor warnte, es zu versuchen. Wer noch nicht gelernt hat, in Bezug auf seine Versorgung Gott zu vertrauen, wird beim Aufbau des Leibes Christi nicht nützlich sein. Stattdessen schneiden sie sich ihr eigenes Segment unter den Gläubigen heraus, weil sie meinen, dass ihr Marktanteil ihren Erfolg garantiert.

Wahrscheinlich aus genau solchen Gründen – Geld, Kredit und Kontrolle – unterlief die zweite und dritte Generation der Urgemeinde eine tiefgreifende Verschiebung in ihrer Sicht von

Leiterschaft. Die Ältesten sahen sich nicht länger als Beschützer des Geschenks des Lebens Jesu unter den Gläubigen, indem sie ein Umfeld der Liebe, Gnade und Freiheit kultivierten, und wurden stattdessen zu Hütern der korrekten Theologie und Glaubenspraxis. Anstatt die Leute, die Jesus kennenlernen wollten, behutsam zu unterweisen, wurden sie zu Vertretern religiöser Systeme, die die Menschen einpferchen und zur Gerechtigkeit überreden sollten. Kein Wunder, dass die Kraft und Relevanz der Gemeinde in solchen Institutionen ins Stolpern geriet.

Die neue Schöpfung lädt uns ein, zur ersten Sicht zurückzukehren: Beschützer des Lebens Gottes in den Menschen um uns herum zu sein. Jesu Nachfolger brauchen die Gemeinde nicht zu bauen, weil sie Jesus zutrauen, es zu tun. Daher sind sie zufrieden, ihre Zeit damit zu verbringen, den Menschen zu einer transformierenden Beziehung mit ihm zu verhelfen. Da sie den Charakter Jesu schon stärker verkörpern, verspüren diese Männer und Frauen kein Bedürfnis, vorne zu stehen oder sich eine eigene Gefolgschaft aufzubauen. Deshalb unterscheidet sich Leitung in der Gemeinde Jesu erheblich von den Managementqualitäten, die Menschen zum Bau von Institutionen in der alten Schöpfung verwenden. Um das Reich Gottes im Herzen der Menschen zu fördern, braucht es gewöhnlich ganz andere Fähigkeiten: zurüsten, ermöglichen und beaufsichtigen.

Zurüsten: Sie rüsten die Menschen zu, indem sie ihnen helfen, mit Jesus in Verbindung zu treten und zu entdecken, wie sie in der Freiheit und dem Leben der neuen Schöpfung leben. Seminare und Vorträge können zwar wichtige Hintergrundinformationen geben, doch geschieht die Zurüstung gewöhnlich auf dieselbe Weise wie bei Jesus – indem man Zeit mit einzelnen Personen und kleineren Gruppen verbringt, damit sie sich an der Art von Dialog beteiligen können, der sie entdecken lässt, wie Gott sich ihnen zu erkennen gibt. Man kann theoretischen Flugunterricht nehmen und alles übers Fliegen lernen, aber ohne einen Fluglehrer, der neben einem im Flugzeug sitzt, wird man nicht fliegen lernen.

Ermöglichen: Da sie wissen, dass Gemeinschaft ein Geschenk Gottes ist, bereiten diese Katalysatoren einfach das Umfeld, in dem Gemeinschaft wachsen kann. Sie ermöglichen Zusammenkünfte, Verbindungen und Freundschaften zwischen Menschen, die lernen, in der neuen Schöpfung zu leben. Anstatt zu versuchen, Gemeinschaft zu schaffen, laden sie Menschen in ihr Leben ein und teilen diese Freundschaften großzügig, sodass in deren Umfeld neue Freundschaften entstehen. Dabei geht es weniger darum, regelmäßige Treffen zu planen oder Gruppen aufzubauen, sondern einfach darum, Gelegenheiten zu bieten, damit Beziehungen wachsen können. Es besteht kein Wunsch, um eine bestimmte Gruppe Zäune zu bauen, was nur den Leib Christi zersplittert. Indem sie Leuten, die Jesus immer besser kennenlernen, zusammenbringen, bereiten sie den Boden, dass die Gemeinde an ihrem Ort Gestalt annehmen kann.

Beaufsichtigen: Schließlich sehen sie sich als Aufseher im Leib Christi, aber nicht als Polizeibeamte, die sicherstellen, dass jeder das tut, was er soll, sondern vielmehr wie Bauern, die über das Feld blicken, um zu sehen, was die Pflanzen vielleicht noch zum Wachstum brauchen. Wo wird Wasser benötigt? Wo wird das Wachstum vom Unkraut erstickt? Sie sind sich der negativen Einflüsse bewusst, die das Geschenk des Lebens zu zerstören suchen: Das könnte jemand sein, der eine falsche Lehre vertritt, eine polarisierende Person, die die Menschen gegeneinander ausspielt, oder einfach jemand, der versucht, andere für seine eigenen Pläne auszunutzen. Eine solche Person hat den Mut, die Menschen persönlich, ehrlich und vorsichtig anzusprechen, in der Hoffnung, ihnen einen besseren Weg zu zeigen. Nur wenn sich das als erfolglos herausstellt, werden sie andere warnen, sich vor diesen Leuten in Acht zu nehmen, welche die Realität der neuen Schöpfung noch nicht verstanden haben. In einem beziehungsorientieren Netzwerk werden die Menschen ganz aufrichtig so behandelt, wie sie sind. Sollten sie Unruhe stiften, werden die anderen sie weiterhin lieben, aber sich weigern, sich von ihnen ausbeuten zu lassen.

Nach meinen Erfahrungen tun wahre Aufseher diese Dinge nicht, als müssten sie ihre Pflicht erfüllen, sondern einfach, weil es ihnen sehr am Herzen liegt, dass das Leben der Gemeinde um sie herum sich frei entfalten kann. Ihr Handeln entspringt ganz natürlich der Qualität ihres Charakters, ihren Gaben sowie ihrer Leidenschaft, dass sich Gottes Reich ausbreitet. Es ist die Frucht eines gut geführten Lebens, nicht eine Rolle, die sie zu erfüllen suchen. Da sie gelernt haben, wie Gott in ihrem Leben wirkt, können sie auch andere in ihrem Leben ermutigen. Es geht hierbei weniger um die Leitung eines Programms oder das Abhalten von Bibelvorträgen, sondern darum, zu einer Person zu werden, die beziehungsmäßig frei ist und sich uneigennützig um andere kümmern kann. Wie sieht das in der Praxis aus?

Erstens: Sie begleiten Menschen, ohne den Wunsch zu haben, sie zu beherrschen. Als Jesus uns den Geist Gottes schickte, um in uns zu leben, sagte er, er würde unser Tröster sein, oder wörtlich, „einer, der an unsere Seite berufen ist, um zu helfen“. Wenn schon der Geist selber an unsere Seite tritt, um uns dort zu helfen, wo wir es zulassen, wie könnten wir uns dann anmaßen, anderen gegenüber eine höhere Stellung zu haben? Diese Aufseher sprechen nicht als Experten von oben herab, sondern nur als Geschwister, die vielleicht ein bisschen weiter sehen können, wo es langgeht.

Zweitens: Sie sind Menschen, die in sich selber ruhen und keine eigene Vision haben, die andere erfüllen müssen. Wenn sie anderen helfen, Christus klarer zu sehen, reflektieren sie seine Ehrlichkeit und Sanftmut. Wenn man sie konfrontiert, sind sie weder abwehrend noch verärgert. Es liegt ihnen fern, die Menschen zu drängen oder zu drangsalieren, stattdessen laden sie sie einfach zu einer besseren Lebensweise ein. Wird ihr Rat nicht angenommen, sind sie nicht gleich beleidigt oder verletzt, weil sie wissen, dass der andere sich auf einem geistlichen

Weg befindet, wozu nun mal Ausprobieren und Versagen als wichtiger Bestandteil gehören.

Drittens: Sie sind die Art von Person, von der man sich wünscht, dass sie einen im schlimmsten Augenblick auffängt, weil man dort weich fällt. Sie sind voller Trost, der einem hilft, die Scham offenzulegen und seinen Weg zurück zu Jesus zu finden. Sie weisen auf Wahrheiten hin, die dadurch ihren Schrecken verlieren, dass wir uns darauf verlassen können, dass Jesus selbst die Veränderungen in uns vollbringt, die uns helfen, frei zu werden. Diese Menschen sind Älteste im wahrsten Sinne des Wortes, reife Anhänger Christi, die ein gewinnendes Wesen und eine Weisheit haben, die mit dem, was er in uns tut, in Einklang steht.

Viertens: Sie kennen zum einen die Bibel in- und auswendig und hören zum anderen auf den Heiligen Geist. Es zählt weniger, wie viel sie wissen, als wie frei sie dies praktizieren.

Fünftens: Sie sind sehr gastfreundlich. Es liegt ihnen weniger daran, vor vielen Leuten zu sprechen oder eine Gruppe zu gründen und durch Verpflichtungen zu verewigen, als daran, Menschen in ihr Leben einzuladen, damit diese durch Freundschaft, Gespräche und ihr Beispiel lernen. Darum steht die Gastfreundschaft bei allen Listen des Paulus für die Qualifikationen eines Aufsehers so weit oben, und deshalb war auch für Jesus ein Mittagessen mit einem Steuerhinterzieher wertvoller als eine Heilungsveranstaltung in einem Stadion. Älteste wissen, dass sie durch ihr Leben, ihr Zuhause und ihr Herz den größten Einfluss haben, nicht durch ihre Lehre in einem Gottesdienst oder durch einen Podcast.

Sechstens: Es liegt ihnen sehr an der Zusammenarbeit mit anderen. Sie haben erkannt, dass das Urteilsvermögen einiger Leute fast immer besser ist, als sich nur auf seine eigenen Erkenntnisse zu verlassen.

Siebtens: Die Ältesten speisen die geistlich Hungrigen. Sie manipulieren nicht die Selbstzufriedenen. Sie drängen den Menschen niemals die Wahrheit auf, sondern laden sie in sie ein; daher werden sie von denen angezogen, die bereits wachsen wollen. Es ist ihnen weniger wichtig, die 99 zu unterhalten, als die eine Person zu finden, die verloren ist, und ihr zu helfen, das Leben zu finden. Sie wissen, dass man Wachstum nicht erzwingen kann, und sind zuversichtlich, dass Zeit und Umstände die Herzen schließlich zu dem Gott zurückführen werden, den wir alle brauchen.

Wenn sie nicht im Mittelpunkt stehen, bieten Älteste, Pastoren, Apostel und Lehrer dem Leib Christi einen erstaunlichen Dienst. Wenn sie nicht mehr die Systeme organisieren müssen, sind sie frei, den Leuten zu helfen, tief in Christus zu leben. Die Sicht der Gemeinde als Netzwerk von Beziehungen – sowohl vor Ort als auch international – negiert keine der Bibelstellen, die wir über die Gaben lesen, die uns wachsen helfen. Diejenigen, die in einer bestimmten Gegend miteinander verbunden sind, könnte man genauso gut als die Gemeinde in Dublin, Melbourne oder Sacramento bezeichnen. Unter ihnen würden einige aufgrund ihrer Begabungen und Charakterstärke als Älteste, Propheten oder Apostel erkannt werden – nicht aufgrund einer Position oder eines Titels. Man kann erkennen, dass jemand in seiner Gabe lebt, wenn die Leute sich zu seinem Leben und der Weisheit in seinem Herzen hingezogen fühlen. Seine Gabe schafft ihm Raum, aber er wird nie zulassen, dass andere von dieser Gabe abhängig werden, genauso wenig wie der Fluglehrer möchte, dass sein Schüler ihn immer braucht.

Katalysatoren helfen, den Prozess der Gemeinde zu entfachen, aber dann wächst sie von dort aus weiter. Sie sind sich bewusst, dass die Menschen weitaus engagierter sind, wenn ihre Teilnahme ihrer eigenen Leidenschaft und Motivation entspringt, und dass die Frucht weit länger anhält, als wenn sie der Anweisung einer anderen Person folgten.

Kapitel 19

Die neue Schöpfung und die traditionelle Kirchengemeinde

Ihm verdankt der Leib sein gesamtes Wachstum. Mit Hilfe all der verschiedenen Gelenke ist er zusammengefügt, durch sie wird er zusammengehalten und gestützt, und jeder einzelne Körperteil leistet seinen Beitrag entsprechend der ihm zugewiesenen Aufgabe. So wächst der Leib heran und wird durch die Liebe aufgebaut (Eph 4,16).

Weil ich der Gemeinde Jesu Raum gebe, jenseits unserer traditionellen Kirchengemeinden Gestalt anzunehmen, nehmen viele an, ich sei ihnen gegenüber feindselig eingestellt. Dem ist aber nicht so. Ich habe gute Freunde, die sich sehr enthusiastisch an ihren Kirchengemeinden beteiligen. Viele von ihnen sind Pastoren oder Älteste. Ich werde häufig von Kirchengemeinden, die beziehungsorientierter sein möchten, zu offenen Gesprächen eingeladen. In einem solchen Umfeld kann viel geschehen, was die Gemeinde widerspiegelt, die Jesus baut. Das liegt allerdings nicht an der Institution selber. Wenn uns das bewusst ist, werden wir viel weniger fasziniert davon sein, an ihr herumzudoktern, als lernen, auf Jesus als unserem Haupt zu hören und einander von Herzen zu lieben.

Eine örtliche Kirchengemeinde kann zwar an und für sich nicht alles erfüllen, was Paulus uns hinsichtlich der Gemeinde versprochen hat, die Jesus baut. Sie kann jedoch ein Ort sein, an dem Leute Jesu Realität entdecken und die Art von Beziehungen eingehen, in denen seine Gemeinde zum Ausdruck kommt. Menschen, die beginnen, sich für Gott zu öffnen, gehen häufig dort als Erstes hin, und falls die Lehre gut ist, kann sie ihnen die Grundlagen für einen geistlichen Weg vermitteln. Lobpreis und Anbetung mit anderen zusammen können für sie eine Möglichkeit sein, dem transzendenten Gott zu begegnen, und Gelegenheiten für Gemeinschaft mit Geschwistern können eine Tür für Freundschaften öffnen, die ein Leben lang halten.

Jedoch wären wir nicht ganz ehrlich, wenn wir die Tatsache leugnen würden, dass der institutionelle Rahmen der traditionellen Kirchengemeinde ein Überrest der alten Schöpfung ist und ihre Prioritäten daher häufig im Konflikt mit den Prioritäten der neuen stehen. Zwar kann es für eine traditionelle Kirchengemeinde leichter sein, Glaubensgrundsätze zu formulieren, um wichtige theologische Punkte klarzustellen, doch wenn die Leute sich zu sehr auf diese Dinge verlassen, geht ihnen leicht abhanden, dass sie am Geheimnis Gottes teilhaben dürfen, wenn er sich ihnen im Alltag offenbaren will. Kirchengemeinden laden die Menschen einerseits in die Freiheit der Gnade Gottes ein, doch negieren sie andererseits diese Gnade häufig durch die Erwartungen, was es bedeutet, „gute Christen“ zu sein.

Wie wir in diesem Buch immer wieder gesehen haben, gedeiht die neue Schöpfung in einer Umgebung der Freiheit und Liebe und hängt von einer von innen kommenden Transformation ab, nicht von einer von außen auferlegten Konformität. Aber das braucht seine Zeit und nur selten findet sich ein Mann, eine Frau oder eine Institution, die lange dem Drang widerstehen können, den Leuten Regeln zu geben, die sie befolgen sollen, anstatt ihnen zu helfen, eine transformative Beziehung zu einem liebevollen Vater zu entdecken. Die Anforderungen der Religion und die Bedürfnisse einer Institution nach Konformität passen bestens zusammen und machen so den Weg der menschlichen Bemühungen fast unwiderstehlich. Dieser kann äußerlich gesehen zu schnellen Ergebnissen führen, während er zugleich die Lebendigkeit des Evangeliums auslaugt.

Während die neue Schöpfung also auch in traditionellen Kirchengemeinden zu finden ist, kann eine Gruppe umso leichter von der Reinheit und Schlichtheit der Hingabe an Christus abweichen, je länger sie existiert, und sich in die Starre eines auf Konformität beruhenden Programms begeben. Sobald es den Leuten mehr um den Erfolg ihrer Kirchengemeinde als um die von der Liebe bestimmte Entfaltung des Reiches geht, wird das Leben in ihr stagnieren. Jede Kirchengemeinde muss sich mit der Spannung zwischen dem Werk des Geistes, der das Leben der neuen Schöpfung aussät, und dem menschlichen Bedürfnis, die Menschen für die eigenen Zwecke zu kontrollieren, auseinandersetzen.

Ich frage oft Pastoren, die ich respektiere, wie viel Prozent ihres Sonntagmorgenpublikums eine solche Beziehung zu Gott pflegt, wie sie es gerne hätten. Bei keinem waren es bisher mehr als zehn Prozent. Die meisten Besucher scheinen damit zufrieden zu sein, Gott einmal in der Woche kurz Hallo zu sagen, sind aber nicht daran interessiert, sein Leben in der Tiefe kennenzulernen. Das ist für den größeren Teil der Gruppe zwar eine traurige Schlussfolgerung, doch bedeutet es auch, dass es fast überall Grüppchen von Menschen gibt, die sich aktiv mit Jesus und seinem Leben beschäftigen. Diese Menschen versuche ich zu finden, wenn ich dort bin.

Ominöser sind jene Kirchengemeinden, die lediglich ein Machtbereich für Tyrannen oder unsichere Leiter sind, welche die Leute ihrem Willen gefügig machen und sie durch Furcht- und Schuldgefühle manipulieren. Nach dem Zusammenbruch solcher Gruppen habe ich manchmal mitgeholfen, dass tief verwundete Seelen Heilung fanden. Diese Gruppen verwenden oft die Sprache des radikalen Christseins und ziehen leidenschaftliche Menschen an, doch wird diese Leidenschaft oft schon bald zur Gesetzlichkeit verzerrt, da jeder aufgefordert wird, ausschließlich der Vision des Leiters zu folgen, andere Gruppen zu verachten und die Nichtkonformisten durch offene oder versteckte Brandmarkung und Beschämung zu bestrafen. Es ist traurig aber wahr: Einige fühlen sich in missbräuchlichen

Kirchengemeinden wohl, entweder weil sie sich dadurch „weniger hingegebenen“ Gläubigen überlegen fühlen oder weil sie meinen, ihr persönliches geistliches Versagen verdiene eine wöchentliche Strafpredigt von der Kanzel. Liturgische Kirchen manipulieren meist weniger und geben einem mehr Raum, seinen geistlichen Weg zu erkunden, aber sie sprechen von Gott überwiegend so, als sei er weit weg und keine Stimme in unserem Alltag. Die Kirchengemeinden, die neuer und konservativer sind und größere geistliche Leidenschaft entfachen, sind weitaus anfälliger dafür, in Gesetzlichkeit zu verfallen und starken Persönlichkeiten statt Christus selbst zu folgen.

Was diese Diskussion erschwert, ist unsere Terminologie. Wir nennen diese Institutionen schon so lange „Gemeinden“ und „Kirchen“, dass mittlerweile viele glauben, dass allein sie Gottes Gemeinde in der Welt zum Ausdruck bringen, ob sie nun das Leben der neuen Schöpfung widerspiegeln oder nicht. Wir können zumindest eines festhalten: Nur weil man eine Kirchengemeinde besucht oder deren Mitglied ist, wird man dadurch genauso wenig zu einem Mitglied der Gemeinde Christi wie die Mitgliedschaft in einem Golfclub einen zu einem Golfspieler macht. Man kann sich für Golf interessieren, gerne Golfturniere anschauen und Zeit mit Leuten verbringen, die Golf spielen. Aber keines dieser Dinge macht einen zu einem Golfer. Dafür muss man sich ein paar Golfschläger besorgen, auf den Golfplatz gehen und den kleinen Ball vom Abschlag ins Loch auf dem Grün befördern.

Jesus zu folgen bedeutet so viel mehr, als in einer Kirchengemeinde zu sitzen und dem Glaubensbekenntnis zuzustimmen. Ich glaube, die meisten gewissenhaften Pastoren würden dem zustimmen. Bloß weil Sie ein engagiertes Mitglied einer örtlichen Gemeinschaft sind, heißt das noch lange nicht, dass Sie eine transformierende Beziehung mit Gott pflegen und tiefe und aufrichtige Freundschaften entwickeln, die seine Realität ausdrücken können.

Ihre Suche sollte nicht darauf abzielen, die perfekte Gruppe zu finden – sonst sind Sie am Ende ganz allein. Ob Sie nun die neue Schöpfung in einer traditionellen Kirchengemeinde oder außerhalb davon suchen, lassen Sie uns noch einmal zu unserer oben verwendeten Analogie über das Signal-zu-Rausch-Verhältnis beim Einstellen eines Analogradios zurückkehren. Wenn Sie lernen, Jesus zu folgen und in der Realität der neuen Schöpfung zu leben, werden Sie anfangen zu unterscheiden, wo das Signal seines Herzens stärker als das Rauschen und Störgeräusch menschlicher Methoden ist. Fassen wir nun noch einmal die Themen zusammen, die wir in den letzten acht Kapiteln ausgearbeitet haben und die Ihnen helfen sollen, zu erkennen, wie Jesus wirkt, um seiner Gemeinde Form zu geben.

Erstens: Wer in Ihrem Umfeld richtet seine Aufmerksamkeit und Zuneigung auf Jesus und nicht auf einen charismatischen Leiter oder Autor oder ein innovatives Programm? Fragen Sie die Menschen, was ihnen an ihrer Kirchengemeinde gefällt. Steht: „Den Leuten helfen, Jesus zu folgen" oben auf der Liste, oder schwärmen sie vom Pastor, dem Musikteam oder dem Kinderdienst?

Zweitens: Wer in Ihrem Umfeld lernt, sein Leben so zu gestalten, dass er immer mehr auf Gott anstatt auf die eigenen Bemühungen und Erfolge vertraut? Liegt der Schwerpunkt auf äußerlicher Konformität oder der inneren Transformation durch eine auf Zuneigung beruhende Beziehung zu Jesus? Werden Sie ermutigt, in Ihrem Vertrauen zu Gott zu wachsen, oder werden Sie darin geschult, dem Führungsteam oder Programm der Kirchengemeinde zu vertrauen?

Drittens: Wer kümmert sich wirklich um andere, ohne dazu verpflichtet zu sein? Oft wird durch eine Rechenschaftspflicht versucht, Menschen von außen her zu verändern. Wird man jedoch durch Schuldgefühle und Angst unter Druck gesetzt, wird man nicht wachsen und Gott erkennen können. Echtes Mitleid mit anderen, das von der in uns wirkenden Gnade ausgeht, wird uns die Tür zu den produktivsten Beziehungen öffnen.

Viertens: Wer ist offen, mit Ihnen eine Freundschaft aufzubauen, und lädt Sie nicht nur zu einer Veranstaltung ein?

Manche Gruppen sind zu groß oder geschäftig, als dass dort echte Beziehungen wachsen könnten. Andere haben vielleicht schon ihren etablierten Freundeskreis, in die ein Neuer schwer eindringen kann. Zum Essen eingeladen zu werden, ist weitaus besser als ein Blatt in die Hand gedrückt zu bekommen, auf dem all die Veranstaltungen aufgeführt sind, die man besuchen kann. Sie wollen ja Menschen finden, die offenherzig sind und enge, ehrliche Freundschaften schätzen, die von wachsender Zuneigung und gegenseitiger Fürsorge geprägt sind. Das erkennen Sie daran, dass man sich wirklich für Sie interessiert.

Fünftens: Wird in einer Gruppe, die Sie gefunden haben, jeder respektiert, oder gibt es eine „Hierarchie der Geistlichkeit", die einige über andere erhöht? Redet man als Experte auf Sie herab, oder begegnet man Ihnen auf Augenhöhe als Weggefährte im Glauben?

Sechstens: Sind Freiheit und Ordnung dadurch bestimmt, dass man sich gegenseitig respektiert und liebt, oder dadurch, dass das Führungsteam bestimmte Dinge verlangt? Wie werden Sie behandelt, wenn Sie anderer Ansicht sind? Eines der Kennzeichen einer fragwürdigen Leiterschaft ist ihre Forderung nach Konformität und ihre Appelle an die persönliche Loyalität, wenn Sie Bedenken ausdrücken oder Fragen stellen. Wenn die Leiter wütend werden, Sie kleinmachen („Wenn das wahr wäre, glauben Sie nicht, dass Gott es zuerst mir sagen würde?"), über Sie tratschen oder Sie als unwichtig abtun, wenn Sie sich nicht schweigend fügen, dann befinden Sie sich in einer gefährlichen Umgebung. Dann machen Sie, dass Sie fortkommen! Um wachsen zu können, braucht man ein von Liebe geprägtes Umfeld, in dem man hinterfragen darf, was man hinterfragen muss, und mit Dingen ringen darf, mit denen man ringen muss. Natürlich bedeutet das auch, dass Sie Ihre Bedenken auf respektvolle und angemessene Weise ausdrücken, um Ihrerseits keine Uneinigkeit zu stiften oder die Freiheit anderer zu untergraben.

Siebtens: Werden Sie ermutigt, von ganzem Herzen auf Gottes Führung einzugehen und Beziehungen mit anderen Gläubigen außerhalb der Gruppe zu haben? Suchen Sie sich eine Umgebung, in der Sie frei sind, Fehler zu machen, während Sie lernen, auf seinen Geist zu hören. Verbringen Sie Zeit mit Leuten, die Sie ermutigen, mehr Ihrem Herz zu folgen als deren Erwartungen zu erfüllen.

Achtens: Werden die Menschen zugerüstet, ihren eigenen geistlichen Weg zu finden, legt man ihnen nahe, von den Leitern abhängig zu sein? Wenn man Ihnen verbietet, Bücher zu lesen, die sie problematisch finden, oder Ihnen sagt, Sie würden geistlich austrocknen, falls Sie Ihren Tank nicht regelmäßig bei den Gottesdiensten auffüllen, dann hat man Ihnen schon beigebracht, sich unter der menschlichen Führung sicherer zu fühlen als in der Nachfolge Jesu.

Ob Sie sich in einem gesunden Umfeld befinden, können Sie vielleicht am besten dadurch feststellen, dass Sie alle paar Monate Ihre interne Temperatur messen. Wird Ihr Herz immer voller und erkennen Sie Gott immer klarer? Oder sind Sie erschöpft und Gott nicht näher als vor Monaten? Ignorieren Sie das institutionelle Gefasel so gut Sie können, besonders wenn es mit Schuldgefühlen und Verpflichtungen einhergeht. Meiner Erfahrung nach findet man die erfüllendsten Beziehungen in einer Kirchengemeinde mit denen, die das Machtgerangel in Führungsteams und Planungsgruppen meiden, weil dort Manipulation und Verpflichtung zuerst auftauchen, um die Kontrolle über die Gruppe zu wahren. Letztendlich muss jeder von uns entscheiden, wo der Punkt ist, an dem die institutionelle Seite des Kirchengemeindelebens die Beziehungsseite überflügelt. Wenn Sie schließlich mehr Zeit damit verbringen, sich von einem Gottesdienst zu erholen, als sich darauf vorzubereiten, dann mag es an der Zeit sein, sich von jenem System zu lösen. Nur Sie können entscheiden, wie frei Sie sind, die Beziehung zu Jesus und anderen zu gestalten und zu genießen, ohne der auf Scham beruhenden Manipulation zum Opfer zu fallen, für die die Religion berüchtigt ist.

Ich sehe nicht auf die herab, die in traditionelle Kirchengemeinden gehen, als hätten diese ein weniger echtes Reich angenommen oder wären weniger leidenschaftlich, was Gottes Liebe angeht. Wenn sie durch ihr Engagement in einer Kirchengemeinde Gottes Realität tiefer erfassen und mit anderen auf echte und ehrliche Weise verbunden werden, dann ist es mir eine Ehre, neben ihnen als Miterben des Lebens Gottes zu stehen. Zum Beispiel haben mich zwei Priester auf meinem eigenen Weg sehr inspiriert, obwohl ich glaube, dass es im katholischen System eine Menge von Problemen gibt. Die Perspektiven von Richard Rohr haben mich zutiefst berührt und ich bin absolut begeistert von Gregory Boyle, der im Herzen von Los Angeles Gangster-Kids liebt. Sein Buch *Tattoos on the Heart* („Tätowierung auf dem Herzen") ist für mich nach dem Evangelium die inspirierendste Geschichte über die Liebe und das Teilen unter den schwierigsten Umständen.

Es ist mir immer eine Freude, wenn ich Menschen entdecke, die so tief in der Realität der Zuneigung des Vaters leben, obwohl sie Systemen angehören, die diese Liebe leicht überdecken können. Ich bin dankbar dafür, dass Gott sich überall zu erkennen gibt, und es erinnert mich daran, dass er so viel größer ist als die religiösen Systeme, in die wir ihn einzuschließen versucht haben. Wenn Sie sorgfältig schauen, können Sie fast überall Menschen finden, die die Realität seiner Gemeinde zum Ausdruck bringen – ob innerhalb oder außerhalb etablierter Kirchengemeinden. Wenn Sie also keine Gruppe finden können, die gesund ist, schauen Sie sich in den Gruppen nach einzelnen Personen um, die sich auf einem „besseren" Weg befinden – besonders wenn sie in dem Verwaltungsapparat ein bisschen fehl am Platz erscheinen. Lassen Sie sich Zeit. Es gibt an solchen Orten aufrichtige Menschen mit einem Hunger nach Gott, aber sie sind nicht immer leicht zu finden, und in einem sehr geschäftigen Umfeld dauert es lange, bis sich Beziehungen bilden.

Wichtig ist, dass jeder und jede von uns im engen Kontakt mit Gott ist und ihn so zum Ausdruck bringt, wie er es von uns möchte. Feiern wir das Leben der Gemeinde, wo immer wir es in Menschen finden, die großzügig und gnädig leben. Einige bleiben treu in örtlichen Kirchengemeinden, die von religiöser Leistung geprägt sind, aber sie tun es wegen der Familie, aus Gewohnheit oder aus kulturellen Gründen, obwohl sie nach einer weit größeren Realität hungern. Sie folgen Gott treu und lieben sein Volk, obwohl sie die Schwächen des religiösen Systems in ihrem Umfeld durchschauen. Häufig stehen sie eher am Rand und werden von denjenigen argwöhnisch beobachtet, die sich von ihrem freien Geist bedroht fühlen, aber sie sind Juwelen in Vaters Familie.

Falls Sie den Einfluss haben, das Leben einer Gruppe mitzugestalten, und anregen können, dass sie in eine Dynamik zurückfindet, die der neuen Schöpfung besser entspricht, sollten Sie es natürlich auf alle Fälle versuchen. Zwingen Sie aber diejenigen, die es nicht wollen, nicht dazu. Das Reich lässt sich nicht erzwingen. Ich kenne Pastoren und Älteste, die liebend gern einen Großteil dieses Apparats auseinandernehmen und sich auf die in diesem Buch beschriebenen Realitäten einlassen würden. Das ist nicht leicht und kann nur durch aufrichtigen Dialog geschehen. Es klappt nur selten, aber diejenigen, die diese Konversation initiieren können, ohne voreingenommen zu sein, bieten die Gelegenheit für eine Erneuerung des Lebens und der Leidenschaft.

Sollte Sie selbst diesen Einfluss nicht haben, können Sie immer noch Ihre Wünsche bei denen vorbringen, die ihn haben. Auch hier gilt: Erzwingen Sie nichts und warten Sie auch nicht, bis Sie so wütend sind, dass Sie die Angesprochenen nur in die Defensive treiben. Seien Sie sich klar, dass die Hoffnung auf Reformation häufig auf taube Ohren stößt. Die Leute mögen die Dinge so, wie sie sind, oder sie würden nicht dabei sein.

Falls Sie entdecken, dass Sie nicht länger hineinpassen, fühlen Sie sich frei zu gehen. Die Bindung an eine Kirchengemeinde ist nicht lebenslänglich. Wenn sie Ihr Leben in Jesus nicht länger inspiriert, ist es Zeit zu gehen und zu sehen, was

Gott sonst noch für Sie hat. Das mag eine sehr schmerzhafte Zeit sein, weil Ihnen aufgeht, dass das, was Gott in Ihnen tut, nicht zu der Gruppe passt, in der Sie gewesen sind. Oder es kann mit großer Freude einhergehen, weil Gott Ihnen andere Gelegenheiten eröffnet, die besser zu seinem Werk in Ihnen passen. Am besten gehen Sie, ohne eine Salve der Verdammnis abzufeuern oder zu versuchen, andere mit sich zu ziehen. Folgen Sie Jesus einfach so, wie er Sie leitet.

Diejenigen, denen es nur um den Erfolg ihrer Gruppe geht und nicht um den Aufbau des gesamten Leibes Christi, werden sich von solchen Überlegungen bedroht fühlen. Man hat sogar den anklägerischen Ausdruck „Gemeinde-Hopping" geprägt, um die Menschen davon abzuhalten, ihre Gruppe zu verlassen. Es amüsierte mich vor einigen Jahren, als die bekannte *Willow Creek Community Church* (aus einem Vorort Chicagos) entdeckte, dass viele ihrer reiferen Teilnehmer nicht mehr so treu wie früher den Sonntagmorgengottesdienst besuchten. Anstatt sozusagen ihren „Abschluss" zu feiern, wie es jede Universität getan hätte, sah man es als Problem und machte sich daran, ein Programm zu entwerfen, das sie wieder konsistenter zum Gottesdienstbesuch führen sollte.

Vielleicht war es ja nie Gottes Absicht, dass wir ein Leben lang in derselben Gruppe sind. Diejenigen, welchen die Gemeinde als Ganzes am meisten am Herzen liegt, erkennen, dass ein fließendes, flexibles Gemeindeleben sehr wertvoll ist, weil es einem erlaubt, zu verschiedenen Zeiten im Leben an der Seite unterschiedlicher Leuten unterwegs zu sein. Die Vorstellung, dass eine einzige Kirchengemeinde das Leben Jesu in einer Stadt zum Ausdruck bringen kann, ist lächerlich. Denn dazu ist erforderlich, dass wir alle einander über die Grenzen einer einzigen Gruppe hinaus lieben und einen Weg finden, sein Leben und seine Weisheit miteinander zu teilen. Die gegenseitige Befruchtung von Menschen, die sich aus den unterschiedlichsten Hintergründen miteinander verbinden und darüber hinaus mit verschiedenen Netzwerken von Leuten verbunden sind, kann die Verheißung erfüllen, dass die Gemeinde die vielfältige Natur Gottes und eine von Menschen nicht zu schaffende Einheit darstellen wird.

Wären wir doch alle mehr *darauf* bedacht und weniger darauf, welche Institution jemand besucht oder nicht! Dann könnten wir freier an Jesu Gemeinde teilnehmen, so wie sie um uns Gestalt annimmt. Wir alle haben mit Hindernissen zu kämpfen, diesen Weg auszuleben, und werden ständig von der Religion, der Welt und selbst unseren aufrichtigen Versuchen, für Gott zu arbeiten, abgelenkt. Dem Reich Gottes treu zu bleiben ist eine Herausforderung für uns alle.

Wenn Sie Jesu Gemeinde unter den Ihnen bekannten Kirchengemeinden nicht finden können, dann ist vielleicht die Zeit gekommen, jenseits davon zu suchen und zu entdecken, dass es sehr viele Wege gibt, Teil seiner Gemeinde zu sein.

KAPITEL 20

Jenseits der Kirchengemeinde

Ihr seid der Leib Christi, und jeder Einzelne von euch ist ein Teil dieses Leibes (1 Kor 12,27).

Eine traditionelle Kirchengemeinde zu finden ist nicht schwieriger als einen Hamburger bei McDonald's. Es gibt sie überall, und verstecken tun sie sich auch nicht gerade mit ihren Kirch- und Glockentürmen, die in die Stadtlandschaft aufragen. Aber was tun, wenn Sie nicht länger in diese auf Konformität beruhenden Strukturen passen? Wie finden Sie die Gemeinde, die Jesus baut, wenn es kein Schild an der Tür gibt?

Ich ahnte nie, dass einmal der Tag kommen würde, an dem ich nicht länger aktives Mitglied einer örtlichen Kirchengemeinde sein würde. Der Weg dahin war nicht leicht. So sehr ich diejenigen respektiere, für die sie noch ein wichtiger Teil ihres geistlichen Lebens ist, bei mir ist es nicht mehr so. Beide Kirchengemeinden, in denen ich als Erwachsener aktiv war, stießen an eine gläserne Decke, an der die Bedürfnisse der Institution mit dem Leben Jesu, nach dem ich suchte, in Konflikt gerieten. Ich war nicht bereit, meinen Wunsch aufzugeben, an seiner Gemeinde beteiligt zu sein: einer vor Leben sprühenden Gemeinschaft von Freunden, die mit Gott zusammenarbeitet, um sein Werk in dieser Welt zu entfalten. Und ich entdeckte, dass ich ohne all das Drumherum, die politischen Intrigen und die Routine, die unsere Institutionen der Gemeinschaft aufzwingen, eine fruchtbarere Verbindung mit Menschen haben und Jesu Leben freier teilen konnte.

Die meisten, die ihre Kirchengemeinde verlassen, tun am Ende das, was auch ich tat: Sie schauen sich nach einer anderen Gruppe um, um die Leere am Sonntagmorgen zu füllen und die Freundschaften zu ersetzen, die sie durch ihren Weggang verloren haben. Im Laufe der letzten Jahrzehnte haben viele ihren Weg in Hauskreise und andere informellere Zusammentreffen gefunden. Wenn sie sich treffen, um eine Gemeinschaft von Freunden entstehen zu lassen, die das Leben Jesu miteinander und sein Herz für andere in ihrem Umfeld teilen, können sie wunderbare Orte sein, an denen die Gemeinde Gestalt annimmt. Ein Haus bzw. eine Wohnung oder eine gemeinsame Mahlzeit sind die natürlichste Umgebung für uns, Jesu Familie zu erleben, während wir uns auf ihn und sein Werk in uns konzentrieren statt auf eine Veranstaltung.

Bedauerlicherweise ist jedoch eine ganze Industrie entstanden, die versucht, daraus lediglich ein weiteres System zu machen. Man nennt sie manchmal Hausgemeinde, einfache Gemeinde oder organische Gemeinde. Bücher und Aufsätze propagieren sie jeweils als das Modell, das am meisten mit der Gemeinde des ersten Jahrhunderts übereinstimmt. Diese Gruppen treffen sich jede Woche bei jemandem zu Hause. Oft beginnen sie mit einer gemeinsamen Mahlzeit und haben dann ein ähnliches Ritual wie viele Kirchengemeinden: eine Mischung aus Liedern, Bibelstudium, Gebet und dem Planen von Unternehmungen. Solche Zusammenkünfte können zwar potentiell zu tieferen Beziehungen führen, doch wird daraus nicht immer etwas.

Ich war schon in Hauskreisen, in denen es mehr Hürden zu nehmen galt als in vielen Kirchengemeinden. In einem gab es sogar Reihen von Klappstühlen mit einem Gang in der Mitte und einem Rednerpult und Piano vor einem erleuchteten Kreuz an der Wand. Es war tatsächlich eine „Haus-Kirche"! Während es bei den meisten nicht so ist, war es für mich ein Bild für die vielen Hausgemeinden, die dieselbe Dynamik der Konformität verwenden, um die Leute zu kontrollieren. In einer kleinen Gruppe wirkt die Kontrolle noch zerstörerischer. Nur weil man sich in kleineren Gruppen versammelt und sich in Privatwohnungen trifft, ist man nicht immun gegen die Bedenken, die im letzten Kapitel über die traditionelleren Kirchengemeinden zum Ausdruck gebracht wurden. Auch Hausgemeinden können religiöser Leistung verfallen und am Leben in Christus vorbeigehen; auch sie können an unsichere Leiter gebunden sein und ein Modell kopieren anstatt dem Meister zu folgen. Am Ende sind auch sie nur ein Ausdruck menschlicher Bemühungen.

In der Hoffnung, eine internationale Bewegung zu starten, hat man sehr viel Zeit und Geld in die Verfeinerung des Programms, die Herausstellung von Wortführern und die Veranstaltung von Konferenzen investiert. Dadurch erhoffte man sich, ein Hausgemeindemodell als endzeitliche Hoffnung für die Wiederbelebung der Gemeinde zu verbreiten. So sehr ich die Menschen genossen und geliebt habe, die ich dabei getroffen habe, befürchte ich, dass sie in dieselben Fallen geraten, die sie ursprünglich zur Hausgemeinde trieben. Ich habe beobachtet, wie diese Menschen um Sichtbarkeit und Einfluss wetteifern, Reklame für ihre Lieblingsprogramme und Bücher machen und versuchen, eine von Leitern abhängige Infrastruktur zu errichten.

Das Problem ist nicht der Ort, an dem wir uns treffen, sondern dass wir uns mit irgendetwas anderem als Jesus beschäftigen. Jedes Mal, wenn wir versuchen, ein menschliches System nachzuahmen, wird es letztlich die Menschen von der neuen Schöpfung wegbringen. Selbst Dinge, die zunächst mit viel Gnade und Freiheit beginnen, entwickeln schnell einen Druck, Verpflichtungen und Erwartungen zu erfüllen. Echte Beziehungen brauchen diese Dinge nicht, und wenn man sie einsetzt, löst man selten das Problem. Wie bei jeder anderen Form der Gemeinde sollten Sie eine solche Gruppe genießen, solange in ihr Jesu Reich zum Ausdruck kommt, und einen weiten Bogen um sie machen, wenn sie es nicht mehr tut.

„Wir gehen nicht länger in die Gemeinde und wollen diese Woche etwas bei uns zu Hause anfangen. Können Sie uns irgendwelche Tipps geben, was wir tun bzw. lassen sollen?“ Solche E-Mails erhalte ich fast jede Woche. Ich rate immer dasselbe: Vermeiden Sie, etwas anzufangen. Wenn Sie „etwas“ anfangen, wird Ihr Fokus davon abrücken, sich mit Menschen zu verbinden, weil Sie sicherstellen wollen, dass dieses „Etwas“ gut funktioniert. Hauskreise mit einem Kern von Leuten, die auf der Suche nach etwas Neuem sind, sind leicht anzufangen, aber schwer aufrechtzuerhalten, wenn der Schwerpunkt auf einer Veranstaltung liegt. Mit der Zeit werden die Leute von den Haustreffen gelangweilt, aber wenn es um Freundschaften geht, langweilt man sich nicht aneinander.

Sie werden die Gemeinde am leichtesten finden, wenn Sie aufhören, nach einem „Etwas“ zu suchen, und einfach die Menschen lieben, die Gott in Ihr Umfeld gesetzt hat. Beginnen Sie, Freundschaften aufzubauen, anstatt eine Gruppe zu finden, der Sie sich anschließen können. Es war kein Zufall, dass die Gemeinde am Pfingsttag ohne jede Strategie oder fertige Vorstellung, wie sie aussehen sollte, begann. Es wurde ihnen nicht gesagt, dass sie anfangen sollten, Sonntagsgottesdienste abzuhalten oder sich mitten in der Woche in Hauskreisen zu treffen. Sie taten einfach, wozu sie ihr neues Erlebnis mit dem Evangelium und ihre Beziehung mit Gottes Geist führte. Lernen Sie, ihm zu folgen, und bringen Sie dann andere in Ihrer Umgebung in Kontakt mit der Realität seines Reiches und beobachten Sie, wie das Frucht trägt.

Zumindest nach den Aufzeichnungen von Lukas machte sich die Urgemeinde nie auf, Gemeinden zu gründen. Ihre Leidenschaft war es, das Evangelium zu verdeutlichen und den Menschen zu helfen, zunehmend das Leben zu kennen, das Jesus gibt. Auf ganz natürliche Art wurden diejenigen, die lernten, ihm zu folgen, zu Freunden. Erst Jahre später kehrten die ersten Apostel zurück, um anzuerkennen, dass die Gemeinde unter ihnen Gestalt angenommen hatte. Man kann Jesu Gemeinde nicht gründen. Das hat er schon getan.

Was tun also, wenn Sie beziehungsorientierte Formen der Gemeinde in Ihrem Leben entdecken wollen? Interessanterweise sind die folgenden Ausführungen genauso auf Menschen außerhalb von Kirchengemeinden wie auf die innerhalb anwendbar:

Erstens: Denken Sie daran, wo die Gemeinde beginnt – in Ihnen! Wir haben uns an die Idee gewöhnt, dass die Gemeinde ein Ort ist, oft mit einem vorgegebenen Programm, zu dem Sie hingehen und sich beteiligen können. Wenn die Gemeinde die Gemeinschaft der Geliebten ist, dann muss sie aber in unseren eigenen Herzen beginnen, wo wir lernen, was es bedeutet, Jesus aus Liebe zu begegnen und diese Liebe an andere weiterzugeben. Aus diesem Grund bat er uns, ihm zu helfen, die Menschen zu Jüngern zu machen, und nicht, sie in Gruppen „zusammenzutreiben". Vielleicht kennen Sie schon eine eher beziehungsorientierte Gruppe in Ihrer Nähe oder Sie stolpern über eine, aber bemühen Sie sich nicht zu sehr darum. Gott weiß, wie er am besten für Sie sorgt. Wir entdecken seine Gemeinde, indem wir zuerst ihn finden.

Viele sind überrascht, wenn sie entdecken, dass sie nach dem Verlassen ihrer bisherigen Kirchengemeinde auch von den Freundschaften dort abgeschnitten sind. Je nachdem, wie religiös die Gruppe bzw. wie unsicher die Leiterschaft war, hat man ihre Freunde vielleicht angewiesen, Sie als verdächtig oder unabhängig zu behandeln oder Sie sogar für Ihren Weggang durch den Entzug ihrer Freundschaft zu bestrafen, in der Hoffnung, Sie würden ihn bereuen und zurückkehren. Andere Gruppen sind vielleicht nicht so nachtragend, aber meist zu beschäftigt, um Kapazität für eine Person zu haben, die ihre Veranstaltungen nicht besucht. Bei ihnen gilt: aus den Augen, aus dem Sinn.

Deshalb kämpfen viele Leute in den Frühstadien dieser geistlichen Reise mit Einsamkeit, besonders wenn sie praktisch von vorne anfangen müssen, Freundschaften aufzubauen, die der neuen Schöpfung entsprechen. Das erfordert Zeit. Zum Glück ist die Antwort auf die Einsamkeit nicht, sich mit mehr Menschen zu umgeben, sondern Gott zu erlauben, diesen Platz in Ihrem Herzen zu füllen. Wenn wir versuchen, ihn durch Menschen zu füllen, werden unsere Beziehungen auf unseren Bedürfnissen begründet und verdreht sein, ehe sie beginnen. Gott findet es oft hilfreich, Menschen eine Zeit lang zu sich hinzuziehen, während sie den Entgiftungsprozess von der religiösen Leistung und dem Streben nach der Anerkennung anderer durchlaufen. In dem Maße, wie er ein Leben mit Ihnen aufbaut, werden Sie frei sein, andere auf eine Weise zu lieben, die zu gesunden Freundschaften führt.

Es ist oft hilfreich, einen älteren Bruder oder eine ältere Schwester aufzusuchen, die in der Lage sind, Sie – ohne den religiösen Ballast – in dieser Beziehung zu Gott zu ermutigen. Gott kann das in unserem Herzen tun, aber es macht viel mehr Spaß, es im Austausch mit anderen zu tun. Während Sie in Ihrer Beziehung zu Jesus wachsen, behalten Sie im Auge, dass auf diesem Weg andere nach Ihnen kommen, die Sie mit Ihrer Hilfe und Freundschaft segnen können. Jesus wollte, dass sein Leben von einer Person zur nächsten und nicht durch Unterricht und Kurse weitergereicht wird.

Zweitens: Lassen Sie den Wunsch zu, Teil der Gemeinschaft zu sein, die Jesus baut. Wenn Sie lernen, sich auf seine Zuneigung einzulassen, werden Sie bald entdecken, dass sich Ihr Herz anderen zuwendet. Haben Sie keine Sorge, dass Sie zum Einzelgänger werden. Gott selbst ist eine Gemeinschaft, und wenn Sie ihn kennen, wird es Sie ebenfalls nach seiner Gemeinschaft verlangen. Sie werden sich ganz natürlich mit anderen verbinden, aber nicht weil Sie ein gemeinsames Bedürfnis nach der sogenannten „Gemeinde" haben, sondern als Frucht Ihrer Leidenschaft für Jesus und sein sich entfaltendes Reich. Dann werden Sie entdecken, dass seine Gemeinde Sie schon umgibt.

Sie brauchen sich nirgends weiter umzuschauen als unter den Menschen, die Sie schon kennen: Familie, Freunde, Mitarbeiter, Nachbarn und selbst Fremde, mit denen Sie sich kurz im Bus oder im Laden unterhalten. Lieben Sie jeden Tag, wen auch immer Gott Ihnen in den Weg stellt, und beobachten Sie, wohin das führt. Helfen Sie denen, die etwas brauchen, freunden Sie sich mit jemandem an, der einsam ist, und seien Sie allen gegenüber gnädig. Manchmal führt ein einfacher Gruß zu einer Unterhaltung.

Je authentischer Sie leben lernen, desto weniger müssen Sie diese Begegnungen und Gespräche kontrollieren. Sie werden feststellen, dass Sie wirklich um die Menschen in Ihrem Umfeld bemüht sind und freier sind, das zu tun, wozu die Liebe Sie drängt. Aus der Unmenge dieser Begegnungen werden Sie sich von einigen mehr angezogen fühlen als von anderen. Sie möchten sich dann die Zeit nehmen, sich näher mit diesen zu befassen, entweder bei einer Tasse Kaffee oder einer Mahlzeit. Folgen Sie hier Ihrem Herzen und machen Sie in Ihrem Leben Raum für sie. Sie brauchen dafür keine besonderen Zeiten anzusetzen. Tun Sie einfach gemeinsam die Dinge, die ohnehin schon zu Ihrem Leben gehören: essen, Besorgungen erledigen, Projekte im Haushalt, Sport oder andere Freizeitbeschäftigungen. Einige dieser Beziehungen werden auch weiterhin wachsen, andere dauern nur eine kurze Zeit an.

Drittens: Vermeiden Sie alles, was sich religiös und künstlich anfühlt. Als Sara und ich auf einmal nicht mehr einer Kirchengemeinde angehörten, spürten wir den Druck, etwas zu organisieren, um das zu ersetzen, was wir verloren hatten. Wir erörterten sogar die Möglichkeit, eine andere Kirchengemeinde zu gründen, deren Prioritäten mehr beziehungsorientiert waren. Aber alles, was wir versuchten, fühlte sich ein bisschen seltsam und künstlich an. Wir merkten, wie sich die Atmosphäre schon veränderte, sobald wir nach einer Mahlzeit mit ihrer freifließenden Unterhaltung unter Freunden zu einem formellen Treffen übergingen. Wir hatten einen tollen Austausch über unsere geistlichen Wege, aber sobald wir versuchten, das in ein formelles Treffen einzubauen, wurden die Gespräche verkrampft.

Schließlich gaben wir die Treffen auf und pflegten weiterhin unsere Freundschaften. Dabei ergab sich ganz automatisch, dass wir uns immer mehr über Gottes transformierendes Leben in uns unterhielten. Dieser Freundeskreis bot alles, was wir brauchten, um weiterhin in Jesus zu wachsen, um zu erkunden, wie die Gemeinde aussehen könnte, und uns um andere zu kümmern, wo es eine Not gab bzw. wo jemand die Mittel hatte, um einer Not abzuhelfen. Ich beobachtete, wie dieser Freundeskreis wuchs, und zwar nicht nur durch neue Menschen vor Ort, die unsere Leidenschaft teilten, sondern auch durch Leute rings um die Welt.

Fünf Jahre später hatten wir die Gelegenheit, es wieder von Neuem zu tun. Wir zogen etwa 300 Kilometer nach Süden in eine Gegend in Südkalifornien, wo wir niemanden kannten. Da wir unseren geistlichen Weg außerhalb der traditionellen Kirchengemeinde fortsetzen wollten, standen wir vor einer neuen Herausforderung. Wie lernen wir andere Nachfolger Jesu kennen, wenn wir uns keiner örtlichen Gemeinschaft anschließen? Wir folgten weiterhin Jesus und liebten einfach die Menschen, die Gott in unser Umfeld stellte. Wir lernten unsere Nachbarn kennen, und obwohl damals keiner von ihnen ein leidenschaftlicher Anhänger Jesu war, hatten alle eine gewisse geistliche Neugier, die in unseren wachsenden Freundschaften zum Vorschein kam. Wir hatten immer ein offenes Ohr für Menschen, die mit Jesus tiefer verbunden sein wollten, sowie für Gottes Impulse, uns in der Stadt zu engagieren, wenn sich die Gelegenheit ergab. Ich meldete mich als Freiwilliger bei der örtlichen Obdachlosenmission und einmal fühlten wir uns zu einer kleinen Gemeinschaft hingezogen, die nach dem moralischen Versagen ihres Pastors auseinanderzufallen drohte. Wir schlossen sie in unser Herz und blieben eine Zeit lang, da sie uns baten, ihnen zu helfen, ein authentisches Leben in Jesus zu finden.

Unsere Verbindungen zu Jesu Gemeinde wurde vielfältiger, als es gewesen wäre, wenn wir jede Woche dieselbe Veranstaltung besucht hätten. Der Heilige Geist setzt Sie in seine Familie, indem er Sie mit Menschen umgibt, die Sie kennenlernen sollen, oder er kann Ihnen Impulse geben, sich mit anderen zu befassen, so wie wir es taten. Vielleicht hören Sie von einer Kleingruppe, einem Gebetsfrühstück oder einem evangelistischen Einsatz und Ihr Herz wird davon berührt. Es geht dabei nicht um die Veranstaltung, sondern um die Menschen.

Es kann auf so vielerlei Weise geschehen. Einmal traf ich einen Mann, der an einem abgelegenen Ort wohnte und niemanden kannte, mit dem er sein Leben in Jesus teilen konnte. Eines Tages verlor er seine Brieftasche in einem 150 Kilometer entfernten Einkaufzentrum. Es fiel ihm erst auf, als er nach Hause kam. Er rief das Zentrum an, aber niemand hatte sie abgegeben. Zwei Stunden später erhielt er einen Anruf von einer Familie in der Nähe. Sie hatten seine Brieftasche gefunden, und als sie bemerkten, dass er im selben Ort wohnte, beschlossen sie, sie ihm selber zurückzubringen. Als sie ihm die Brieftasche übergaben, fanden sie heraus, dass sie beide für dieselbe Art von Verbindung gebetet hatten, und sie begannen einen gemeinsamen geistlichen Weg.

Damit will ich nicht sagen, dass Sie Ihre Brieftasche ins Einkaufszentrum werfen sollen, um zu sehen, was passiert, aber es zeigt, dass Gott unendlich viele Wege hat, seine Leute miteinander zu verbinden. Ich kenne eine junge Mutter, die ihren Weg in eine sich regelmäßig treffende Gruppe von Müttern mit Kindern fand, weil sie beim Schlangestehen im Supermarkt hörte, wie zwei Frauen davon redeten. Sie war neu in der Stadt und hoffte, andere Mütter kennenzulernen. Als sie sich nach Einzelheiten erkundigte, lud man sie und ihre Kinder ein zu kommen. Es war keine christliche Gruppe, aber diese junge Mutter hat dort großartige Freundschaften geschlossen. Inzwischen haben einige dieser Mütter ihren Weg in eine Beziehung zu Gott gefunden und sind für sie zu einer Quelle großartiger Gemeinschaft geworden.

Ich bin schon halb um die Welt gereist, um Leuten, die mich eingeladen hatten, etwas von meiner geistlichen Reise zu erzählen. Dabei stellten sie fest, dass es in ihrer Stadt noch andere Christen gab, die sie nicht kannten und die nach meinem Weggang zu festen Freunden wurden. Halten Sie auf Ihrem

Weg Augen und Ohren offen. Falls Sie etwas anzieht, probieren Sie es aus und schauen Sie, was Sie dort entdecken. Kleingruppen, Freizeitgruppen, Frühstücksgruppen oder Einsätze in außerkirchlichen Organisationen sind ausgezeichnete Orte, um Leute zu treffen und sie bei einer gemeinsamen Aufgabe kennenzulernen. Ich habe zum Beispiel eine Zeit lang bei uns zuhause für ein paar Freunde Bibelabende veranstaltet und miterlebt, wie andere davon hörten und sich uns anschließen wollten.

Viertens: Bauen Sie gezielt Beziehungen auf. Dazu müssen wir uns nur Gottes Wirken in den Menschen um uns herum bewusst sein und uns auf jene Momente zubewegen, wenn es echt und interessant wird. Aus welchen Begegnungen schöpfen Sie Kraft, tiefer in Jesu Liebe zu leben; welche inspirieren Sie zu einem größeren Vertrauen auf ihn und helfen Ihnen, bei dem, was er in Ihnen tut, entspannt zu sein? Die Möglichkeiten sind geradezu endlos:

- Wer regt Ihre Reise in Christus an? Verbringen Sie Zeit mit diesen Leuten.
- Welcher (gläubige oder ungläubige) Mensch braucht einen Freund? Freunden Sie sich mit ihm an.
- Wer braucht Hilfe, mit Gott in Verbindung zu treten? Helfen Sie ihm.

Vor ein paar Jahren besuchte ich eine Gruppe von dreißig Leuten, die zu einer „Gemeindegründung“ gehörten. Sie hatten eine Kaffeestube gekauft, um durch deren Ertrag den Armen zu dienen. Außerdem trafen sie sich dort wöchentlich zu einem Gottesdienst. Jeden Sommer legen sie bei ihren Sonntagstreffen einen Monat Pause ein. Ich besuchte sie gerade, als dieser Monat zu Ende ging. Sie waren ganz durcheinander. Sie erzählten, wie umwerfend der letzte Monat gewesen war und wie sehr sie alle im Glauben gewachsen waren. Nun sollte ich ihnen helfen, herauszufinden, wie sie ihre wöchentliche Veranstaltung interessanter und relevanter machen konnten.

„An eurer Stelle", antwortete ich, „würde ich das gar nicht erst versuchen. Vermutlich sieht das Gemeindeleben eher so aus, wie ihr es im letzten Monat erlebt habt. Ich glaube nicht, dass ihr es findet, wenn ihr versucht, es irgendwie in eine wöchentliche Veranstaltung zu zwingen." Ich erinnerte sie daran, dass Jesus sein Leben nicht in vielen geplanten Veranstaltungen verbrachte und dass er die Menschen am tiefsten in alltäglichen Situationen berührte.

Die Gemeinde ist kein Mittel zum Zweck; sie ist die Frucht derer, die in Jesus aufleben. Folgen Sie diesem Weg. Ja, es ist einfacher, ein Treffen zu planen als Freundschaften zu schließen. Letzteres erfordert von uns einen klaren Vorsatz – dorthin zu gehen, wo andere sich aufhalten, eine Unterhaltung zu beginnen und die Beziehungen zu erkennen, die Sie auf Gottes Einladung hin vertiefen sollen. Je sicherer wir in seiner Liebe werden, desto freier werden wir, auf andere zuzugehen – nicht, weil wir uns etwas davon versprechen, sondern einfach, um ihnen ein Segen zu sein. An diesem Punkt beginnen die besten Freundschaften. Sie müssen sich dabei nicht aufdrängen. Wenn Gott die Verbindung herstellt, wird auch die andere Person sie sich wünschen.

Aus all diesen Begebenheiten ergibt sich ein wachsender Freundeskreis, in dem wir uns auf breiter Ebene über unser Leben in Jesus austauschen. Keiner von uns verspürt das Bedürfnis, irgendein wöchentliches Treffen zu organisieren. Wir wachsen einfach weiterhin in Christus und in der Freundschaft zueinander. Gelegentlich bittet er uns darum, bestimmte Aufgaben gemeinsam durchzuführen, und dadurch haben wir schon erlebt, dass die Gemeinde unter uns Gestalt annahm – einmal wurde ein ganzes Gebiet und ein anderes Mal viele auf der ganzen Welt von ihm berührt.

Fünftens: Seien Sie großzügig mit Ihren Freundschaften. Mit jeder sich überschneidenden Beziehung wächst die Gemeinde. Einer der größten Schätze, den ich mit einer von mir geliebten Person teilen kann, ist der Zugang zu meinen anderen Freunden. Das ist der letzte Schritt im wachsenden Tempel.

Der Heilige Geist webt einen Teppich des Lichts und Lebens in der Welt, indem er ein internationales Netzwerk von miteinander verbundenen Menschen zusammenstellt, deren Beziehungen das Werk Jesu sichtbar machen. Wenn die Menschen ihre Freundschaften großzügig teilen, anstatt sich in den eigenen Gruppen zu verschanzen, nimmt die Gemeinde Gestalt an.

Ich bin damit gesegnet, in einem weiten Spektrum des Leibes Christi – lokal, national und international – gute Freunde zu haben. Ich verbringe Zeit mit Leuten, die traditionelle Kirchengemeinden besuchen oder sie sogar leiten, mit Leuten, die der Hausgemeindebewegung verpflichtet sind, und mit denen, die ihr Leben einfach in Beziehungen im Leib Christi ausleben. Ich bin dabei nicht nur durch die Weisheit einer solch vielfältigen Gruppe gesegnet, sondern auch die Offenbarung des Leibes Christi nimmt zu – durch eine wachsende Herzenseinheit, die größer ist, als wenn wir mit einer bestimmten Gruppe konform gehen oder nicht.

Jesu Gemeinde ist ein Netzwerk von Freunden und deren Freunden, das sich immer weiter ausbreitet und von ihm zusammengestellt wird, damit er der Welt seine Weisheit, seine Ressourcen und sein Reich zukommen lassen kann. Ich bin dankbar dafür, dass ich aus nächster Nähe einige der erstaunlichsten Verbindungen miterleben durfte, durch die sich einige seiner höheren Ziele entfalten konnten, weil wir die Zeit und Flexibilität hatten, auf seinen Wunsch hin zusammenzuarbeiten.

Teil seiner Gemeinde zu sein, heißt für uns nun, dass wir ihn einfach jede Woche fragen: „Mit wem sollen wir Zeit verbringen?" Für diejenigen, die er uns aufs Herz legt, nehmen wir uns die Zeit, sie zu treffen, aus welchem Grund auch immer er das will. Das kann darin bestehen, dass wir Menschen helfen, ihren Weg aus einer schwierigen Situation zu finden, dass wir Leute zurüsten, sodass sie ihre eigene Beziehung zu Jesus erleben können, dass wir die Gemeinschaft mit Menschen genießen, die ein riesiges Reich erforschen, indem sie von ihren Erlebnissen und Wünschen erzählen, dass wir gemeinsam etwas lernen, was wir wissen müssen, dass wir anderen helfen, mit uns bekannten Leuten in Kontakt zu kommen oder dass wir eine Übereinstimmung finden, sodass sich der Wille Gottes auf dieser Erde verwirklichen kann, wie es im Himmel schon ist.

Auf diese Weise nimmt die Gemeinde Gestalt an. Trachten Sie nicht danach, geliebt zu werden – lieben Sie! Suchen Sie nicht nach Gleichgesinnten, sondern nur nach denen, an deren Seite sie auf Jesu Wunsch hin unterwegs sein sollen. Wenn Sie so leben, werden Sie entdecken, wie die Gemeinde um Sie herum Gestalt annimmt.

Es kann wirklich so einfach sein … und so real!

Kapitel 21

Die schwierigen Fragen

Das Einzige, was zählt, ist der Glaube – ein Glaube, der sich durch tatkräftige Liebe als echt erweist (Gal 5,6).

In diesem Buch habe ich viele Beispiele dafür gegeben, wie Jesu Gemeinschaft Form annehmen kann: bei einem Gespräch zwischen zwei oder drei Leuten während einer Mahlzeit unter Menschen, die sich um eine gastfreundliche Familie herum versammeln, bei Projekten, zu denen Gott uns einlädt, um Menschen in unserem Umfeld zu helfen, bei internationalen Zusammenkünften zum Aufbau neuer Freundschaften, bei einem Themenabend oder anderen Möglichkeiten, durch die Leute miteinander in Kontakt kommen und auf ihrem geistlichen Weg weiterkommen, oder auch durch die Beziehungen, die in eher traditionelleren Kirchengemeinden entstehen. Man kann sich wöchentlich oder spontaner treffen.

Jesu Gemeinde besteht nicht aus unseren Aktivitäten. Am wichtigsten ist, wie wir miteinander umgehen. Die Gemeinde tritt dort in Erscheinung, wo man Beziehungen pflegt, die von Zuneigung, Echtheit, Weisheit und Großzügigkeit geprägt sind. Wir können Jesu Gemeinde zwar nicht für ihn bauen, doch finden wir unseren Platz in ihr, indem wir lernen, in seiner Liebe zu leben und sie freizügig mit anderen zu teilen. Erwarten Sie kein ganz bestimmtes Ergebnis, sonst könnten Sie die Gemeinde übersehen, während sie sich direkt vor Ihrer Nase befindet. Seine Gemeinde kann tausend verschiedene Formen annehmen. Deshalb bringt es nichts, das Modell einer anderen Person kopieren zu wollen.

Als ich vor zwanzig Jahren Pastor einer Kirchengemeinde war, hätte ich mir nicht vorstellen können, wie unglaublich vielfältig seine Gemeinde ist, die meine Version von ihr weit übertrifft. Ich konnte mir keine Gemeinde ohne Anbetungsgottesdienste, Sonntagsschule, Kollekten oder vollzeitliche Mitarbeiter vorstellen. Wie sollten die Leute sonst gelehrt oder geführt werden? Wie sollte Gemeinschaft stattfinden? Wie sollten Kinder etwas über Gott lernen? Woher sollten wir wissen, wer die Ältesten sind? Man beachte, wie viele Fragen in dem Moment auftauchen, wenn wir die Unentbehrlichkeit unserer kirchengemeindlichen Systeme hinterfragen.

Die Fragen selbst zeigen, wie abhängig wir von diesen Institutionen für unser geistliches Überleben geworden sind. Wir können uns nicht vorstellen, dass Jesus in der Lage ist, außerhalb von ihnen zu wirken, um unser Leben, unsere Kinder oder die Welt zu erreichen. Unsere Abhängigkeit von menschlichen Systemen zu verlieren, beängstigt uns anfangs, weil man uns gelehrt hat, ihnen zu vertrauen. Ich machte mir sogar Sorgen, dass ich falsch liegen könnte und andere vom rechten Weg abbringen könnte, wenn ich von meinem geistlichen Weg erzählte. Ich weiß, dass es viele gibt, die sich wünschten, ich wäre letzterem Impuls gefolgt und hätte nicht in ein solches Wespennest gestochen. Aber ehrlich gesagt, Sie haben keine Ahnung, was Sie über Jesus und seine Gemeinde entdecken werden, wenn Sie erst einmal ein paar Jahre lang außerhalb eines auf Konformität beruhenden Systems gewesen sind.

Nachdem ich nun fast zwei Jahrzehnte lang gelernt habe, beziehungsorientierter zu leben, hat sich meine Perspektive völlig verschoben. Inzwischen ist es schwieriger für mich zu glauben, dass diese beziehungsorientierten Realitäten, in denen seine Gemeinde gedeiht, aus unseren Institutionen hervorgehen können. Ich frage mich nun, wie wöchentliche Bibelvorträge allein den Menschen helfen sollen, sich auf Gott einzulassen. Wie sollen Kinder je in einem Sonntagsschulprogramm lernen, wer er ist, wenn dabei aus jeder Bibelgeschichte eine Moral gezogen und ihnen eingetrichtert wird, dass ihr

Benehmen Gott wichtiger ist als sie selbst? Und ich weiß auch nicht, wie jemand das Geschenk eines Ältesten, der einem zur Seite steht, genießen soll, wenn diese so sehr damit beschäftigt sind, eine Institution zu managen.

Alles, was die Bibel uns über Jesu Gemeinde lehrt, wird viel besser in Beziehungen ausgelebt. Leute, die feststellen, dass sie ihr Vertrauen in religiöse Systeme verlieren, haben mir Hunderte von Fragen gestellt, aber ich habe keine Ahnung, wie man sonst Jesu Gemeinde erleben könnte. Ich könnte zu jeder der mir am häufigsten gestellten Fragen ein ganzes Kapitel schreiben, um die Feinheiten zu erörtern, aber damit würde dieses Buch zu einem Ratgeber werden und uns gar nichts nützen. Anstatt daher erschöpfend zu antworten, werde ich zu jeder Frage nur ein paar Bemerkungen machen, die Ihnen einen Blick in eine viel größere Welt hinein geben sollen, in der Sie diese Fragen in Ihrer eigenen Beziehung zu ihm und zu anderen erforschen können.

Muss ich denn nicht gelehrt werden? Mit einem Wort: Nein! Der Zweck des neuen Bundes war es, jeden von uns in eine wachsende Beziehung mit Jesus einzuladen, damit wir nicht mehr von anderen unterrichtet werden müssen. Jesus selber möchte Sie in Gottes Wahrheit führen. Verschenken Sie dieses Privileg nie an einen anderen Menschen. Das bedeutet, dass jeder von uns zwischen Wahrheit und Irrtum unterscheiden muss. Wir müssen lernen, den Duft des Vaters zu erkennen, und uns von dem abwenden, was zwar vielleicht gut klingt, uns aber nur von der Abhängigkeit von Gott wegzieht. Aber bloß weil die Lehre nicht notwendig ist, heißt das nicht, dass sie die Führung des Heiligen Geistes nicht auf wertvolle Weise ergänzen kann. Hilfreiche Lehre, durch die Sie mehr über Gott, die Bibel und sein Ziel verstehen können, gibt es viel: Sie können Kurse belegen, sich einem Bibelkreis anschließen, Bücher lesen, Einkehrtage veranstalten oder Online-Kurse machen. Da ich selber ein Lehrer bin, machen mir die verschiedenen Situationen, in denen man lehren kann, Spaß, aber wenn jemand nicht schon auf Jesus hört, wird jede

Lehre nur eine Informationsübertragung sein und keine lebendige Frucht tragen.

Wie werden unsere Kinder etwas über Gott lernen? So wie schon immer: durch das Vorbild ihrer Eltern. Der Sonntagsschule als Werkzeug der Jüngerschaft wird viel zu viel Bedeutung beigemessen. Ihre Kinder machen Sie am besten genauso mit Jesus bekannt, wie Sie sie mit deren Großmutter bekanntgemacht haben. Sie haben ihnen nicht zuerst eine Biographie beigebracht, sondern sie einfach einander vorgestellt. Bringen Sie Ihren Kindern nicht bei, gute Christen zu sein. Zeigen Sie ihnen stattdessen, wie sie genauso wie Sie mit Gott leben können. Vom frühesten Alter an können sie Gott als Teil der Familie sehen, wenn sie beten, teilen und gemeinsam lernen, was es bedeutet, ihm zu folgen. Wenn sie älter werden, kann ihr Umgang mit anderen Erwachsenen und älteren Kindern auch ihren eigenen geistlichen Weg stärken. Sie sind dann frei, ihre eigene Beziehung zu ihm zu hinterfragen und zu entdecken.

Brauchen wir denn keine Anbetung mit anderen? Die Liturgie des Sonntagmorgengottesdienstes kann geistlich erfrischend sein, ist aber nicht erforderlich und auch kein Gnadenmittel. Anbetung besteht ohnehin nicht im Gesang oder öffentlichen Gebet; sie ist ein Leben, das unter Vaters Obhut geführt wird. Sie findet jeden Tag statt, nicht nur am Sonntag. Wenn Sie gerne singen und anbeten, nehmen Sie die Gelegenheiten wahr, die sich Ihnen bieten. Aber das macht Sie nicht geistlicher als jemand, der das nicht tut. Alles, was an unseren Sonntagserfahrungen wertvoll ist, kann auch in eher beziehungsorientierten Umgebungen ausgelebt werden. Dort haben sie vielleicht weniger Unterhaltungswert, werden aber geistlich gesehen weitaus wertvoller sein.

Was ist mit dem Abendmahl? In den ersten 300 Jahren ihrer Existenz hätte sich die Gemeinde gar nichts anderes vorstellen können, als das Abendmahl zu Hause am Familienesstisch zu nehmen. Das war der einzige Ort, an dem sie sich trafen, und im Verlauf ihrer Mahlzeit feierten sie seine Gegenwart unter ihnen mit Brot und Wein. Heute können Sie es gemeinsam in einem informellen Rahmen feiern, wo immer sich Christi Leib versammelt.

Wie steht es mit dem Zehnten und dem Geben? Wer Jesus nachfolgt, ist nicht verpflichtet, den Zehnten zu geben. Das war eine alttestamentliche Anordnung für das jüdische Volk, um für sein gemeinschaftliches Leben als Volk zu sorgen. Obwohl es den Zehnten schon vor dem Alten Bund gab, war dessen Zahlung zum Beispiel für Abraham keine Pflicht, sondern eine Dankesgabe. Das heißt, dass die Aktivitäten des Alten Bundes, in den Worten des Hebräerbriefes, ein Schatten einer größeren Realität waren. In 2. Korinther 8 und 9 blickt Paulus hinter den Schatten auf Gottes Herz hinsichtlich des Gebens. Als Pflicht ist es nutzlos. Geben ist die Frucht eines Lebens in Gottes Großzügigkeit. Wenn Sie wissen, dass Gott Ihnen gegenüber großzügig gewesen ist, werden Sie gegenüber anderen großzügig sein. Dann erscheinen zehn Prozent wie ein sehr billiger Ersatz.

Falls Sie jedoch einer traditionellen Kirchengemeinde angehören, von der Sie profitieren, sollten Sie sich darüber im Klaren sein, dass deren Ausgaben nur dann gedeckt werden können, wenn eine beträchtliche Zahl ihrer Mitglieder zehn Prozent ihres Einkommens geben. Wenn Sie die Vorteile genießen, ist es nur fair, die Kosten mitzutragen. Das hat für mich nichts damit zu tun, dass man den Zehnten gibt bzw. gar Gott etwas gibt, sondern ich sehe es als Kostenbeitrag für etwas, was man gemeinsam genießt.

Wenn Sie großzügig leben, werden Sie reichlich Gelegenheit finden, den Bedürftigen zu helfen und sein Reich zu unterstützen, wie es unter uns sichtbar wird. Das kann bedeuten, den Benzintank für eine alleinerziehende Mutter aufzufüllen, eine Spende an ein Waisenhaus im Ausland zu geben, die Nachbarn zum Abendessen einzuladen, jemanden zu unterstützen, dessen Gabe anderen hilft, in Christus lebendig zu werden, oder Zigtausende andere Möglichkeiten, wie Jesus durch Sie seine Großzügigkeit ausdrücken möchte. Ich kenne einen

Mann, der jeden Monat eine beträchtliche Geldsumme in seine Brieftasche steckt und den ganzen Monat lang nach Leuten Ausschau hält, mit denen er sie teilen kann. Von der Steuer kann er das nicht absetzen, aber er lebt großzügig in der Welt.

Wo kann ich meine Lehr-/Musikgabe einsetzen? Viele stehen gern auf der Bühne und lehren oder leiten den Gesang vor einem dankbaren Publikum. Diese Bühne aufzugeben fällt einigen nicht leicht, aber sie ist nicht der einzige Ort, an dem solche Gaben und Leidenschaften ausgeübt werden können. Viele haben entdeckt, dass Jesus weitaus besser repräsentiert wird, wenn sie ihre Gabe auf die Straßen, in die Parkanlagen, Seniorenstifte oder Kaffeehäuser bringen. Gott kann Ihnen unglaubliche Wege zeigen, wie Sie mit Ihren Gaben anderen dienen können, ohne sie zum Mittelpunkt der Gemeinschaft zu machen.

Müssen wir denn keine Ältesten haben? Es ist keine Frage des Müssens. *Es gibt* Älteste in der Familie Christi. Das sind diejenigen, die ein weniger weiter auf dem Weg sind und bereit sind, andere darin zu unterstützen, zu lernen, wie man mit Gott wandelt. Sie brauchen nicht von einer Gruppe ernannt zu werden, damit sie offiziell sind; ihre Weisheit und ihr Charakter weisen auf sie hin. Sie sind nicht die Ältesten einer Institution, sondern Diener unter seinem Volk. Gelegentlich mag es hilfreich sein, die wahren Ältesten eines Ortes aufzuzeigen, wie Timotheus es im Auftrag von Paulus getan hat, damit jüngere Gläubige lernen können, das Echte vom Falschen zu unterscheiden.

Wie steht es mit dem vollzeitlichen Dienst? Eigentlich ist das eine merkwürdige Bezeichnung, denn sind wir nicht alle vollzeitliche Nachfolger Jesu? Unser Beruf ist lediglich Gottes Weg, uns in die Nähe von bestimmten Menschen zu bringen und für unsere täglichen Bedürfnisse zu sorgen. In einer beziehungsorientierten Gemeinschaft gibt es nicht genug Arbeit für bezahlte Mitarbeiter. Aber es stimmt, dass einige, deren Gaben in der Zurüstung und Ermutigung seiner Gemeinde liegen, mehr Gelegenheiten zum Dienst haben, als sie neben ihrem

Beruf wahrnehmen können. Jesus kann für sie durch die Großzügigkeit der Gemeinschaft oder auf viele andere Weisen sorgen. Wenn sie Jesus für ihre Versorgung vertrauen, werden sie anderen keine Schuld- oder Pflichtgefühle aufladen, sie müssten finanzielle Mittel besorgen.

Wie werden die Bedürftigen versorgt? Wenn sich jeder von uns um die Menschen kümmert, die Gott in unsere Nähe stellt, gäbe es eine Menge Hilfe für die Armen, die Älteren und die Zerbrochenen. Es geht nicht darum, sie zu einer Veranstaltung einzuladen, sondern dorthin zu gehen, wo sie sind. Wer läuft Ihnen heute über den Weg, der Ermutigung, Liebe oder Hilfe inmitten der Brutalitäten des Lebens braucht? Engagieren Sie sich. Schicken Sie sie nicht einfach zu einem Dienst, der es für Sie tut. Wenn uns mehr Mittel zur Verfügung stehen als Menschen, denen wir helfen können, können wir für andere, die mehr Menschen erreichen können, als sie Mittel dafür haben, durch unsere Großzügigkeit ein Segen sein.

Wie steht es mit der Gemeindedisziplin? Ich bin mir sicher, dass der in Matthäus 18 beschriebene Prozess, jemand zu disziplinieren, nie dazu bestimmt war, in einer Institution Anwendung zu finden. Ich habe nie erlebt, dass er angewandt wurde, ohne dass es zu Missbrauch geführt hat. Man versucht, die Leute durch Angst zu einer bestimmten Reaktion zu manipulieren, anstatt ihnen Wege zur Veränderung und Freiheit aufzuzeigen. Ich schäme mich zutiefst, wenn ich heute daran denke, was ich als Pastor tun musste, um das Umfeld der Kirchengemeinde zu schützen. Die Worte von Matthäus 18 und 1. Korinther 5 sind weitaus mächtiger innerhalb einer Gemeinschaft von Freunden. Wenn ein Mensch, mit dem wir unterwegs sind, nicht mehr den gemeinsamen Rahmen respektiert, dass wir Jesus nachfolgen, ist ein liebevolles Gespräch unter vier Augen angebracht. Sollte er sich weigern zuzuhören, können einige andere hinzugezogen werden. Geht er dann weiterhin seinen zerstörerischen Weg, kann man die anderen darüber informieren, um seinen Einfluss zu begrenzen – nicht um ihn durch Ablehnung zu beschämen.

Da ich nichts organisieren muss, muss ich auch keine Zeit mehr damit verbringen, die Gruppe zu überwachen. Dadurch kann ich diejenigen lieben, die etwas tun, was ich nicht billige, ohne so zu tun, als gäbe ich ihrem Verhalten meine offizielle Zustimmung. Ich kann die kaputtesten Leute in meinem Leben lieben und mir vorstellen, was Gott als Folge davon möglicherweise in ihnen tut. Gleichzeitig kann ich tiefere Gemeinschaft mit denen haben, die enger mit Jesus leben und von ihm verwandelt werden.

Woher wissen wir, ob eine Person Christ ist, wenn sie nicht zu einer anerkannten Gruppe gehört? Meine Gegenfrage: Woher wissen wir es, wenn sie zu einer Gruppe gehört? Viele Leute sind aus gesellschaftlichen, religiösen oder kulturellen Gründen in einer Kirchengemeinde, haben aber keinen Wunsch, Jesus zu folgen. Ob eine Person zu ihm gehört oder nicht, erkennen wir nicht daran, ob sie einer bestimmten Gruppe angehört, sondern weil sie die Liebe und das Leben Jesu ausstrahlt. In den meisten Fällen ist das nicht schwer zu sagen.

Wie steht es mit der Mission und der Evangelisierung? Selbst bei einer organisierten Evangelisation kommt die größte Mehrheit der Menschen aufgrund des Einflusses eines Freundes oder einer Freundin zu Christus, die ihnen in einem kritischen Augenblick beigestanden haben. Anstatt zu meinen, die Verlorenen müssten eine Gemeinde finden, in die sie gehen können, stehen wir ihnen in der Welt zur Seite und demonstrieren ihnen Christus. Das hat weit mächtigere Auswirkungen. In den letzten zwanzig Jahren war ich daran beteiligt, vielen Leuten zu helfen, auf verschiedene Missionseinsätze zu gehen sowie indigenen Völkern zu den Werkzeugen zu verhelfen, die sie brauchen, um in ihrer eigenen Gesellschaft ein Segen zu sein. Menschen, die mit Jesus zusammenarbeiten, werden zu einer Vielzahl von Projekten geführt und unterstützt werden – ohne jegliche Fixkosten.

Was ist mit Hochzeiten, Taufen und Beerdigungen? Um jemand zu taufen oder zu beerdigen bedarf es keiner Ordination. Jeder, der Jesus kennt, kann dies tun. Bei Hochzeiten hängt es von den jeweiligen Landesgesetzen ab. Man kann sich auch nur standesamtlich trauen lassen und hinterher mit Freunden und Familie die eigentliche Hochzeitsfeier abhalten. Dabei kann die vom Paar am meisten erwünschte Person – ob ordiniert oder nicht – die Feier leiten.

Wie können wir zusammenarbeiten, wenn es keine koordinierenden Institutionen gibt? Jesus hat die erstaunliche Fähigkeit, seine Leute genau zur richtigen Zeit miteinander in Verbindung zu bringen, um durch die Teilung ihrer Gaben und Mittel Außergewöhnliches zu erreichen. In den letzten zwanzig Jahren habe ich hautnah miterlebt, wie eine Koordination und Zusammenarbeit entstand, die kein Mensch hätte voraussehen und ins Dasein rufen können. Allein in den letzten sechs Monaten habe ich gesehen, wie Gott durch die Ressourcen meiner Freunde im Westen einige Nöte meiner Freunde in Ostafrika deckte. Mehr als eine Viertelmillion Dollar kamen zusammen, um 120.000 Menschen zu retten, die während einer schweren Dürre an Hunger und Krankheit zu sterben drohten. Wir konnten ehrenamtliche Helfer ausbilden, ihnen Essen und Arznei zu bringen und auch ein Unternehmen beauftragen, um drei Brunnen zu graben, wo es zuvor keinen gab.

Es hatte alles mit einem desillusionierten jungen Prediger begonnen, der verzweifelt nach mehr suchte, als er bis dahin kannte. Im Internet fand er eine kostenlose Version von *Geliebt!*, die sein Herz neu belebte. Er lud mich nach Kenia ein, und damit begann zunächst ein dreijähriger Austausch, um herauszufinden, ob der Vater das vielleicht auf dem Herzen hatte. Während das im Gange war, gab mir ein Missionar in Kenia, den ich zufällig traf, eine Empfehlung für diesen Mann. Er versicherte mir, dass er ein Herz aus Gold habe und ich ihm vertrauen könne. Schließlich fuhr ich nach Kenia und lernte viele der Leute dort kennen und auch die verzweifelten Umstände, in denen sie lebten. Wir gründeten ein Waisenhaus für Kinder, die in ihrem eigenen Dreck aufwuchsen, und lernten dadurch, in einem kleinen Projekt zusammenzuarbeiten.

Anfang 2014 hörten dann einige unserer Freunde in Kenia von einer großen Gruppe von Menschen, die nördlich von ihnen lebte und praktisch am Sterben waren. Sie bekamen weder Hilfe von der Regierung noch von Hilfsorganisationen. Wir schickten ihnen 62.000 Dollar für Wasser, Nahrung und Arzneien, die kenianische Freiwillige zu diesen Leuten bringen wollten. Wie sich herausstellte, war es nicht genug, und sie wollten als Freiwillige zurückgehen, um Schulen, Brunnen und eine Klinik zu bauen, um damit dazu beizutragen, dass ihre Wirtschaft belebt und Leben gerettet wurden. Sie fragen uns, ob wir in der Lage wären, die Baumaterialien zu liefern, damit sie dann die Bauarbeiten durchführen konnten. Ohne mein Wissen hatte ein Ehepaar aus Texas auf Gottes Führung hin jahrelang Geld auf ein Konto getan, ohne zu wissen, warum. Als sie von der Notlage in Kenia hörten, riefen sie mich an, um das Werk dort mit 155.000 Dollar zu unterstützen.

Schauen Sie sich all die Verbindungen an, die Gott im Laufe von Jahren zusammengefügt hat, um ein weltweites Netzwerk aufzubauen, das augenblicklich den Bedarf, die Mittel und die Arbeitskräfte zusammenbringen konnte. Wenn man mir erzählt, wir bräuchten große Institutionen, um etwas zu erreichen, kenne ich zu viele Geschichten wie diese, die zeigen, wie einfach es für Gott ist, sein Volk durch schlichten Gehorsam miteinander zu verknüpfen. Ohne Verwaltungsgebühren oder Pläne zur Beschaffung von Geldmitteln brachte er die Ressourcen zusammen, um 120.000 Menschen zu retten, die in den Ebenen Kenias am Sterben waren, und öffnete ihre Herzen für das Evangelium.

Was wäre, wenn jeder seine Institution verlässt? Was wird dann aus dem Christentum? Das ist eine gute Frage, aber sie ist hypothetisch und sehr unwahrscheinlich. Die Demographie für die Zukunft ist zwar nicht vielversprechend, doch finden Institutionen immer einen Weg zum Überleben. Ich vermute, dass die meisten, die dort zufrieden sind, sich noch nicht einmal trauen würden, ein Buch wie dieses zu lesen.

Ja, es gibt jenseits der Konformität unserer Institutionen ein immenses „Weideland“ von Gottes Leben und Versorgung, das es zu erkunden gilt. Das ist gewiss ein Risiko, aber ein unglaublich lohnendes. Die vielleicht größte Veränderung ist, dass es die Menschen dazu anregt, nicht länger ein passives Teil in der Maschine anderer zu sein, sondern sich aktiv in Gottes Reich einzubringen, das sich immer weiter ausbreitet. Es ist nicht länger erforderlich, dass Sie den Anweisungen anderer folgen, stattdessen müssen Sie in allem bewusster und aktiver sein, was die Verbindung mit Jesus und seiner Gemeinde angeht.

Aber so sind die Schafe, mit denen ich in der Obhut des Vaters herumtollen möchte. Was aus dieser einfachen Realität heraus geschehen kann, könnte eine Welt in Flammen setzen, genauso wie es beim ersten Mal war.

KAPITEL 22

Fortsetzung folgt

Geschwister, ich bilde mir nicht ein, das Ziel schon erreicht zu haben. Eins aber tue ich: Ich lasse das, was hinter mir liegt, bewusst zurück, konzentriere mich völlig auf das, was vor mir liegt ... (Phil 3,13).

Nein, das ist keine Ankündigung einer Fortsetzung unter dem Titel: *Die Gemeinschaft der Neuen Schöpfung, Teil zwei.* Ich möchte damit lediglich zum Ausdruck bringen, dass dieses Buch von einer Geschichte handelt, die alles andere als vollständig ist. Obwohl Jesus seine Gemeinde baut, ist sie noch nicht alles, was sie einmal sein wird, um dieses Zeitalter zu seiner Vollendung zu bringen und ihm als seine makellose Braut präsentiert zu werden. Und obwohl ich gespannt auf das warte, was noch kommt, habe ich keine Ahnung, wie diese herrliche, weltweite Familie am Ende aussehen wird, wenn immer mehr Menschen von den religiösen Verpflichtungen befreit sind und lernen, in der Realität seiner Liebe zu leben.

Was ich lokal und international von dieser Gemeinde schon geschmeckt habe, wenn Leute Jesus folgen und großzügig miteinander umgehen, hat meine Auffassung der Bibel und der daraus hervorgegangenen Wünsche erfüllt. Sollte ich morgen sterben, könnte ich wahrheitsgemäß sagen, dass ich die unglaubliche Schönheit und Kraft seiner Gemeinde gesehen habe, von der ich immer gehofft hatte, dass sie möglich sei. Jetzt sehnt sich mein Herz danach, zu erleben, dass immer mehr seiner Kinder ihren Weg in diese Realität finden. Und ich kann mir gar nicht all die Wege vorstellen, wie die Gemeinde sichtbar werden wird, wenn sie es tun.

Ich habe Ihnen von Anfang an gesagt, dass ich kein Experte bin, der alle Antworten hat. Nun, da wir im letzten Kapitel angelangt sind, sind Sie hoffentlich davon überzeugt. Ich habe lediglich an diesem Punkt meiner geistlichen Reise eine Pause eingelegt, um aufzuschreiben, was ich bisher entdeckt habe. Falls Sie mehr Fragen als Antworten haben, sind Sie nicht allein. Mir geht es nicht anders. Daher werde ich weiterhin entdecken, wie ich mich auf diese Gemeinde, die Jesus baut, noch effektiver einlassen kann. Ich genieße dieses andauernde, lebenslange Abenteuer, bei dem ich sehe, wie seine Gemeinde in meiner Umgebung und auf Erden expandiert.

Ich bete, dass sie sich auch auf Ihrem Weg weiterhin entfaltet. Ich hoffe, dass viele von Ihnen jetzt am Ende dieses Buches von den Möglichkeiten, eine lebendigere Gemeindeerfahrung zu entdecken, als Sie es bisher getan haben, so begeistert sind wie ich. Falls Sie sich gefragt haben, warum Sie nie in die menschlichen Modelle hineinzupassen schienen, die wir geschaffen haben, dann verstehen Sie jetzt vielleicht, warum. Sie waren nicht rebellisch oder unabhängig, sondern hatten einfach einen Samen des Lebens in Ihrem Herzen, der sich weigerte, sich mit einer Illusion zufriedenzugeben, wenn es etwas Echtes gab, das Sie anspornte weiterzugehen.

Es ist mir klar, dass einige von Ihnen möglicherweise frustriert sind, weil ich Ihnen keine Liste mit klaren Anweisungen gegeben habe, denen Sie folgen sollten, um ebenfalls seine Gemeinde genießen zu können. Mit jeder neuen Seite haben Sie vielleicht gehofft, dass ich endlich so etwas präsentieren würde. Ehrlich gesagt, wenn ich eine solche Liste hätte, hätte ich sie aufgeführt. Es macht mir keinen Spaß, Leute durch ungestillten Hunger zu frustrieren. Jedoch weiß ich, dass jede Liste, die ich Ihnen geben würde, eine Mogelpackung wäre. Wir können die Gemeinde nicht mittels intellektueller Begriffen erfassen und dann unsere eigenen Strategien implementieren, um sie ins Leben zu rufen. Das hätte nur zur Folge, dass wir uns auf unser Werk anstatt auf seines konzentrierten und uns dann die Schuld dafür gäben, dass wir es nicht gut genug tun.

Wenn Sie die Gemeinde finden wollen, geht es nicht darum, eine Gruppe von Christen ausfindig zu machen, die Ihnen gefällt, und sich ihr anzuschließen. Ich habe immer wieder gesagt, dass Jesu Gemeinde die Frucht ist, die im Leben derer entsteht, die lernen, in seiner Liebe zu leben und seiner Stimme zu folgen. Um sie zu entdecken, müssen Sie sich auf Jesus einlassen und entdecken, wie Sie mit anderen zusammen in der neuen Schöpfung leben und denken können. Das ist kein Prozess, über den wir die Kontrolle haben. Wir können nur jeden Tag Jesus folgen und ihm vertrauen, dass er den großen Zusammenhang kennt.

Deswegen hoffe ich, dass dieses Buch einen noch weiter führenderen Austausch zwischen Männern und Frauen inspiriert, die eine Leidenschaft für sein Reich haben und bereit sind, über unsere Unterschiede hinweg zur gemeinsamen Einheit zu schauen, die wir einfach deshalb haben, weil wir Kinder desselben Vaters sind. Ich hoffe, dass die Menschen in kommenden Generationen sich an diesem Dialog beteiligen und auf ihn aufbauen werden, um ihn weiterzuführen, als es meine Generation getan hat. Ich musste so viel „verlernen", um meinen Weg zurück zu einer Realität zu finden, von der ich wünschte, dass ich sie schon in einem viel jüngeren Alter entdeckt hätte. Diejenigen, die jetzt in ihren zwanziger und dreißiger Jahren sind und lernen, in seiner Liebe und im wachsenden Vertrauen auf sein Werk zu leben, geben mir große Hoffnung, dass die besten Entdeckungen noch vor uns liegen.

Bei dieser Diskussion wird es nicht darum gehen, wie man am besten „Gemeinde macht" oder zu welcher man gehört, sondern darum, wie wir vollständiger Jesus angehören und die Realität seines Reiches zum Ausdruck bringen können. Wie kann er individuell und kollektiv unser Hirte sein, damit wir wahrhaftig an der Einheit Anteil haben können, die Vater, Sohn und Geist schon seit ewigen Zeiten genießen? Wie können wir einander auf jenem Weg ermutigen, und wie will er uns durch Gespräche und eine Zusammenarbeit, die durch Großzügigkeit und Güte gekennzeichnet ist, verbinden, damit er sichtbar wird?

Damit das Wirklichkeit wird, werden wir jedoch unsere eigenen Reiche und die Pläne, die wir für andere haben, niederlegen müssen. Es wird viele geben, die dazu nicht in der Lage sind. Sie werden sich so bedroht fühlen, dass sie sich von dieser Diskussion distanzieren werden statt mitzumachen. Sie werden meine Worte verzerren und verspotten, um ihre eigene, begrenzte Sicht der Gemeinde zu verteidigen, und sie werden versuchen, diejenigen ins Abseits zu drängen, die es wagen, über die von ihnen gesetzten Grenzen hinaus zu träumen. Machen Sie einen weiten Bogen um sie herum und lassen Sie sich von ihnen nicht davon ablenken, der Leidenschaft in Ihrem Herzen zu folgen. Das Christentum hat eine ganze Industrie von Kirchengemeinden, theologischen Hochschulen, Publikationen und Denominationen hervorgebracht, die alle ihr Revier verteidigen müssen, um ihr Überleben zu garantieren. Sie wollen, dass die Menschen von ihnen abhängig bleiben, und propagieren daher ein auf Angst begründetes Christentum, in dem Gott alle ablehnt, die nicht der richtigen „Gemeinde" angehören oder die falsche Lehre glauben.

Konflikte in Bezug auf die Kirche und die Kirchenlehre haben Gottes Volk zwei Jahrtausende lang gespalten. Viele haben behauptet, das Geheimnis zum Gemeindeleben entdeckt zu haben, aber ihre Schlussfolgerungen haben uns erst recht zersplittert. Falls Sie darauf warten, dass in der Endzeit ein Mechanismus, eine Organisation oder ein Leiter auftauchen wird, der alles erreicht, was so viele vorher nicht erreicht haben, können Sie jetzt schon aufgeben. Jesu Gemeinde wächst aus Beziehungen, nicht durch Systeme. Wäre es nicht besser anzuerkennen, dass seine Gemeinde schon im Entstehen ist und dass er eine Familie zusammenstellt, die all unsere menschlichen Bemühungen, sie zu definieren oder aufrechtzuerhalten, übersteigen wird? Wäre es nicht besser, anstatt zu versuchen, sie zu einem Teil unserer Gruppe zu machen, wenn wir alle beschlössen, zu seiner Gemeinde zu gehören, und nicht anzunehmen, wir würden alles verstehen? Anstatt ständig unsere Programme zu verbessern, könnten wir dann unsere Aufmerksamkeit darauf richten, ihn zu erkennen und andere zu lieben.

Es ist unnötig, hier eine Revolution anzufangen und gegen die religiösen Institutionen unserer Tage zu wettern und jeden, der nicht einer Meinung mit uns ist, als Legalist schlechtzumachen. Ich hoffe, dass meine Worte in diesem Buch Sie zu einem Ort der Ruhe eingeladen haben, wo Sie erkennen können, dass das Problem nicht unsere Institutionen oder deren Leiter sind, sondern einfach darin liegt, dass wir nicht wie Bürger einer neuen Schöpfung leben. Wir brauchen nicht gegen das zu kämpfen, was Jesus *nicht* widerspiegelt, sondern wollen stattdessen herausfinden, wie wir mit anderen unterwegs sein können, sodass dies geschieht. Sehen wir erst einmal die Gemeinde als die Frucht seines Wirkens statt als die Frucht unserer Arbeit, können wir uns mehr darauf konzentrieren, ihn kennenzulernen und seine Gemeinde zur Entfaltung kommen zu lassen, indem wir Menschen in unserer Umgebung lieben. Auch wenn wir momentan über sehr unterschiedliche Gruppen zerstreut sein mögen, die sich kaum gegenseitig anerkennen, wird die Zeit kommen, wo diese Unterschiede weit weniger wichtig sein werden als dass wir durch unser wachsendes Leben in ihm kameradschaftlich verbunden sind.

Dieses Buch möchte Ihnen nahelegen, aufzuhören, sich nach einer Gruppe umzusehen, der Sie sich anschließen können, und stattdessen Ihr Herz wieder der Quelle zuzuwenden, der das Leben entspringt. Was die Gemeinde angeht, sind wir mehr mit dem Endprodukt beschäftigt als mit dem Prozess, der die Gemeinde Gestalt annehmen lässt. Vielleicht war es das, worauf Jesus hinwies, als er sagte, dass das Reich immer durch die einfachsten Dinge wächst, selbst durch das großzügige Geschenk eines Bechers kalten Wassers. Er verglich das

Reich mit einem Senfkorn, das zu einem großen Strauch heranwächst, wenn es ausgesät und gepflegt wird.

Die kleinsten Entscheidungen, die wir treffen, haben enorme Auswirkungen. Wenn Sie selbstsüchtig leben, lügen, jemandes Vertrauen verraten oder jemanden übervorteilen, wird die Welt ein wenig dunkler und verdrehter. Aber jedes Mal, wenn Sie seine Liebe durch sich fließen lassen, wird die Welt heller. Wenn Sie sich um eine Person kümmern, ihre Fehler vergeben, ihren Bedürfnissen dienen oder einfach ein Lächeln auf ihr Gesicht zaubern, wächst das Reich Gottes auf Erden. Wenn wir ihm in den kleinen Dingen folgen, wird er sich um die großen Dinge kümmern.

Wenn wir die Gemeinde als einen Fluss sehen, der durch die Zerrissenheit dieses Zeitalters fließt, wollen die meisten Menschen in seine Mitte springen, anstatt ihre Aufmerksamkeit der Quelle zu widmen, dem er entspringt. Tatsächlich fängt der Fluss dort an, wo die ersten Regentropfen auf den Boden fallen und beginnen, sich mit anderen zu verbinden. Während sie den Hügel hinunterfließen, kommen andere Tropfen und Sammlungen von Tropfen dazu. Bald formen sich Rinnsale, dann Bäche und schließlich kleine Flüsschen, die in größere Flüsse fließen. Das ist die beste Art und Weise, ein Teil des Flusses zu werden – nicht, indem man ohne Verbindung zu anderen um einen herum hineinfällt. Alles in diesem Reich funktioniert besser in persönlichen, fürsorglichen Beziehungen, und weniger gut in Systemen, die das in Massenproduktion herstellen wollen.

Wenn Sie seine Gemeinde finden wollen, wenden Sie Ihr Herz dorthin, wo die Reise beginnt, nicht dorthin, wo sie endet. Es scheint gegen die eigene Intuition zu sein, wenn man in einem Buch über die Gemeinde empfiehlt, man solle sich in erster Linie um seinen eigenen individuellen Weg kümmern, aber ohne diesen Weg wird man nicht Teil dieser Gemeinde werden können. Befindet man sich hingegen auf einem Weg des wachsenden Vertrauens in die Zuneigung des Vaters, funktioniert alles in Bezug auf seine Gemeinde gut. Menschen verbinden sich, teilen großzügig und werden tatsächlich zu einem Volk, das zusammenarbeitet und die Gemeinde Form annehmen lässt. Anstatt daher zu versuchen, Bewegungen zu schaffen und unsere Zeit mit der Reform von Institutionen zu verbringen, wären wir besser beraten, seine Nähe zu suchen und anderen, die es wollen, zu helfen, es ebenfalls zu tun. Das sind die Quellen, aus denen seine Gemeinde hervorsprudelt und Gestalt annimmt.

Vor ein paar Jahren wurde ich eingeladen, bei einem Hauskreis in der Nachbarschaft zu sprechen, dem wir eine Zeit lang angehört hatten. Das war wohl die seltsamste Gruppe, in der ich je gewesen war. Selbst während der Mahlzeiten war die Unterhaltung steif und gekünstelt. Wenn überhaupt geredet wurde, dann ging es immer um die „Gemeinde", wie sie sein sollte und was sie tun könnten, um sie zu verbessern. In den paar Monaten, in denen wir bei ihnen gewesen waren, gab es nicht einmal andeutungsweise ein Gespräch über ihr Leben mit Jesus und was er in ihnen tat.

Ich hatte keine Ahnung, worüber ich an jenem Abend sprechen sollte. Kurz bevor ich beginnen sollte, stand eine Frau auf, um von einem Traum zu erzählen, den sie in der vergangenen Nacht gehabt hatte. Ihr Traum bestand aus zwei Szenen: Eine schöne Braut stand in ihrem Hochzeitskleid vor einem Spiegel und am Altar in der Kirche wartete der Bräutigam. Sie sagte, die Braut habe sich stundenlang fein gemacht und viel Aufhebens über ihr Kleid, ihr Haare und ihr Make-up gemacht. Es gelang ihr nie, alles so hinzubekommen, wie sie es wollte. In der Zwischenzeit stand der Bräutigam allein am Altar und schaute auf die Uhr. Er schien sich zu fragen, warum um Himmels willen seine Braut so spät dran war.

Nachdem sie ihren Traum erzählt hatte, schaute sie die Gruppe an und sagte: „Was meint ihr, was das bedeutet? Ich weiß, dass uns das nicht betrifft, aber ich habe keine Ahnung, was ich damit anfangen soll." Jeder schien ihr zuzustimmen und keiner machte einen Vorschlag. Wir sind Meister darin, das Naheliegende zu ignorieren. Als sie mich fragten, ob ich bereit sei zu beginnen, war ich es schließlich.

„Natürlich geht es um euch“, sagte ich so gnädig wie möglich, „und fast jede andere christliche Gruppe in der Geschichte. Wir sind so damit beschäftigt, dass die Gemeinde nach unseren Vorstellungen funktioniert, dass wir am Ende den Bräutigam ignorieren, der darauf wartet, dass wir zu ihm kommen.“ Es ist mir klar, dass heutzutage bei einer Hochzeit die Braut im Mittelpunkt steht, aber in Gottes Reich ist die Braut nur auf den Bräutigam ausgerichtet. Es bereitet ihm Freude, seine Braut vorzubereiten. Unsere Aufgabe ist es, bei ihm zu sein und ihm zu erlauben, sein Werk auszuführen, anstatt zu versuchen, es für ihn zu tun. Je mehr wir uns auf die Gemeinde konzentrieren, desto weniger sehen wir von ihrer Realität.

Wenn wir unsere Augen auf ihn richten, entdecken wir, dass wir Teil eines wachsenden Netzwerkes von Beziehungen sind, die die Erde mit der Herrlichkeit des Herrn erfüllen, und zwar durch die Weise, wie sie miteinander umgehen, sich um Menschen in Not kümmern, ihn der Welt weitergeben und einander im Prozess der Transformation ermutigen. Sie werden bemerkt haben, dass ich in diesem Buch nicht zwischen der weltweiten, unsichtbaren Gemeinde und der örtlichen Kirchengemeinde unterschieden habe, weil das eine falsche Aufteilung wäre. Seine Gemeinde ist nicht unsichtbar. Sie nimmt jeden Tag in Tausenden von Wegen Gestalt an, wo immer Menschen in ihm leben und Wege finden, einander zu lieben und miteinander zu kooperieren. Das kann in traditionellen Kirchengemeinden und auf tausend andere Weisen geschehen.

Seine Gemeinde kommt auf eine Art und Weise zusammen, die unsere Fähigkeiten übersteigt. Es wird nicht an einem bestimmten Ort, unter einer bestimmten Organisation oder hinter irgendeinem charismatischen Leiter sein. Es wird *in* ihm sein. Wenn Sie lernen, dort zu leben, werden Sie feststellen, dass Sie sich in der Nähe von anderen befinden, die auf einem ähnlichen Weg sind. Schließen Sie sich seinem Wirken an, indem Sie die Beziehungen pflegen, zu denen er Sie einlädt, und dann geben Sie Acht, was er tun kann.

Wo immer Sie selbstaufopfernde Liebe finden, eine Gruppe von Menschen, die großzügig und mitfühlend füreinander sorgen, werden Sie seine Gemeinde finden.

Überall da, wo Sie einen Gedankenaustausch mit anderen pflegen, der das Werk Jesu in Ihrem Leben erhellt, werden Sie seine Gemeinde finden.

Wie auch immer Sie dahin kommen, sich in der Realität seines Wirkens zu entspannen – Sie werden dann nicht mehr versuchen müssen, sein Werk alleine zuwege zu bringen, sondern stattdessen seine Gemeinde entdecken.

Wie finden Sie seine Gemeinde? Indem Sie zu Jesus gehen und dann sehen, wohin die Liebe Sie führt. Jeden Morgen frage ich ihn: „Wen soll ich heute lieben?“ Dann versuche ich den Menschen, die mir über den Weg laufen bzw. die zu kontaktieren er mir nahelegt, mit offenen Augen und einem weit geöffneten Herzen zu begegnen.

Folgen Sie ihm dorthin, und am Ende werden Sie die Gemeinde gar nicht finden müssen. Er wird dafür sorgen, dass die Gemeinde Sie findet.

Danksagungen

Wie schon im ersten Kapitel erwähnt, bin ich auf die Wahrheiten in diesem Buch nicht von alleine gestoßen. In jeder Phase meiner geistlichen Reise haben mich Menschen umgeben, die meine Leidenschaft teilen, zu entdecken, wie das Leben Jesus unter uns Gestalt annimmt. Wir haben viel und intensiv miteinander geredet, analysiert und tausend Möglichkeiten erörtert. Dabei haben wir eine Tiefe der Freundschaft gepflegt, die uns zu lebenslangen Freunden gemacht hat. Einige dieser Leute wohnen in meiner Nähe, während andere über die ganze Welt verstreut sind. Leider sind sie zu zahlreich, um sie bei Namen zu nennen, und falls ich es dennoch versuchte, wäre es viel zu leicht, jemanden zu vergessen. Aber sie wissen, wer sie sind. Ich bin dankbar für alles, was sie beigetragen haben, damit Jesu Gemeinde in meinem Leben und in der Welt Gestalt annimmt. Viele von ihnen haben dieses Manuskript gelesen, als es noch am Entstehen war, und haben Vorschläge gemacht und mich zum Weitermachen ermutigt.

Allerdings möchte ich noch ein paar Leute besonders erwähnen, deren Hilfe über das Normale hinausging:

Natürlich hat niemand die Freuden und Kosten dieses Weges mehr mit mir geteilt als Sara, mit der ich seit 39 Jahren verheiratet bin. Sie ist meine Gefährtin, Mitarbeiterin, Freundin und Partnerin in allen Drehungen und Wendungen und an allen Orten gewesen, an die Gott uns geführt hat. Ich werde ihr immer für die Freude dankbar sein, die wir teilen, und für die Weisheit, die sie meinem Leben hinzugefügt hat. Ich habe ihr jedes Wort dieses Buches vorgelesen, während es noch im Werden war.

Meine Gespräche, die ich mit Brad Cummings während unseres Podcasts mit dem Titel *The God Journey* („Die Gottes-Reise“) geführt habe, halfen mir, viele der Gedanken in diesem Buch zu vertiefen. Auch die Kommentare und Briefe derer, die die Podcasts hörten, zeigten uns Wege auf, die wir sonst übersehen hätten. Ihnen allen bin ich dankbar.

Eileen Mason von der *Israel Tour Company*, die mein erstes Buch vor vielen Jahren lektorierte, gab mir einige unglaubliche Tipps für die Überarbeitung des Formats dieses Buches, gerade als ich dachte, ich sei mit dem Buch fertig. Sie können nicht ahnen, wie viel zugänglicher sie das Material in diesem Buch gemacht hat, und auch nicht, wie sehr viel mehr es nun meiner eigenen Geschichte entspricht.

Drei liebe Freunde und Freundinnen halfen mir bei der Produktion des Endprodukts. Kate Lapin brachte ihre Expertise beim Lektorat dieses Manuskripts zum Tragen. Ich schätze ihre Arbeit an meinen Projekten immer. Sie macht mich zu einem besseren Schriftsteller. Dave Aldrich von *Aldrich Design* wurde meiner wilden Hoffnung gerecht, genau das richtige Cover zu finden, und Nan Bishop danke ich für das ganze innere Layout.

Schließlich möchte ich den Vorstand von *Lifestream Ministries* würdigen, meine lieben Freunde, ohne deren Unterstützung und Weisheit es sehr schwierig für mich wäre, weiterhin einige der weniger beschrittenen Wege zu erforschen. Ich schätze ihre Freundschaft, ihren Humor und ihre Weisheit, die es mir ermöglicht haben, meinem Herzen zu folgen, anstatt ihren Anforderungen genügen zu müssen.

Über den Autor

Wayne Jacobsen war zwanzig Jahre lang als Pastor tätig und schrieb nebenbei Artikel für die Zeitschrift *Leadership Journal*. Heute ist er weltweit unterwegs mit dem Anliegen, anderen zu helfen, ihr Leben in Jesus Christus zu vertiefen. Als Autor schrieb er verschiedene Bücher zu den Themen Vertrautheit mit Gott und beziehungsorientiertes Gemeindeleben. Er ist verheiratet mit Sara, hat zwei Kinder und lebt in der Nähe von Los Angeles.

Um den Gedankenaustausch zur Thematik des Buches (auf Englisch) fortzusetzen, können Sie sich anderen anschließen bei **FindingChurch.com**

Waynes andere Bücher:

- *Geliebt! – Tag für Tag in der Zuneigung des himmlischen Vaters leben*
- *Der Schrei der Wildgänse – Aufbrechen zu einem freien Leben in Christus jenseits von Religion und Tradition* (mit Dave Coleman)
- *Zu Seiner Zeit– Gottes Wege zu einem fruchtbaren Leben*
- *Authentische Beziehungen – Die verlorene Kunst des Miteinanders* (mit Clay Jacobsen)
- *Die Hütte* (zusammen mit Paul Young und Brad Cummings)
- *A Man Like No Other* (mit Brad Cummings)
- *The Naked Church*

Wayne gibt außerdem unter ***TheGodJourney*.com** einen Podcast heraus. Seine Haupt-Webseite ist ***Lifestream.org***

Weitere Produkte von GloryWorld-Medien

„Himmlische Bücher für die Erde"

Wayne Jacobsen, Geliebt!

Tag für Tag in der Zuneigung des himmlischen Vaters leben
240 S., Paperback

Jeden Tag ein Leben zu führen, in dem wir völlig sicher sind, dass wir bedingungslos von Gott geliebt sind – ist das wirklich möglich, und wie sieht das konkret aus?

Wayne Jacobsen bringt uns Schritt für Schritt nahe, wie tief die Liebe Gottes zu uns tatsächlich ist. Wir entdecken dabei, dass wir nicht zu Sklaven, sondern zu Söhnen und Töchtern berufen sind. Die liebevolle Zuneigung unseres Vaters im Himmel gilt uns in allen Umständen. Wir erfahren eine lebendige Beziehung zu ihm, die uns von der Qual der Scham befreit und uns so verändert, dass wir als seine Kinder leben können.

Wayne Jacobsen / Dave Coleman

Der Schrei der Wildgänse

Aufbrechen zu einem freien Leben in Christus jenseits von Religion und Tradition; 220 Seiten, Paperback

Wie können wir heute als Einzelne und in Gemeinschaft in der Freiheit leben, zu der uns Christus befreit hat? Wie können wir religiöse Zwänge entlarven, die uns diese Freiheit immer wieder rauben wollen?

Die Autoren beantworten diese Fragen mitten aus dem Leben. Sie zeigen auf, wie wir heute ganz praktisch mit Jesus leben und eine Freude und eine Freiheit erleben können, von der wir bisher bestenfalls träumen konnten.

Wayne Jacobsen & Clay Jacobsen

Authentische Beziehungen

Die verlorene Kunst des Miteinanders; 160 Seiten, Pb.

Die Liebe der ersten Christen untereinander war sprichwörtlich. Ihr Miteinander und ihre Ausstrahlung waren ihr größtes Zeugnis.

Heute sind echte und tiefe Beziehungen rar geworden. Wir haben die Kunst, solche Beziehungen aufzubauen, verlernt oder sind nicht gewillt, die entsprechenden Kosten auf uns zu nehmen. Die Folge ist, dass unser Zeugnis nach außen schwach ist und dass viele in den Gemeinden unter Einsamkeit und oberflächlichen Beziehungen leiden.

Die Autoren erläutern, welches Modell für liebevolle, ermutigende und authentische Beziehungen wir im Neuen Testament finden, und zeigen anhand praktischer Beispiele, wie wir zu solchen Beziehungen kommen und sie pflegen können.

Wayne Jacobsen, Zu Seiner Zeit

Gottes Wege zu einem fruchtbaren Leben, 240 S., Pb.

So, wie in einem Weinberg jede Jahreszeit wichtig ist, betont Gott auch in unserem Leben von Zeit zu Zeit unterschiedliche Dinge, um uns fruchtbarer zu machen oder unser Aufgabengebiet zu verändern.

In diesem wertvollen Buch bringt W. Jacobsen seine Erfahrung als Sohn eines Winzers, seine profunde Bibelkenntnis und seine lebenslange Beziehung zu Jesus ein, um diese Prozesse zu erläutern. Wir erkennen: Fruchtbarkeit ist Teil eines Zyklus, zu dem Verheißung und Hoffnung, Ausdauer und Kampf, aber auch Ruhe und Erholung gehören.

Frank Viola / George Barna
Heidnisches Christentum?

Über die Hintergründe mancher unserer vermeintlich biblischen Gemeindetraditionen; 336 S., Pb.

Punkt für Punkt nehmen uns die Autoren an die Hand und zeigen auf, wie die einfache, dynamische Glaubenspraxis der ersten Christen durch die Öffnung für außerbiblische Praktiken und Philosophien abhandenkam und welche dramatischen Folgen die jeweiligen Einflüsse hatten.

Zu den untersuchten Themen gehören u.a. Gottesdienstpraxis, Klerus und kirchliche Strukturen, Kirchengebäude, die Rolle des Pastors, Tauf- und Abendmahlspraxis, Umgang mit Finanzen und die christliche Ausbildung.

Neil Cole, Leiten lernen wie Paulus

Hineinwachsen in ein Leben, das Kreise zieht;

240 S., Klappenbr.

Welche Lektionen können wir von Paulus, einem der größten Weltveränderer der Geschichte lernen? Welche Lebens- und Leiterschule durchlief er, um am Ende sagen zu können: „Ich habe den guten Kampf gekämpft, ich habe den Lauf vollendet …" (2 Tim 4,7)?

In diesem Buch nimmt uns der erfahrene Coach und Gemeindegründer Neil Cole mit auf eine Reise. Wir untersuchen das Leben des Apostels Paulus und lernen wertvolle Lektionen darüber, wie Gott in verschiedenen Lebensphasen einen Leiter formt und ihn zum Ziel bringt.

Leiten bedeutet dabei, Einfluss zu haben. Jeder ist dazu geboren, jemand zu werden, der Einfluss hat – egal, ob er wie Paulus unerreichten Völkern das Evangelium bringt oder Kinder so erzieht, dass sie unsere Gesellschaft positiv prägen.